작은 브랜드는 이렇게 팝니다

작은 브랜드는 이렇게 팝니다

채주석(그로스존) 지음

SMALL
SMALL
SMALL
SMALL
SMALL
BRAND

좋아하는 것을 비즈니스로 바꾸는 브랜딩 전략

유엑스리뷰

목차

PART 2 창업자의 취향을 파는 브랜드

PART 3 제품이 아닌 철학을 파는 브랜드

평범함을 특별함으로,
작지만 오래도록 사랑받는 브랜드를 찾아서

잠깐 '반짝'하고 끝나는 것말고 오래도록 사랑받는 무언가를 만들 수는 없을까?

이 책은 그런 질문에서 시작되었다. 평범한 사람도 오래 살아남는 무언가를 만들 수 있을지, 그 실마리를 찾고 싶었다. 그래서 누구나 시도할 수 있는 사업 아이템을 자신만의 방식으로 풀어내 성공한 브랜드들의 이야기를 깊이 들여다보았다. 기술 기반의 스타트업이나, 큰 자본과 인력이 필요한 브랜드의 성공은 일부러 다루지 않았다. 이 책은 평범한 사람들이 만든 작은 브랜드의 성장 전략을 분석하고 오래도록 사랑받는 브랜드는 무엇이 다른가에 대한 고민을 정리한 기록이다.

물론 다른 브랜드가 성공한 방법이 모두에게 100% 통하는 것은 아니다. 하지만 단 하나의 인사이트, 또는 동기부여만 얻을 수 있어도 앞선 사례를 분석할 가치는 충분하다. 이렇게 얻은 자산은 각자가 가진 독특한 강점과 결합해 단순한 케이스 스터디 이상의 시너지 효과를 낼 것이기 때문이다.

브랜드를 만드는 방법에는 여러 가지가 있다. 전문 에이전시의 도움을 받을 수도 있고, 퍼스널 브랜딩을 통해 나라는 사람 자체가 브랜드가 될 수도 있다. 문제는 브랜드를 만드는 것이 단순히 물건을 팔아 매출을 올리는 것보다 훨씬 어렵다는 점이다.

자랑은 아니지만 내 커리어는 그야말로 중구난방이다. 'YOLO'가 유행하던 20대에는 100만 원을 들고 세계 30개국을 여행한 후 책을 썼고, 온라인 사업이 유행할 때는 쇼핑몰 자체를 팔기도 했다. 특허 성분을 사용한 건강기능식품을 만들어 판매하는가 하면, 이름만 들으면 알 만한 기업의 SNS 광고를 대행해 운영한 경험도 있다. 그렇게 당장 재미있어 보이는 것들을 쫓다 보니 어느덧 10년이라는 시간이 흘렀다. 어떤 분야에서든 성과를 만들어 낸다고 자부했지만, 결과적으로는 어떤 분야에도 깊게 파고들지 못했다. 전문가를 꿈꾼 적은 없어도 이런 식의 커리어는 지속가능하지 않다는 것을 느꼈다. 언제까지 모든 일을 맨땅에서 시작할 수는 없지 않은가.

'나는 뭐 하는 사람인가'라는 고민이 극에 달했을 때쯤, 나도 브랜드를 만들고 싶다는 생각이 들었다. 지금까지 해 온 일들을 단순히 재밌는 개개의 경험으로 두는 대신 하나의 스토리로 엮고, 앞으로 하게 될 일들도 정리된 서사로 쌓아 나간다면 그 자체가 브랜드의 기반이 될 수 있겠다고 생각했다.

그래서 브랜드를 만드는 데 성공했느냐고 묻는다면, 아직이다. 주변의 수많은 실패 사례를 보며, 성공한 브랜드들은 어떻게 다른 길을 걸었는지 먼저 알아보기로 했다. 유튜브 채널 '그로스존'을 통해 브랜드의 성공 요인을 분석하기 시작한 이유다.

1,000시간을 투자해 발견한
성공하는 스몰 브랜드의 공통점

성공하는 스몰 브랜드에는 두 가지 핵심 요소가 있다. 하나는 '사람들을 사로잡는 서사'이고, 다른 하나는 '대중과 연결되는 힘'이다. 상품도 다르고 타깃과 소구 방식도 제각각이지만, 누구나 사업을 시작할 수 있을 만큼 흔한 아이템으로 성과를 만들어 낸 브랜드들은 모두 이 두 가지를 갖고 있었다.

브랜드의 세계에서는 '취미가 밥을 먹여 줄' 수도 있다. 혹시 무언가의 '덕후'이거나 명확한 취미가 있다면 당신은 멋진 브랜드를 만들 확률이 높다. 성공하는 스몰 브랜드 중에는 나만의 이야기가 사업으로 발전한 경우가 많기 때문이다. 창업자가 타깃 고객과 일치하는 브랜드는 고객이 무엇을 필요로 하는지, 어떤 포인트에서 구매를 결정하게 되는지를 누구보다 잘 안다. 피클이나 물티슈, 비누처럼 평범한 상품들이라도 이야기를 더하면 특별해진다. 단순히 '힙하다', '좋다'라는 감상을 넘어 브랜드의 서사에 공감하고, 나아가 사랑에 빠진다면 더 멋진 브랜드가 새로 등장한다고 해도 쉽게 대체되지 않는다.

이해를 돕기 위해 극단적인 예를 들어 보겠다. 무좀이 없는 사람이 무좀 양말을 어떻게 팔 수 있을까? 무좀이 없는 사람이라면 무좀이 있는 사람들이 어떤 불편을 느끼는지, 어디서 정보를 구하는지, 그리고 어떤 기준으로 제품을 선택하는지 전혀 알지 못할 것이다. 그러나 크로스핏을 즐기는 사람이 크로스핏 양말을 판다면 이야기가 달라진다. 왜 크로스핏 양말이 필요한지, 어떻게 홍보할지, 어떤 디자인이 인기 있는지를 이미 잘 알고 있기 때문이다. 큰 틀에서는 '양말'이라는 똑같은 아이템을 팔지만, 타깃에 대한 이해도에 따라 할 수 있는 브랜딩과 마케팅에 큰 차이가 있는 것이다.

브랜드가 얼마나 많은 사람에게 닿을 수 있는가도 중요한 문제다. 콘텐츠의 노출 수치를 나타내는 '트래픽'을 광고 수익 정도에만 연관 지어 생각하는 경우가 많지만, 대중과의 접점을 키우는 것은 그보다 훨씬 강력한 무기가 된다.

20대 중반, 2년간 30개국을 돌며 쓴 여행기는 200곳이 넘는 출판사에 투고한 끝에 어렵게 한 곳을 찾아 책으로 나왔다. 당시 내가 가진 영향력의 범위는 1,600여 명의 페이스북 친구가 전부였다. 반면, 이 책은 유튜브를 시작한 지 8개월 만에 쓰는 책이다. 콘텐츠를 만들기 위해 하루 12시간 이상을 투자해도 양으로는 2년간 쓴 여행기를 따라갈 수 없다. 하지만 그때와 달라진 점은 트래픽이라는 무기를 갖추었다는 것이다. 이 글을 쓰고 있는 2025년 6월 기준 유튜브 구독자는 1만 8천여 명, 누적 조회 수는 200만 회이다. 덕분에 이번에는 10여 개의 출판사에 투고를 하고 그중 원하는 곳을 골라 계약할 수 있었다.

그러나 트래픽이 항상 성공을 보장하지는 않는다. 판매를 해 본 사람이라면 잘 알 것이다. 트래픽보다 중요한 것은 구매로의 전환이고, 바로 그 과정에서 서사가 전환율을 높여 주는 역할을 한다. 브랜드가 서사를 전하고 철학을 공유하면 이에 공감하는 소비자는 팬이 되고, 팬을 만들면 사업의 지속가능성은 높아진다.

창업에 늘 관심이 많았기 때문에 성공한 브랜드의 사례를 수집하고 공부하는 것은 직장에 다닐 때부터 하던 일종의 취미였다. 가진 능력으로 봐도 유튜브를 시작하기 전과 현재를 비교해 봤을 때 큰 차이가 없다. 단지 조금 더 깊게 공부하고, 공부한 결과물을 공유하기 시작했을 뿐이다. 그런데 그렇게 공유한 콘텐츠가 쌓일수록 비슷한 관심사를 가진 사람들이 모이게 되었고, 상상하지 못했던 여러 기회가 생겼다.

이 책에서 소개하는 브랜드들과 마찬가지로 그로스존 채널 역시 유튜브 시장의 메이저 플레이어는 아니다. 그러나 대형 유튜버가 아닌 스스로와 경쟁하겠다는 목표하에 정말로 잘 만들 자신이 있는 독창적인 콘텐츠를 발행한다. 그리고 지금까지는 이 전략이 어느 정도 먹힌 것 같다. 차별점이 없었던 옛 채널은 영상을 4개 올리는 동안 단 2명의 구독자를 모았던 반면, 지금의 채널은 영상 4개째에 1,100명 이상의 구독자를 모았다.

물론 큰 시장에서 시작하면 최종 결과물이 더 클 수 있다. 하지만 여러 가지 사업을 경험하며 느낀 점이 있다면, 최종 결과물까지 도달하는 사람은 극소수에 불과하다는 것이다. 작게 시작하는 브랜드에게 중요한 것은 적자를 내며 몸집을 키우고 엑시트라는 최종 목표를 향해 달려가는 것이 아니라, 운영 과정에서 조금이라도 의미 있는 성과를 만들어 내는 것이라고 생각한다.

하나의 브랜드를 분석하는 데만 해도 평균 30시간 이상이 걸린다. 스몰 브랜드 대부분은 보기 쉽게 정리된 자료가 없어 정제되지 않은 정보를 모으는 일부터 시작해야 하기 때문이다. 브랜드의 공식 홈페이지와 SNS, 창업자가 출연한 팟캐스트나 인터뷰 영상은 물론, 때로는 한 문장의 사실 여부를 확인하기 위해 해외 기사, 트위터(현 X) 댓글, 창업자의 링크드인 페이지까지 뒤져야 할 때도 있다. 그렇게 해서 하나의 브랜드를 제대로 이해하고 나면, 쉽게 전달할 수 있도록 구조를 짜고, 표현을 다듬고, 스토리텔링을 입힌다.

이 책은 그렇게 1,000시간 이상을 투자해 발견한 브랜드들의 성공 전략을 기록하고 그 과정에서 얻은 인사이트를 담아낸 결과물이다. 부디 내 1,000시간이 당신의 시행착오를 줄이는 데 조금이나마 도움이 되었으면 좋겠다. 이 책이 '오랜 기간 사랑받는 나만의 무언가'를 만들어 내는 데 필요한 작은 단서가 되기를 바란다. 그리고 그것이 당신을 움직이게 만드는 출발점이 되기를.

채주석

PART 1

불편을 기회로
바꾼 브랜드

모래주머니를 패셔너블한
피트니스 아이템으로 : 발라*Bala*

'문제를 발견하는 사람이 기회를 잡는다'라는 말이 있다. 성공한 기업가들은 다른 사람들이 느끼지 못하거나 무시하는 문제를 발견하고, 그것을 해결하는 제품을 개발함으로써 비즈니스 기회를 창출한다. 이렇게 문제를 해결하는 능력이 스티브 잡스나 일론 머스크처럼 혁신적인 기업가들의 전유물로 보일 수도 있지만, 사실 작은 불편함을 기회로 만드는 것은 평범한 사람들끼리의 선착순 경쟁이다.

이러한 기회는 우리 주변 어디에나 있다. 예를 들어 운동용 모래주머니 같은 것 말이다. 여기 촌스러운 디자인의 모래주머니를 감각적인 피트니스 아이템으로 바꿔 1년에 300억 원 이상을 벌어들이는 브랜드가 있다. 바로 운동과 패션을 결합한 라이프스타일 브랜드, 발라*Bala*다.

운동기구는 왜 꼭 투박해야 할까?

도대체 예쁜 모래주머니가 왜 필요한지 의문이 들 수 있다. 타당한 생각이다. 사실 기능적인 측면만을 고려한다면 발라의 제품들에는 특별한 이점이 없다. 하지만 편안하면서도 세련된 레깅스나 바람막이 같은 애슬레저*Athleisure*룩이 유행한다는 것을 고려하면, 그동안 왜 운동기구는 그렇게 하나같이 무채색의 투박한 디자인으로 제작되었는지 오히려 반문이 들 것이다.

기존의 운동기구들은 기능을 직관적으로 보여 주는 실용적인 형태로 제작된다. 내구성과 비용 대비 효율성은 높지만, 운동을 가볍게 즐기는 사람에게는 굳이 구매하고 싶은 매력적인 제품이 아닌 경우가 많다. 그런데 직업 등의 이유가 아니라 단순히 일상의 건강한 생활습관을 위해 운동하는 사람 중 상당수는 운동기구의 기능만큼이나 디자인도 중요하게 생각한다.

도구에서 라이프스타일로

요가 강사로 활동하던 나탈리 홀로웨이*Natalie Holloway*는 기존의 운동기구들이 사람들의 이런 니즈를 충족시켜 주지 못한다는 사실을 발견했다. 그래서 운동기구를 기능적 도구를 넘어 일상의 일부로 만들고자 했다.

발라가 운동과 패션을 결합한 새로운 시장을 개척할 수 있었던 것은 디자인 혁신과 감성적인 브랜딩 전략 덕분이었다. 아마존에는 6,000개 이상의 모래주머니가 판매되고 있다. 각각의 제품들이 통기성이나 방수, 튼튼한 봉제 등의 차별성을 나열하고 있지만, 일반 소비자의 눈에는 모두 비슷비슷하게 보일 뿐이다. 만약 평범한 소비자가 그중 하나를 구매하려고 한다면 적당히 후기가 좋으면서 제일 저렴한 제품을 고를 확률이 높다.

이렇게 기능적으로 큰 차이가 없는 제품들 사이에서 가장 명확한 차별화 포인트가 될 수 있는 것이 바로 디자인이다. 새로운 기능 개발에 투자하기 어려운 스몰 브랜드라도 디자인적 변화를 통해 비슷한 제품을 완전히 새로운 아이템처럼 보이게 만들 수 있다.

디자인은 자칫 전문가만의 영역처럼 느껴질 수 있다. 물론 디자인을 실물로 구현하고 세련되게 다듬는 과정은 기술과 경험이 필요한 일이다. 그러나 디자인의 본질은 단순히 예쁘게 꾸미는 데 있지 않다. 브랜드의 가치를 어떻게 드러내고 차별화할 것인지를 고민하고 문제를 해결하려는 사고방식 자체가 디자인이다. 이 관점을 이해한다면 더 이상 디자인을 두려워할 필요가 없다. 제품 기획을 탄탄히 마친 후, 실물로 옮기는 작업은 외부 인력에 맡기면 된다.

운동하고 싶게 만드는 브랜드

발라의 타깃은 '운동도 스타일리시해야 한다'고 생각하는 MZ세대 여성 소비자이다. 그들에게 중요한 것은 통기성이나 탄탄한 봉제가 아닌 '감성'이다. 발라는 디자인적 변화를 통해 기존 운동기구 시장에서 배제되던 소비자의 니즈를 충족시키며 새로운 시장을 개척할 수

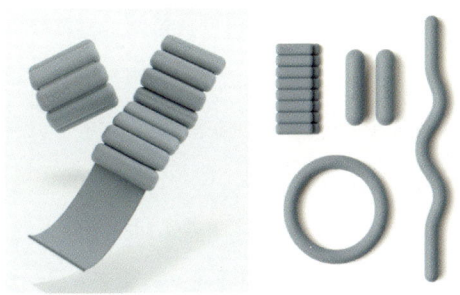

출처: shopbala.com

있었다.

고작 디자인 하나 바꾼 게 뭐가 그리 대단하냐고 물을 수 있겠다. 하지만 사업 초기의 나이키는 러닝화 디자인을, 룰루레몬은 요가복 디자인을 혁신하며 글로벌 브랜드의 자리에 올랐다. 이러한 시그니처 제품들은 신규 브랜드를 특별하게 만드는 역할을 한다.

감각적인 디자인을 더한 발라의 모래주머니 제품, 뱅글스*Bangles*는 '운동기구 = 기능'이라는 기존의 공식을 깨고, 운동기구도 감성적인 아이템이 될 수 있다는 새로운 가치를 만들어 냈다. 덕분에 '운동을 스타일리시하게 즐길 수 있도록 돕는 브랜드'라는 이미지를 구축할 수 있었고, 완전히 새로운 소비자층의 니즈를 충족시켰다.

시그니처 제품에서 브랜드 확장으로

발라의 제품은 전통적인 스포츠 매장이 아닌, 백화점이나 고급 편집숍에서 판매되고 있다. 이는 단순히 유통 채널 다각화를 넘어 운동기구를 패션 아이템으로 재정의하기 위한 전략적 선택이었다. 덕분에 발라는 소비자의 라이프스타일을 대변하는 프리미엄 브랜드로 인식될 수 있었다.

스몰 브랜드의 시그니처 제품은 일종의 '미끼 상품'과도 같다. 시장이 작고 수익성이 낮을 수는 있지만, 소비자에게 브랜드를 각인시키고 팬덤을 만드는 역할을 한다. 예쁜 모래주머니로 브랜드의 팬을 만

든 발라는 요가 매트, 폼롤러, 텀블러 등 수요층이 더 넓은 제품군으로 확장하며 수익성을 높였다. 그리고 '발라사이즈*Balacize*'라는 구독형 운동 콘텐츠를 통해 파이프라인을 다각화했다.

발라사이즈는 발라 제품을 활용한 운동 콘텐츠를 제공하는 일종의 디지털 피트니스 서비스이다. 근력 향상, 지방 연소, 유연성, 명상 등 운동의 목적에 따라 여러 카테고리로 나누어 다양한 콘텐츠를 제공하며 소비자와의 접점을 유지하는 동시에, '브랜드와 함께' 운동하는 경험을 제공하고 있다.

라이프스타일을 파는 법

많은 브랜드가 제품이 아닌 라이프스타일을 판매한다고 이야기하지만, 실제로 소비자의 삶에 침투하는 브랜드는 그리 많지 않다. 라이프스타일을 판매한다는 것은 제품 자체의 기능보다는 그 제품을 사용할 때 느끼는 감정과 경험, 그리고 그것이 만들어 내는 삶의 방식을 소비자에게 어필하는 마케팅 전략을 뜻한다.

발라는 단순히 운동기구를 파는 것이 아니라, 운동을 더 감성적으로 즐길 수 있는 경험을 판매하고 있다. 그리고 제품 자체를 홍보하기보다 운동하는 감성적인 순간을 공유하는 콘텐츠를 통해 소비자가 발라의 라이프스타일을 동경하고, 브랜드에 끌리도록 만들었다.

이 콘텐츠 전략의 핵심은 운동을 즐겨 하지 않는 사람들도 발라의 제품을 사용하고 싶게 만드는 것이다. 퍼포먼스 향상이나 운동 효과의 극대화를 강조하기보다는 침대에서 스트레칭을 하거나 출근 전 가벼운 홈 트레이닝을 하는 영상 등으로 일상에서 운동을 즐겁게 하는 모습을 보여 줌으로써 브랜딩을 한다. 이를 통해 소비자가 '나도 이런 라이프스타일을 즐기고 싶어!'라는 감정을 느끼도록 만든다.

발라는 이렇게 건강 유지라는 '니즈'와 감성이라는 '원츠Wants'를 동시에 충족시키며 삶의 질을 한층 올려 주는 브랜드로 자리 잡을 수 있었다.

감성은 어떻게 프리미엄이 될까?

발라의 제품들은 동일한 기능의 다른 제품들보다 최소 50% 이상 비싸다. 이렇게 가격이 높으면 가치가 있어 보여 더 갖고 싶어지는 '베

블런 효과*Veblen Effect*'가 발생한다. 만일 가격이 낮다면 비슷한 기능을 가진 저렴한 대체품을 찾겠지만, 가격이 높으면 '브랜드의 가치'를 구매한다고 생각해 해당 제품을 선택한다. 발라는 프리미엄 라이프스타일 브랜드라는 희소한 가치를 통해 소비자가 기꺼이 높은 가격을 지불하도록 만들었다.

재미있는 사실은 우리나라에도 발라와 유사한 디자인 콘셉트를 가진 브랜드가 있다는 것이다. 가격도 일반적인 모래주머니보다 5배 이상 비싸지만, 국내 소비자에게 긍정적인 피드백을 받고 있다. 우리나라 운동기구 시장에서도 감성적인 디자인을 강조한 프리미엄 전략이 충분히 먹힌다는 뜻이다. 그러나 해당 브랜드의 쇼핑몰과 SNS를 살펴본 결과 발라의 브랜딩 전략까지는 벤치마킹하지 않은 것으로 보인다. 만약 브랜드 경험을 중심으로 한 마케팅 전략까지 벤치마킹했다면 더 매력적인 브랜드를 만들 수 있지 않았을까?

발라의 뱅글스가 출시된 지 7년이 지났다. 출시 당시에는 혁신적인 제품이었지만 이제는 2천 원대의 중국산 카피 제품도 쉽게 찾을 수 있다. 하지만 뱅글스는 여전히 브랜드의 베스트셀러로 꾸준히 사랑받고 있다.

만약 발라가 라이프스타일보다 제품 판매를 중시했다면, 또는 브랜드 경험을 구축하지 않고 가격과 기능만을 앞세웠다면 2천 원짜리 대체품과의 경쟁에서 살아남기 어려웠을 것이다. 즉, 발라가 성공한 이유는 단순히 예쁜 제품의 판매를 넘어 소비자에게 브랜드의 가치와 경험을 제공했기 때문이다.

운동기구 시장뿐만 아니라 어떤 시장에서도 '감성적인 차별화'와 '브랜드 경험 구축'은 강력한 성공 요소가 될 수 있다. 중요한 것은 '무엇을 파느냐'가 아니라 '어떤 브랜드 경험을 제공하느냐'인 것이다.

발라의 성공 스토리 3줄 요약

1. 기능성과 내구성 위주로 제작되던 운동기구를 감각적인 디자인으로 혁신해 스타일리시한 패션 아이템으로 재탄생시켰다.

2. 브랜드 경험을 중심으로 한 콘텐츠를 통해 일상에서 운동을 즐겁게 만드는 요소로 브랜딩하고 소비자가 브랜드의 라이프스타일을 동경하도록 만들었다.

3. 스포츠 매장이 아닌 백화점이나 고급 편집숍에서 판매하여 프리미엄 브랜드로 포지셔닝했고, 소비자가 기능을 넘어 '브랜드의 가치'를 구매하도록 유도했다.

의료복도 편안하고 스타일리시하게 : 피그스*FIGS*

의료진이 입는 옷을 생각하면 하얀 가운이나 수술복(스크럽 슈트)이 떠오를 것이다. 의사 가운에도 브랜드가 있을까? 물론이다. 수십 년 동안 유니폼과 가운을 제작해 온 전통적인 업체들이 있다. 이들은 주로 입는 사람의 편의보다는 기능을 우선시한 옷을 생산해 병원에 도매로 납품한다.

그런데 이런 의료용 의류 시장에 새로운 브랜드가 등장했다. 병원 납품 중심이었던 기존 유통구조의 허점을 D2C*Direct To Consumer*로 전환해 창업 8년 만에 나스닥 상장에 성공하고, 기능을 넘어 의료인의 정체성과 자부심을 담은 옷을 판매한 브랜드, 피그스*FIGS*다.

의료진도 패셔너블한 옷을 입을 수는 없을까?

피그스는 패션 브랜드 대표에 의해 시작된 브랜드다. 헤더 해슨

*Heather Hasson*은 간호사인 친구와 커피를 마시던 중 16시간씩 근무하는 의료진이 거칠고 불편한 가운을 입고 일한다는 사실에 충격을 받았다. '왜 의료진만 이렇게 투박한 옷을 입어야 하나'라는 문제의식을 갖게 된 헤더는 의료용 의류를 '입고 싶은 옷'으로 만드는 아이디어를 떠올리게 됐다. 헤더의 패션업계 경험이 의료진들이 겪는 문제와 결합해 '패셔너블하고 편안한 병원 유니폼'이라는 새로운 카테고리를 창출한 것이다.

피그스가 본격적으로 시작된 것은 사모펀드 출신의 트리나 스피어 *Trina Spear*가 합류하면서부터다. 트리나는 의료 가운이 미국에서 100억 달러, 전 세계적으로 600억 달러 규모의 산업이라는 점과, 스포츠 분야와는 달리 지금껏 아무도 의료진을 위해 패셔너블하면서도 기능적인 의류 제품을 만들지 않았다는 점에 집중했다.

사업 초기, 트리나는 평일에는 뉴욕 월스트리트에서 직장 생활을 하다가 주말이 되면 헤더가 있는 LA까지 와 병원 주차장에서 가운을 직접 판매했다. 응급실 앞 도로변에서 결제를 도우며 시장 반응을 확인한 후에는 아예 직장을 그만두고 퇴직연금까지 해약하면서 피그스에 전념하기 시작했다.

병원이 아니라 의료인이 직접 선택하는 브랜드

피그스의 목표는 의료인을 위한 나이키가 되는 것이다. 나이키가 더 나은 운동 퍼포먼스와 스타일을 동시에 제공하는 브랜드인 것처럼, 피그스 역시 의료용 유니폼을 업무 효율성과 스타일을 모두 갖춘 옷으로 재정의했다.

그리고 병원의 구매 담당자가 아니라, 당사자인 의료인이 사고 싶어 하는 옷을 만들었다. 후기를 살펴보면 잠옷이나 일상복처럼 편하고 예쁘다는 내용들이 있다. 실제로 의료계에 종사 중인 지인 역시 피그스를 보며 일상복과 큰 차이가 없게 느껴진다고 평가하기도 했다.

기존 의료용 의류의 역할은 위생 유지와 식별 및 권위 부여였다. 의사, 간호사, 레지던트, 수술실 직원 등 역할에 따라 색이 구분되고, 쉽게 세탁과 소독이 가능해야 하기 때문에 저렴한 원단이 주로 쓰였다. 그만큼 디자인은 투박하고 불편할 수밖에 없었다.

이에 피그스는 요가복처럼 허리 밴드를 설계해 하루 종일 움직여도 옷이 흘러내리지 않도록 했고, 작은 의료도구나 휴대폰을 넣을 수

출처: wearfigs.com

있도록 주머니를 양쪽 가슴과 다리 등 여러 위치에 나눠 배치했다. 그리고 오래 서 있어도 부담이 덜하도록 가볍고 신축성 좋은 원단을 사용해 활동성을 높였다.

사실 '의료용 가운'이라고 하면 괜히 진입장벽이 높을 것 같은 느낌을 준다. 하지만 피그스가 주력하는 비멸균 의료 가운은 일반 의류와 유사한 기준으로 생산이 가능하다. 특별한 인증이나 기술 없이도 진입할 수 있는 시장이지만, '가운은 제 기능만 하면 된다'는 고정 관념과 병원 도매 납품 중심의 유통 구조로 인해 블루오션으로 남아 있었던 것이다.

고객이 아닌 '동반자'

트리나는 '모든 의료인은 하나의 움직이는 광고판이다'라고 말했다. 이 말을 통해 피그스가 전개하는 마케팅의 핵심을 알 수 있다.

피그스는 별도의 연예인 모델이나 대규모 광고 캠페인보다 실제 의료인이 자신들의 제품을 입고 병원에서 일하는 모습을 보여 주는 게 훨씬 더 진정성 있고, 영향력 있는 마케팅이 된다는 생각을 가지고 있다.

그리고 의료인을 브랜드의 일부이자 앰배서더로 여기고 그들을 '멋진 사람들Awesome Humans', '현대 의료 영웅들Modern Healthcare Heroes'이라고 표현하며 브랜드의 팬으로 만들었다.

피그스가 집중했던 것 중 하나는 의료계 전문직 종사자인 핵심 고객들을 정확히 겨냥한 마케팅, 언어, UX 전략이었다. 피그스는 '당신은 환자를 위해 16시간을 뛴다. 우리는 당신이 그 시간을 더 편안하게 보낼 수 있도록 옷을 만든다'라는 메시지를 일관되게 전달한다.

이에 더해, 피그스는 의료용 의류를 구할 수 없는 의료인에게 제품을 무상으로 기부하고, 아프리카 등에 중환자실과 수술실을 만들었으며, 최근에는 의료인의 정신 건강, 급여 형평성, 근무 안전 보장과 불필요한 행정 절차 개선을 위한 입법 로비까지 진행하며 '의료인도 존중받을 권리가 있다'는 메시지를 실천하고 있다.

또한 피그스는 제품명을 '욜라*Yola*', '카스마*Casma*', '카타리나*Catarina*'처럼 기부 활동을 진행했던 지역이나 현지에서 만난 의료진의 이름에서 따오는 등 의료인의 노력과 헌신을 존중하고 의료 커뮤니티를 깊이 이해한다는 점을 꾸준히 소구했다.

이러한 브랜드 커뮤니케이션 덕분에 피그스는 시간이 지날수록 고객 획득 비용*CAC*을 낮출 수 있었다. 2018년에는 101달러였던 비용이 2020년에는 39달러까지 감축되었다. 이는 많은 D2C 브랜드가 초기에 광고로 빠르게 성장한 후, 시간이 갈수록 광고 단가 상승과 리텐션 저하로 인해 같은 수의 고객을 데려오기 위해 더 많은 마케팅 비용을 써야 하는 구조적 문제에 빠지는 것과는 상반된 결과다. 즉, 피그스는 제품 자체의 경쟁력과 고객 중심 브랜딩을 통해 높은 충성도를 형성했고, 시간이 지날수록 더 매력적인 브랜드로 성장할 수 있었다.

관점의 혁신이 만들어 낸 성공

블루오션을 개척한다는 것은 기존의 고정 관념을 깨고, 새 제품의 필요성을 입증한다는 의미이다. 기존 업계는 의료용 의류를 '병원이 일괄 구매하는 유니폼'으로 봤지만, 피그스는 이를 '의료인이 스스로 선택하는 정체성의 상징'으로 재정의했다. 같은 시장, 같은 제품이라도 누구의 시선에서 문제를 보는지에 따라 완전히 다른 비즈니스가 된다.

'병원 구매 담당자'를 고객으로 삼은 기존 브랜드들은 가격과 기능 중심의 경쟁에 갇혀 버렸다. 하지만 피그스는 고객을 '실제 착용자인 의료진'으로 정의하면서, 정체성을 파는 사업으로 전환할 수 있었다.

일반적으로 의류 산업의 평균 마진율은 약 50~60%인데 비해 피그스의 마진율은 70%에 육박한다(2023 회계연도 기준 매출 총이익률은 67.5~69.1%). 이처럼 높은 마진율은 피그스가 자부심과 소속감을 부여하는 브랜드 자산을 구축했음을 의미한다. 또한 브랜드의 철학과 제품의 가치를 중심으로 성장했기 때문에 가격 경쟁에서도 자유롭다는 것을 보여 준다.

개인적인 판단으로, 피그스는 나이키보다는 애플에 가까운 브랜드다. 애플은 디자이너나 개발자와 같은 창작자들을 한층 '창의적인 사람'처럼 보이게 만들어 준다. 오로지 그 느낌 때문에 기꺼이 프리미엄을 지불하기도 한다. 이와 마찬가지로 피그스는 의료인의 사회적 지위를 보여 준다. 고급 가운을 착용한 의사는 현장에서 상대적으로 더 전문적이고 신뢰감 있는 인상을 준다는 후기가 있을 정도다. 의료계에서도 브랜드가 사회적 위계를 만들 수 있다는 점, 그리고 '제품=정체성'의 공식을 피그스가 증명하고 있는 것이다.

가운이라는 작고 뾰족한 시장을 선점한 피그스는 의료인을 위한 속옷부터 외투까지 카테고리를 확장하며 라이프스타일 전체를 커버하는 브랜드로 성장했다. 현재 가운 외 제품군의 수익이 전체 매출의 20%를 차지하고 있으며, 뉴발란스와 협업해 의료인을 위한 맞춤형 워크슈즈 라인을 별도로 출시하기도 했다.

출처: wearfigs.com

2021년, 피그스는 뉴욕증권거래소에 성공적으로 상장하며 화제를 모았다. 높은 브랜드 충성도와 수익성이 있었기에 가능한 결과였다. 상장 당일 기업 가치는 약 47억 달러, 첫날 종가는 공모가 대비 약 36% 상승한 금액이었다. 현재 주가는 6달러 언저리로 첫날 종가 대비 80% 이상 하락한 수준이지만, 여전히 피그스는 높은 마진과 팬덤 기반의 브랜드로 안정적인 매출을 기록하고 있다.

우리가 배워야 할 것은 피그스의 혁신 방법이다. '관점의 혁신'과 '고객 재정의'의 시선으로 바라본다면, 아직 아무도 눈치채지 못한 당신만의 블루오션을 발견할 수 있을 것이다.

피그스의 성공 스토리 3줄 요약

1. 기존 의료용 의류의 기능 중심적 접근을 벗어나 '의료인이 입고 싶은 정체성의 상징'으로 재정의하여 '패셔너블한 유니폼'이라는 새로운 카테고리를 창출했다.

2. '모든 의료인은 하나의 움직이는 광고판'이라는 철학하에 의료진을 단순 고객이 아닌 브랜드 앰배서더로 대우하며 팬덤과 신뢰를 동시에 구축했다.

3. 의료계 전문직이라는 특수 타깃에 맞춘 커뮤니케이션 전략으로 차별화를 이루며 독점적 위치를 확보했다.

현지화 없이도 미국 MZ세대를 사로잡은 아시안 푸드
: 옴솜Omsom

스몰 브랜드를 운영하는 입장에서 가장 바쁜 순간은 아마도 제품 출시 직전일 것이다. 동시에 기대가 가장 큰 순간이기도 하다. 하지만 기대가 실망으로 바뀌기까지는 그리 오랜 시간이 걸리지 않는다. 오랜 기간 열심히 만든 제품이 세상에 나왔다는 사실을 알고 있는 사람은 고작 내부 직원과 지인이 전부이고, 제품을 잘 만드는 것과 잘 판매하는 것은 완전히 다른 영역이기 때문이다.

그냥 두고두고 판매하면 되는 거 아니냐고? 유행이나 계절성, 유통 기한 등의 이유로 모든 제품에는 팔아야 할 '때'가 있다. 그리고 팔리지 않는 제품을 쌓아 두고 일하는 것은 그다지 유쾌한 경험이 아니다.

그런데 여기 마땅한 유통처도 없이 신제품을 출시해 72시간 만에 완판한 브랜드가 있다. 그리고 창업 4년 만에 브랜드 매각에도 성공했다. 바로 전통적인 아시아 요리의 맛을 유지하면서도 진정성 있는 브랜딩으로 미국 MZ세대의 입맛을 사로잡은 브랜드, 옴솜Omsom이다.

옴솜은 어떻게 현지화도 하지 않은 전통 아시아 음식으로 타지에서
사랑받는 브랜드를 만들 수 있었을까?

모든 정보는 제품 뒷면에 있다

옴솜은 아시아 음식이 '저렴하고 빠른 배달 음식'으로 치부된다는
사실에 불만을 품은 베트남계 미국인에 의해 시작된 브랜드다. 창업
자인 킴 팜*Kim Pham*과 바네사 팜*Vanessa Pham* 자매는 베트남 전쟁을 피해
미국으로 이주한 부모 밑에서 자란 이민자 2세대. 그들은 아시아 음식
이 미국에서 단순화되거나 왜곡된 방식으로 소비된다는 사실에 불만
을 품고 아시아 음식의 진정한 맛과 문화를 전달하는 브랜드를 만들

기로 결심했다. 문제는 두 창업자 모두 전문적으로 요리를 해 본 경험이 없다는 것이었다. 옴솜은 아주 현명하게 이 어려움을 극복했다.

만약 무언가 만들고 싶은데 방법을 모르겠다면, 가장 손쉬운 방법은 경쟁사 제품의 패키지에 쓰여 있는 제조사에 전화를 거는 것이다. 간단한 질문만으로도 최소 수량과 비용, 인허가 내용 등 제조에 관련된 사항을 상세하게 알 수 있다.

여기서 한 걸음 더 나아가 제품의 퀄리티를 높이고 싶다면 개발을 외부 전문가에게 위탁하면 된다. 이런 방법 덕분에 우리가 시중에서 만나는 여러 제품들의 퀄리티가 상향 평준화되었고, 판매자 입장에서는 브랜딩과 마케팅에 집중할 수 있게 되었다.

요리에 대한 전문 지식이 없던 옴솜의 두 창업자 역시 자신들의 부족한 부분을 보완하기 위해 아시아 각국의 셰프와 협업하는 방법을 선택했다. 이는 단순히 제품의 질을 높이는 것을 넘어, 브랜드의 정통성을 강화하는 데 결정적인 역할을 했다.

대부분의 제조 공장은 뛰어난 기술력이 있음에도 자체 브랜드를 개발하기보다는 브랜드사의 제품을 위탁 생산하는 쪽을 선택한다. 앞서 언급했듯, 제품을 잘 만드는 것과 잘 판매하는 것은 완전히 다른 영역이기 때문이다.

이는 누구나 옴솜과 비슷한 품질의 제품을 만들 수 있다는 것을 의미하기도 한다. 그래서 스몰 브랜드는 제품 자체의 품질뿐만 아니라,

고유한 스토리를 통해 브랜드를 차별화해야 한다. 소비자들은 제품이 전달하는 감정과 가치, 경험도 함께 구매하기 때문이다.

단단한 정체성을 쌓아라, 팔릴 것이다

옴솜은 아시아 음식의 정통성을 강조하며, 단순히 소스를 파는 것을 넘어 문화적 정체성을 전달하는 데 주력했다. 그리고 제품 출시 전부터 개발 과정과 창업자 스토리, 브랜드의 미션 등을 공유하며 팬층을 확보했고, 그들이 옴솜을 신제품 출시 72시간 만에 완판되는 브랜드로 만들어 주었다.

브랜딩이란, 브랜드가 가지고 있는 진정성을 일관된 메시지로 전달하는 과정이다. 그리고 옴솜은 지겨우리만큼 일관된 메시지를 전달하는 브랜드다. 옴솜의 제품 패키지는 아시아 문화를 반영한 독특한 디자인과 문구를 사용해 문화적 정체성을 강조한다. 그리고 SNS와 웹사이트를 통해 각 소스의 기원과 역사에 대해 설명하는 콘텐츠를 포스팅하며 단순히 요리 방법을 소개하는 것을 넘어 각 요리에 담긴 문화적

출처: omsom.com

맥락을 소비자들에게 알리고 있다.

화려한 패키지 디자인은 비슷한 제품이 쌓여 있는 매대에서 소비자의 눈길을 사로잡을 수는 있으나, 피로도가 높아 결과적으로 금방 질리기도 쉽다. 하지만 옴솜은 이런 리스크를 감수하면서 대담하고 강렬한 색상을 사용해 아시아 시장의 화려한 색감과 활기찬 분위기를 시각적으로 표현했다. 이 또한 브랜드의 정체성을 전달하는 요소 중 하나인 것이다.

현지화의 재정의

'모든 사람을 만족시키려고 하면 결국 아무도 만족시키지 못한다'는 말이 있다. 모든 기호와 요구를 충족시키려 할수록 결과물이 평범해져 누구에게도 깊은 인상을 남기지 못한다는 것을 의미한다.

그간 미국 사회에서 아시아 음식은 대중의 입맛을 만족시키기 위해 특유의 맛과 향을 희석시키는 경향이 있었다. 좋게 말하면 현지화라고 할 수 있지만, 옴솜은 이를 '아시아 음식의 매력과 정체성 상실'로 정의하며 '더 이상 희석된 맛은 없다*No more diluted flavors*'라는 슬로건을 내세워 그간 단순화되었던 아시아 음식의 깊고 복합적인 풍미를 강조했다.

그동안 미국에서 아시아 음식이 희석된 맛과 향으로 판매되어 온데에는 그만한 이유가 있었을 것이다. 그럼에도 불구하고 옴솜은 왜 이러한 현지화 흐름에 역행하는 전략을 택했을까?

옴솜은 아시아 음식의 깊고 복잡한 풍미를 강조한 대신 조리 과정을 단순화하여 현지화를 재정의했다. 옴솜의 타깃은 제대로 된 아시아 요리를 간편하게 즐기고 싶은 사람들이다. 그리고 그들에게 중요한 것은 아시아 음식이 가지고 있는 본연의 맛이다.

옴솜은 이러한 니즈를 충족시키기 위해 각 나라 요리에 필요한 양념을 하나의 패키지에 담아 소비자가 집에서 쉽게 조리할 수 있도록 제품을 단순화시켰다. 이러한 옴솜의 제품들은 집에서도 레스토랑 수준의 요리를 간편하게 만들 수 있게 해 주는 게임 체인저로 평가받고 있다.

옴솜은 창업 4년만에 아시아의 식문화를 전 세계에 알리는 것을 목표로 하는 식품 기업에 인수되며 엑시트에 성공했다. 두 브랜드의 미션과 비전이 일치했기에 거래는 빠르게 성사될 수 있었고, 이 역시 명확한 브랜드 철학이 있었기에 가능한 일이었다.

옴솜의 성공에서 얻을 수 있는 또 다른 인사이트는 '출시 이전이 출시 이후만큼 중요하다'는 것이다. 대부분의 창업자는 완벽한 제품을 만드는 데 모든 에너지를 쏟고, 출시 후에야 마케팅을 시작한다. 하지만 옴솜은 제품 개발과 동시에 브랜드 스토리, 창업자의 배경, 미션을 지속적으로 공유하며 출시 전부터 팬을 만들어 갔다. 시장에는 이미 좋은 제품들이 넘쳐난다. 옴솜이 증명한 것은 제품 출시일이 사업의 시작이 아닌, 여정의 결과라는 사실이다.

옴솜의 성공 스토리 3줄 요약

1. 미국에서 아시아 음식이 단순화되어 소비된다는 사실에 불만을 품은 베트남계 미국인 자매가 아시아 요리의 진정한 맛과 문화를 전달하는 브랜드를 만들었다.

2. 제품 출시 전부터 개발 과정과 창업자 스토리, 브랜드의 미션 등을 공유하며 브랜드의 팬을 확보했고, 그 결과 출시 72시간 만에 신제품을 완판할 수 있었다.

3. 일관된 브랜드의 철학과 명확한 고객층, 그리고 개성 강한 제품 덕분에 창업 4년 만에 브랜드를 성공적으로 매각했다.

라벤더 향 비누는 싫은 남자들을 위하여
: 닥터 스콰치*Dr. Squatch*

돈을 버는 방식에는 크게 두 가지가 있다. 트렌드에 민감한 사람은 다양한 방법으로 빠르게 수익을 올리고, 문제의 본질에 민감한 사람은 남들이 놓치는 지점을 파고들어 느리지만 큰돈을 번다. 이번 챕터의 주인공, 닥터 스콰치*Dr. Squatch*는 후자에 속한다. 이번 사례를 통해 몰입의 중요성에 대해 알아보자.

닥터 스콰치는 창업자인 잭 헐드럽*Jack Haldrup*의 개인적인 경험에서 시작됐다. 잭은 건선이라고 하는 피부 질환을 앓고 있어 일반적인 비누가 자신에게 맞지 않는다는 사실을 깨달았지만, 당시 천연 비누 시장에는 남성들의 보편적인 취향에 맞는 상품이 없었다.

같은 상황에 놓였을 때 어떤 이들은 비누가 자신의 피부에 맞지 않는다는 사실 자체를 인지하지 못하거나, 알고 있더라도 천연 비누라는 대안의 존재 자체를 모를 수도 있다. 또 누군가는 불편함과 취향

차이를 감수한 채 기성품을 사용하는 선택을 할 것이다.

하지만, 잭은 '남성용 천연 비누'를 직접 만들기로 결심했다. 그는 천연 재료로 비누를 만드는 방법을 배우고, 제조 과정을 연구해 직접 비누를 만들기 시작했다. 닥터 스쾃치가 사업화된 것은 그가 만든 비누가 가족과 친구들에게 인기를 끌기 시작하면서부터였다.

그런데 천연 성분을 활용한 비누라면 러쉬 같은 브랜드에서 이미 판매하고 있는 것 아닌가 하는 생각이 들 수도 있다. 타당한 의문이다. 하지만 닥터 스쾃치는 처음부터 러쉬의 천연 비누를 구매하지 않을 만한 사람들을 타깃으로 설정했다. 바로, 천연 비누를 원하지만 라벤더 향은 싫은 남성들. 다채로운 색상과 산뜻한 향으로 고객을 끌어들이는 러쉬와 달리 닥터 스쾃치는 나무나 흙 내음같이 더 강하고 남성적인 향을 가진 제품을 개발하는 데 초점을 맞췄다.

출처: drsquatch.com

도발적인 마케팅으로 만든 강력한 아이덴티티

창업 스토리에서도 알 수 있듯, 닥터 스콰치라는 브랜드는 당사자가 아니면 이해할 수 없는 문제로부터 시작했다. 그렇기 때문에 창업 초기에는 외부 투자 유치가 어려워 잭은 개인 자금을 사용해 사업을 운영할 수밖에 없었다.

재미있게도, 비용을 최소화하기 위해 제품 라인업을 간소화한 결과 브랜드 아이덴티티를 강화할 수 있었고, SNS와 입소문에 의존해 마케팅함으로써 충성도 높은 고객층을 형성할 수 있었다. 현재는 인스타그램 팔로워를 109만 명이나 보유하고 있지만 아직도 댓글로 팔로워들과 소통하며 적극적으로 커뮤니티를 형성하고 있다.

지금은 초기 성공을 바탕으로 비누뿐만 아니라 샴푸, 데오드란트, 쉐이빙 크림 등 점진적으로 제품 라인을 확장하고 마케팅 활동 역시 강화했다. 그중에서도 유머 있게 남성성을 강조한 유튜브 광고가 히트하며 매출이 빠르게 성장하기 시작했다.

플랫폼을 막론하고 닥터 스콰치에서 운영하는 SNS 계정은 굉장히 캐주얼하다. 어떤 게시물들은 선을 넘었다고 느껴지기까지 한다. 실제로 일부 소비자들은 불쾌감을 표출하기도 하지만, 이러한 도발적인 접근이 오히려 많은 사람에게 기억에 남는 마케팅으로 받아들여졌다. 논란이 생겨도 공식적으로 사과하거나 광고를 철회하는 대신 피드백을 받아들여 유머의 수위를 조정하는 방법으로 대응하고 있다.

선 넘은 광고도 먹힐 수 있는 이유는 이러한 유머가 브랜드의 아이덴티티로 소비자들에게 인식되어 있기 때문이다. 소비자들은 닥터 스쾃치가 진지하지 않은 브랜드라는 것을 이미 잘 알고 있다. 그리고 그런 가벼움을 좋아한다.

브랜드의 존폐를 걸고 굉장히 위험한 줄타기를 한다고 생각할 수도 있지만, 이는 굉장히 효율적인 차별화 전략이다. 전통적이고 무난한 광고를 하는 경쟁사들에 비해 닥터 스쾃치는 독특하고 과감한 광고로 타 브랜드와는 다른 특성을 지니고 있음을 강조한다.

우유는 버려도 비누는 버리지 않는다

만약 선택의 기회가 주어진다면, '가끔 1억 원을 버는 것'과 '꾸준히 7천만 원을 버는 것' 중 어느 것을 고르겠는가? 사업을 하며 마진율만큼 중요한 것은 꾸준한 매출이다. 매달 일정한 매출이 보장되는 정기구독 모델은 모든 브랜드에서 바라는 달콤한 현금흐름을 제공한다. 정기구독자에게는 혜택을 주어야 하기 때문에 마진율은 낮아지지만 재고를 회전하고 발주량을 늘려 생산 단가를 낮출 수 있다는 장점도 있다.

하지만 정기구독이 모든 브랜드에게 적합한 것은 아니다. 우유를 정기구독하고 먹지 않아 버리는 경우를 생각해 보자. 그 횟수가 늘어날수록 '계약기간만 끝나면 구독을 해지해야겠다'는 생각이 강해진다. 반면, 비누 같은 소비재는 이러한 문제에서 자유롭다. 지난달에 받은 비누가 남았다면 보관해 두었다가 나중에 쓰면 되니까. 게다가 남성들은 비교적 일관된 소비 패턴을 가지는 경우가 많다. 한 번 사용하기 시작한 제품은 잘 바꾸지 않는다. 구체적인 매출 비중은 공개되지 않았지만, 닥터 스쾃치의 매출은 구독 서비스 도입 후 300% 이상 증가해 1,300억 원을 훌쩍 넘겼다. 하지만 이토록 확실한 매출 상승에도 불구하고 이때까지는 여전히 소규모 팬층을 가진 브랜드라는 인식이 강했다. 그랬던 닥터 스쾃치가 어느 날 '단 30초'만에 메인 스트림 브랜드로 자리 잡게 된다.

일부러 찾아보는 광고의 비밀

슈퍼볼은 미국뿐만 아니라 전 세계적으로 큰 관심을 받는 이벤트다. 2024년 슈퍼볼 시청자는 1억 1,300만 명에 달했다고 한다. 따라서 슈퍼볼 광고는 상업적 광고 이상의 사회적, 문화적 영향력을 지니고 있다. 광고 내용이 화제가 되거나 지속적으로 회자될 가능성이 크기 때문에, 단순한 제품 홍보를 넘어 대중문화 속에 브랜드를 각인시키는 역할을 하기도 한다. 단 30초 동안 방영된 닥터 스쾃치의 슈퍼볼광고 역시 경기가 끝난 후 여러 커뮤니티로 공유되며 소비자층을 확장하는 데 중요한 발판이 되어 주었다.

닥터 스쾃치는 자신들만의 유머와 개성을 살린 마케팅을 슈퍼볼에서도 그대로 이어 가며 브랜드 이미지를 강화했다. 그 덕분에 기존 충성 고객은 유지하면서 새로운 고객 유치에도 성공할 수 있었고, 슈퍼볼 광고 이후 구독 서비스 가입자 수 역시 특히 눈에 띄게 늘어났다.

재미있는 사실은 이 브랜드의 유튜브 채널에는 슈퍼볼 광고보다 훨씬 더 성공적인 광고들이 많다는 점이다. 특히 "당신은 접시가 아니라 남자다*You're not a dish, you're a man*"라는 문구로 남성성을 자극하며 '진짜 남자를 위한 진짜 비누'라는 메시지를 전하는 영상은 무려 조회 수 1억 7천만 회를 기록했다. 광고 영상임에도 불구하고 일부러 찾아봤다는 댓글에 3천 명이 넘는 사람들이 공감했을 정도다.

닥터 스쾃치가 이렇게 일부러 찾아보는 광고 영상을 만들 수 있었던 비결은 바로 재미와 정보의 절묘한 조화였다. 잭은 한 인터뷰를 통해 훌륭한 제품과 유익한 정보를 제공하지만, 너무 진지하지는 않은 브랜드를 지향한다고 이야기했다. 그는 이를 '에듀테인먼트'라는 방식으로 풀어냈다.

에듀테인먼트는 교육에 오락적 요소를 가미해 학습 동기를 강화하고 학습효과를 높이는 형태를 의미한다. 1억 2천만 조회 수를 기록한 또 다른 영상도 3분이 넘는 시간 동안 자사 제품의 우수성을 '교육'하지만 재미있는 설명 방식 덕분에 많은 사람들이 광고를 끝까지 시청했다.

출처: drsquatch.com

닥터 스콰치가 다양한 플랫폼을 오가며 지속적으로 성공적인 마케팅을 할 수 있었던 비결은 세밀한 타깃 설정 덕분이다. 그들의 고객은 단순히 천연 비누를 원하는 남성이 아니라, '자연친화적이고 자신만의 방식으로 삶을 즐기는 것을 중요하게 생각하는' 남성이다. 그리고 브랜드의 마스코트인 '사스콰치*sasquatch**'를 통해 자연 속에서 자유롭게 사는 남성의 이미지를 표현하고 있다.

반면에 도시 속에서 디지털 친화적인 삶을 살고 있고, 이러한 삶의 방식을 지향하는 사람은 닥터 스콰치의 마케팅에 그다지 공감이나 재미를 느끼지 못할 것이다. 이렇듯 명확한 타깃 설정은 브랜드와 소비자 사이에 강한 유대감을 형성하는 동시에 그들만의 커뮤니티를 만들

* 영장류의 외양을 가졌다는 전설 속 괴생명체.

수 있지만, 반대로 그 집단에 포함되지 않는 사람들을 배척해 고객의
수를 제한하는 부작용도 생길 수 있다.

팔리지 않는 물건을 파는 데 성공한 브랜드

최근 들어 고체비누를 직접 구매한 경험이 있는가? 고체비누는
2014년도부터 이미 몰락했다는 평을 들어 왔다. 하지만 비슷한 시기
에 창업한 닥터 스콰치는 한물간 고체비누를 주력 상품으로 연 매출
2,500억 원을 달성했다. 메이저 비누 브랜드보다 가격이 6배 이상이
나 비싼데도 말이다. 이는 단순히 성공적인 마케팅과 끈끈한 커뮤니
티 덕만은 아닐 것이다.

작업된 리뷰들로 그럴싸하게 포장한 후 공격적인 마케팅으로 큰
매출을 내는 제품들이 있다. 광고에 혹해 이런 제품들을 구매해 본 경
험이 다들 있을 것이다. 하지만 대부분의 경우 몇 번 사용한 후 방치
되고 재구매까지 이어지지는 않는다. 강한 커뮤니티가 있다고 하더라
도 의리로 구매하는 것은 많아야 한두 번에 그친다. 그렇기 때문에 닥
터 스콰치의 성공에는 제품의 효과와 질이 탄탄하게 뒷받침되었을 것
이라 짐작할 수 있다.

물론 일반인이 사양 시장을 역행해 의미 있는 성과를 낼 수 있을
만큼 좋은 제품을 만드는 것은 쉽지 않은 일이다. 하지만 창업자 잭
역시 닥터 스콰치를 창업할 때는 비누 제조와 전혀 상관없는 일반인

이었음을 생각해 보면, 할 수 있는 일의 한계를 결정짓는 것은 역시 스스로의 마음가짐이 아닐까.

닥터 스콰치의 성공 스토리 3줄 요약

1. 건선으로 고생하던 직장인이 자신에게 맞는 천연 비누를 찾지 못해 직접 만들어 사용했다.

2. 주변 반응이 좋자 사업화를 했고, 명확한 타깃에게 일관된 톤앤매너로 광고한 결과 강한 커뮤니티를 형성할 수 있었다.

3. 구독 서비스로 탄탄한 현금흐름을 만들었고, 슈퍼볼 광고를 통해 메인 스트림 브랜드로 자리 잡게 되었다.

도시인을 위한 실내 식물 브랜드 : 더 실*The Sill*

넓은 침대와 큰 소파, 그리고 취향을 반영한 인테리어 등 자취를 하면 포기하게 되는 것들이 있다. 처음 자취를 시작했을 때 다른 것보다 식물을 키울 공간이 마땅치 않다는 사실이 제일 아쉬웠는데, 아무래도 나 혼자만의 아쉬움은 아니었던 모양이다.

이번에 소개할 더 실*The Sil*의 창업자 엘리자 블랭크*Eliza Blank* 역시 뉴욕에서 고층 아파트 생활을 하며 자연과 단절된 느낌을 받았다고 한다. 이 경험을 통해 식물과 자연이 정신적, 신체적 건강에 큰 영향을 미친다는 것을 깨달았고, 도시인을 위한 실내 식물 브랜드의 필요성을 인식하게 되었다.

엘리자는 더 실을 창업하기 전, 한 헤어 케어 스타트업의 브랜드 전략가로 일하며 브랜딩과 소비자 경험 설계를 담당했다. 화훼 산업에 대한 이해도는 부족할지 몰라도 고객을 만족시키는 방법만큼은 누

(49)

구보다 잘 알고 있었다.

엘리자가 집중한 것은 고객과의 유대감 형성이었다. 사업 초기에는 도매 시장에서 식물을 구매해 고객에게 직접 배달까지 해 줄 정도로 소비자 경험에 집중했다. 자칫 비효율적으로 보일 수도 있지만, 이는 창업자와의 직접적인 소통을 통해 고객들이 브랜드를 더욱 친근하게 느끼도록 만드는 요소가 되었다. 그리고 식물이 안전하게 도착한다는 확신도 심어 줄 수 있었다.

만약 온라인 서점에서 이 책을 구매했는데, 저자인 내가 직접 배송해 주며 집필 과정과 제작 과정 등 책의 비하인드 스토리를 이야기해 준다면 책에 대한 애정이 더 생기지 않을까? 비슷한 관심사가 있는 친구들에게 자발적으로 홍보하는 것은 덤이고. 마찬가지로 엘리자의 독특한 배송 방법은 뉴욕 내에서 입소문을 타며 SNS에도 공유되기 시작했다. 그리고 이러한 고객 경험은 더 실이 커뮤니티를 구축하는 데 큰 영향을 미쳤다.

1인 가구를 위한 식물 키트

엘리자가 더 실을 창업할 당시, 미국에서 식물을 키우려면 '홈디포'나 로컬 가드닝 숍 같은 곳에서 식물과 화분, 흙을 따로 구매해 직접 심고 가꾸는 것이 일반적이었다. 그렇기 때문에 초보자가 접근하기는 다소 어려운 취미였다.

더 실은 이 점에 착안해 식물과 화분, 가이드북을 세트로 판매하며 식물 키우기를 어렵고 복잡한 취미가 아닌, 누구나 시도해 볼 수 있는 라이프스타일로 확장했다. 그리고 마침 1인 가구 중심으로 확산되던 '식집사*Plant parents*' 트렌드를 타고 빠르게 성장할 수 있었다.

예전에 넓은 집에서 살 때는 크고 작은 화분이 8개나 있었다. 하지만 주말에 몰아서 물을 주는 게 전부일뿐 세심하게 돌보지는 못했다. 그러다 보니 결국 강한 녀석들만 살아남아 이사를 할 때는 화분을 2개밖에 챙겨 나오지 못했다. 아마 그 두 화분들도 관리를 잘해서가 아니라 초보자도 키우기 쉬운 식물이었기 때문에 살아남았을 것이다.

나처럼 식물에 대해 잘 알지는 못하지만 식물을 키우고 싶은 사람들을 위해 더 실은 '초보자 전용 카테고리*Best for beginner*'를 따로 만들어

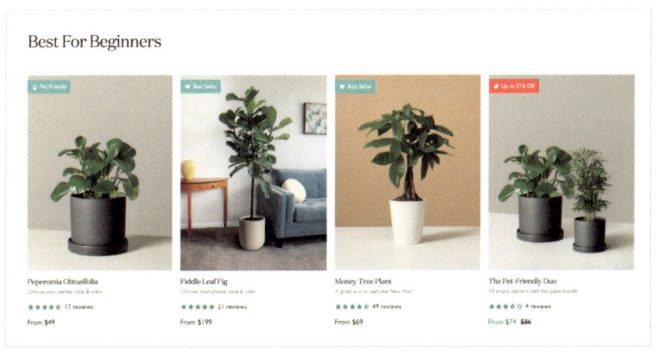

출처: thesill.com

비교적 키우기 쉬운 식물들을 별도로 판매하고 있다. 그리고 유튜브 채널을 통해 식물을 키우는 팁과 가이드 영상을 제공하고, 블로그를 통해 식물 관리법과 초보자가 자주 하는 실수 등을 정리한 콘텐츠를 포스팅하며 누구나 쉽게 식물 키우기를 시작할 수 있도록 만들었다.

즉, 더 실은 기존에는 주요 고객으로 고려되지 않던 초보자들을 공략함으로써, 메이저 플레이어들과 경쟁하지 않고 자신만의 틈새시장을 개척할 수 있었다.

타깃이 명확할수록 브랜드의 포지션이 명확해지고, 경쟁 브랜드와 차별화가 쉬워진다는 이점이 있다. 하지만 사업이 일정 규모에 도달하면 성장이 정체되고 제품 확장이 어려워진다는 단점도 동시에 존재한다.

더 실은 식물을 키우는 과정에서 지속적으로 도움을 받을 수 있는 커뮤니티를 구축하며 초보자들이 애호가로 성장할 수 있도록 만들었다. 그리고 '내 반려 식물 찾기*Find Your Plant Match*'와 같은 서비스를 통해 맞춤 제품을 추천하며 고객층을 넓혀 나갔다.

'내 반려 식물 찾기'는 퀴즈를 기반으로 한 식물 추천 서비스로, 자신의 환경과 라이프스타일에 맞는 식물을 찾을 수 있도록 돕는 일종의 게임이다. 퀴즈를 푸는 과정에서 초보자는 자신에게 적합한 식물을 쉽게 선택할 수 있게 되고, 애호가는 기존 식물과 조화를 이루는 새로운 식물을 발견할 수 있게 된다. 이처럼 게임적 요소(포인트, 보상, 경

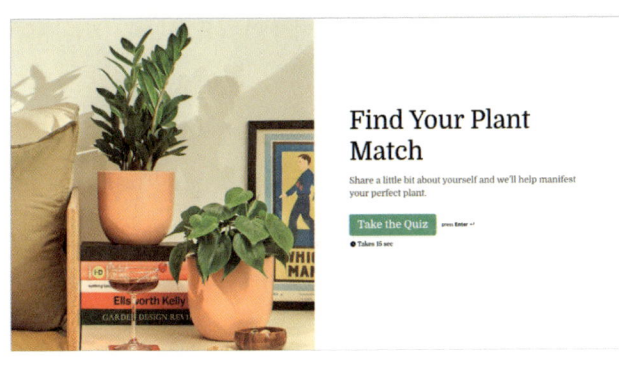

쟁, 레벨 업, 미션 등)를 게임이 아닌 분야에 적용해 사용자의 흥미를 유발하고 참여도를 높이는 전략을 '게이미피케이션'이라고 부른다.

창의성은 제약 속에서 극대화된다

'창의성은 제약이 주어질 때 극대화된다', 더 실은 이 말에 완벽히 부합하는 브랜드다. 더 실이 온라인으로 식물을 팔기 시작한 이유는 초기 창업 비용이 제한적이기 때문이었다. 창업 2년차까지도 엘리자는 가족의 사무실 한편을 빌려 쓰며 그 대가로 베이글을 제공할 정도로 금전적으로 제약을 받고 있었다.

초보자를 위한 패키지, 커뮤니티 운영, 게임적 요소 도입 모두 오프라인에 매장을 가질 수 없다는 한계를 극복하는 과정에서 탄생한 아이디어다. 그리고 이러한 아이디어가 더 실을 차별화시키는 전략이 되었다.

또한 생산자(식물 농장) → 도매업체 → 유통업체 → 소매점 → 고객으로 이어지는 전통적인 유통망을 구축할 수 없어 선택한 온라인 직접 판매 전략 덕분에 높은 마진율을 유지할 수 있었고, 안정적인 성장을 이어 갈 수 있었다.

문제는 식물이라는 제품이 직접 보고 만지는 경험이 중요한 아이템이라는 것이다. 글과 이미지, 영상 등으로는 감각적 경험을 전달하지 못해 온라인만으로는 고객의 신뢰를 얻고 구매를 유도하는 데 한계가 있었다.

이 점을 극복하고 고객 경험을 강화하기 위해 더 실은 3평 남짓한 작은 공간을 운영하기 시작했다. 이 공간은 단순히 식물을 판매하는 매장이 아닌, 다양한 채널에서 일관된 쇼핑 경험을 제공하는 공간으로 사용했다. 예를 들어, 온라인에서 제품을 주문하고 오프라인에서 픽업을 하거나, 오프라인에서 제공하는 전문가의 조언을 바탕으로 온라인에서 식물을 구매하게 만드는 등의 시너지를 창출한 것이다.

보잘것없이 작은 공간으로 생각될 수 있겠지만 맨하튼 상업지의 경우 3평 월세가 3천만 원에 육박한다고 한다. 스몰 브랜드에게는 모든 것을 건 베팅이 될 수도 있지만 더 실에게는 탄탄한 커뮤니티라는 기반이 있었다. 덕분에 이 공간을 온라인과 오프라인을 결합한 옴니 채널 전략의 일환으로 활용할 수 있었다.

그리고 매장에서 진행한 '식물 케어 워크숍'에 예상보다 많은 사람들이 참여하며 브랜드의 오프라인 확장 가능성을 확인할 수 있었고, 오프라인 매장을 12개까지 확대 운영하게 되었다. 그 과정에서 매출은 10배 이상 증가했다.

유연함이 만든 지속가능성

안타깝게도 더 실은 2024년 말, 오프라인 매장을 모두 철수했다. 시카고에 12번째 매장을 오픈한 지 불과 3년 만의 결정이었다. '열었다 닫았다 뭐하는 거야'라는 생각이 들 수도 있지만, 이는 변화한 소비 패턴에 빠르게 대응한 결과다. 팬데믹을 거치며 온라인을 통해 식물을 구매하는 트렌드가 자리 잡게 되었고, 더 실은 오프라인 매장을 철수하는 동시에 구독 서비스를 강화하고 제품군을 확대하며 수익성을 높였다.

한 인터뷰를 통해 엘리자는 사업에는 주기가 있다고 말했다. 그리고 그 과정에서 고객과 지속적으로 소통하고 변화에 적응하는 것이 핵심이라고 덧붙였다. 더 실은 온라인에서 사업을 시작해 오프라인으로 확장했다가, 다시 온라인으로 돌아오는 과정에서 더 강력한 브랜드로 성장했다.

더 실이 외부 상황에 맞춰 발 빠르게 행동할 수 있었던 비결은 탄탄한 커뮤니티에 있다. 결이 맞는 사람들을 모으고 그들이 원하는 것을 지속적으로 제공하며 브랜드가 성장하고 위기를 피해 갈 수 있었던 것이다.

오프라인 매장을 모두 닫은 지금도 더 실은 매달 새로운 온오프라인 워크숍을 진행하며 고객과의 접점을 확대하고 있다. 이는 '식물을 통해 삶을 풍요롭게 만든다'는 브랜드의 철학과 문화를 고객이 직접 경험하는 기회이자 경쟁 브랜드와 차별화되는 요소로 작용하고 있다. 이러한 과정을 통해 고객들은 단순한 구매자가 아닌 브랜드의 팬이 되었고, 이는 제품의 반복적인 구매로 이어지게 되었다.

출처: thesill.com

출처: thesill.com

여기에서 알 수 있는 더 실의 강점은 유연함이다. 더 실은 제약을 기회로 바꾸고, 그 과정에서 차별점을 만들며 변화에 적응한 브랜드다. 기존에 잘하던 것을 답습하는 것이 아닌 유연한 전략이 지속가능한 브랜드를 만든다는 인사이트를 주는 사례다.

더 실의 성공 스토리 3줄 요약

1. 기존 화훼 시장에서 주목받지 못하던 초보자를 핵심 타깃으로, 맞춤형 제품을 통해 누구나 쉽게 식물을 키울 수 있도록 만들었다.

2. 식물을 판매하는 것에 그치지 않고, 식물을 키우는 과정에서 지속적으로 도움을 받을 수 있는 커뮤니티를 형성해 고객들을 브랜드의 팬으로 만들었다.

3. 변화하는 소비 패턴에 맞춰 유연하게 비즈니스 모델을 전환하며 위기를 기회로 만들고 지속적으로 성장할 수 있었다.

유쾌함으로 금기를 깬 남성 그루밍 브랜드
: 맨스케이프드*Manscaped*

이번에는 조금 불편할 수 있지만, 아주 독특한 성공 사례를 소개하려고 한다. 그간 공개적으로 이야기를 하는 것 자체가 금기시되었던 남성 바디 그루밍 시장을 개척한 브랜드, 맨스케이프드*Manscaped*다.

맨스케이프드는 남성의 신체 중 특히 고환 주변 부위를 그루밍할 수 있는 제품에 특화되어 있다. 굉장히 마이너한 시장이라고 생각할 수 있지만, 2023년 매출은 6천억 원 이상에 달할 뿐만 아니라, 2021년부터 나스닥 상장을 준비하고 있을 정도로 가파른 상승세를 보이는 브랜드다.

고환 주변의 체모를 관리하는 것에는 위생과 편안함, 그리고 자신감 향상 등등 다양한 이점이 있다고 한다. 그런데 이런 주제를 공개적으로 이야기하는 것이 오랫동안 사회적으로 금기시되었기 때문에 별도의 제품이 필요하다는 인식 자체가 없었다.

하지만 창업자인 폴 트란*Paul Tran*은 면도기나 바디 트리머 같이 범용적인 제품으로 민감한 부위를 관리해 오며 전문적인 제품의 필요성을 깨닫게 되었다. 이런 개인적인 경험 덕에 수요는 있지만 경쟁자는 없는 화이트 스페이스를 발견하고, 누구보다 빠르게 시장을 선점할 수 있었다.

바디 그루밍을 한다는 것은 남성들 간에 농담으로 쓰일 수는 있어도 진지하게 다루기는 어려운 주제일 것이다. 특히, 미국에서는 전통적으로 남성의 거친 이미지를 강조하는 경향이 있기 때문에 남성들이 미용에 대해 공개적으로 이야기하는 것 자체가 어려웠다고 한다.

하지만 맨스케이프드는 바디 그루밍이 '자연스럽고 당연한 자기 관리 행위'임을 알리며 보수적인 남성들을 설득했다. 예를 들어, 냄새를 줄이는 데 도움이 된다거나 피부 자극을 예방하는 데 효과적이라는 점을 알린 것이다.

불편한 주제일수록 유쾌하게

창업자 폴은 맨스케이프드라는 브랜드를 어떻게 만들 수 있었을까? 폴은 맨스케이프드를 창업하기 전 스마트폰 액세서리, 반려동물 용품, 청소용품 등 다양한 분야에서 사업을 시도했지만 모두 큰 성공을 거두지는 못했다. 그러나 그 과정에서 폴은 제품-시장 적합도

*Product-Market Fit*의 중요성을 이해하게 되었다. 제품-시장 적합도란 제품이 소비자 니즈에 부합하는지 여부를 뜻한다. 반복된 실패를 겪으며 폴은 소비자와 시장의 요구에 맞지 않는 제품은 성공할 수 없다는 사실을 몸소 깨달은 것이다.

제품-시장 적합도를 확인하기 위해 맨스케이프드는 소규모 사업으로 시작되었다. 첫 제품인 '잔디깎이 1*Lawn mower 1*'은 소비자의 반응을 확인하기 위해 소량만 제작되었다. 그런데 출시 이후 빠르게 관심을 끌며 시장의 강한 수요가 확인되었고, 본격적으로 사업이 확장되기 시작했다.

아무리 경쟁자가 없다고 해도 인지도도 없는 신규 브랜드가 어떻게 첫 제품만으로 시장의 반응을 확인할 수 있었을까? 바로, 민감한 주제를 친근하고 유머러스하게 풀어낸 마케팅 전략 덕분이었다.

맨스케이프드는 제품명인 '잔디깎이*Lawn mower*'로 민감 부위를 그루밍하는 행위를 재치 있게 표현했다. 그리고 이렇게 농담 같은 이름과 유쾌한 광고가 소비자들 사이에서 입소문을 타며 제품에 대한 관심과 호기심을 불러일으켰다.

특히 고환을 의인화해 제모 전후를 표현한 '더 보이*The Boy*' 캠페인이 눈에 띈다. 이 캠페인은 털로 인해 겪는 일상생활 속 불편함을 은유적으로 보여 줌으로써 남성에게 그루밍이 필요하다는 것을 유쾌하게 느낄 수 있도록 했다.

출처: manscaped.com

이런 유머는 브랜드의 독특한 아이덴티티를 강화하는 데 기여할 수 있었을 뿐만 아니라 신규 브랜드에 대한 소비자들의 거부감을 낮추고 친밀도를 높이는 역할을 했다.

좁은 타깃만을 위한 마케팅

사실 맨스케이프드가 출시되기 전부터 브라운과 필립스 같은 대기업에서도 남성용 트리머를 이미 판매하고 있었다. 하지만 기존 트리머는 팔, 다리, 겨드랑이 등을 포함한 몸 전체를 그루밍하는 제품으로, 방수와 배터리 수명과 같은 기능에 초점을 맞추어 광고하고 있었다.

소비자의 입장에서 생각해 보면 '원래 겨드랑이를 관리하는 용도인데 고환에도 사용할 수 있는 트리머'와, '고환을 관리하는 용도인데 겨드랑이에도 사용할 수 있는 트리머' 중 어떤 것을 선택할까? 기능적인 측면에서는 두 제품 모두 몸 전체를 그루밍할 수 있다는 점에서 동일하지만 표현의 순서가 바뀌니 느낌이 완전히 달라진다.

기존 제품들과 맨스케이프드의 가장 큰 차이점은 바로 이 포지셔닝 전략에 있다. 기능에 초점을 맞추어 소구하는 기존 브랜드들과 달리 맨스케이프드는 남성의 민감한 부위 전용 트리머라는 독특한 포지션으로 브랜딩한 것이다. 만약 맨스케이프드가 '얼마나 빠르고 깔끔하게 제모가 되는지'와 같은 기능에 집중했다면, 필립스나 브라운과 같은 메이저 플레이어들과 경쟁할 수 없었을 것이다.

모두를 만족시키려 하면 결국 아무도 만족시키지 못한다. 맨스케이프드의 트리머에는 'SkinSafe®'라는 피부 보호 기능이 도입되어 있

출처: manscaped.com

어 여성들도 안전하게 사용할 수 있다. 하지만 그 점은 전혀 강조하지 않는다. 그보다는 오로지 남성 민감 부위 관리에 특화된 제품으로 포지셔닝함으로써 주요 타깃에게 효과적으로 소구하는 선택을 했다.

이 브랜드는 별도의 커뮤니티를 운영하며 고객에게 일종의 소속감까지 제공하고 있다. 맨스케이프드 커뮤니티에 가입하기 위해서는 질문에 답을 하고, 관리자의 승인까지 받아야 한다. 일반적인 소비자는 대부분 이 과정에서 이탈했을 것이다. 하지만 이런 배타성은 브랜드에 대한 관심과 애정이 높은 멤버들만이 모일 수 있는 장치가 되어 주었다.

자료 조사를 위해 커뮤니티에 가입해 보았는데, 생각보다 활발한 대화가 이루어지고 있어서 솔직히 조금 놀랐다. 멤버들은 커뮤니티에서 그루밍과 관련된 정보를 교환하고, 기존 제품의 개선점과 새로 출시했으면 하는 제품 등에 대해 자발적으로 의견을 공유하고 있다.

시너지와 연속성

맨스케이프드는 커뮤니티의 피드백을 적극 반영해 브랜드를 운영한다. 그리고 그 덕분에 단순한 트리머 브랜드를 넘어, 남성 바디 그루밍 전반을 다루는 종합 브랜드로 확장할 수 있었다.

현재는 트리머 외에도 쉐이빙 젤, 애프터 쉐이브, 데오도란트와 같은 스킨케어 제품도 함께 판매하고 있다. 제품군별 정확한 매출 비중은 공개하고 있지 않지만 스킨케어 제품 출시 후 매출이 4배 이상 증가했다고 한다. 이는 스킨케어 제품이 트리머와 보완적인 역할을 하고 있기 때문이다.

예를 들어, 트리머를 사용하며 긍정적인 경험을 한 고객들은 자연스럽게 쉐이빙 젤이나 애프터 쉐이브 같은 스킨케어 제품을 추가로 구매하게 된다. 실제로 맨스케이프드의 고객 중 약 70%가 한 제품을 구매한 뒤 다른 제품을 추가 구매한다고 한다.

대부분의 브랜드가 민감한 주제를 피하거나 우회적으로 표현할 때, 맨스케이프드는 정반대의 전략을 택했다. 고환 그루밍이라는 어색하고 불편한 주제를 유머러스한 언어로 포장해 사람들이 웃으며 받아들일 수 있게 만들었다. 결과적으로 이러한 유쾌한 접근이 소비자들의 심리적 장벽을 낮추고 브랜드에 대한 친밀감을 형성하는 핵심 요소가 되었다. 금기를 정면돌파하되 방식은 부드럽게 한 것이다.

맨스케이프드는 화이트 스페이스에서 시작했지만, 교차 판매를 통해 시장을 확장하며 매출을 4배나 성장시켰다. 이는 기존 제품과의 시너지와 고객 경험의 연속성을 고려한 신제품 개발의 중요성을 입증한 사례다. 명확한 타깃은 고객의 충성도를 높이고, 그 충성도가 결국 제품 확장의 발판이 된다.

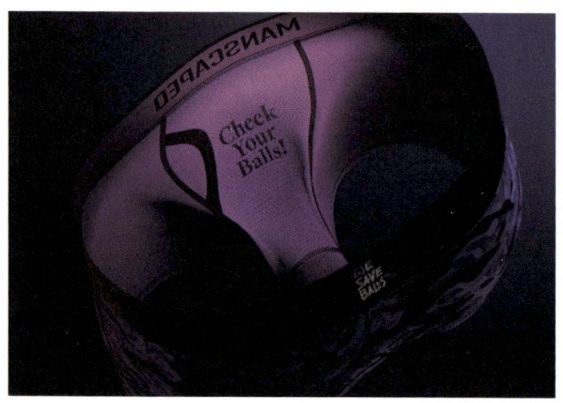

출처: manscaped.com

맨스케이프드의 성공 스토리 3줄 요약

1. 일반적인 제품으로 바디 그루밍을 하던 창업자는 민감한 부위를 전 문적으로 관리할 수 있는 제품의 필요성을 느끼게 되었다.

2. 사회적 통념상 다소 민감할 수 있는 주제를 친근하고 유쾌하게 풀 어내 소비자들의 거부감을 낮추고 친밀도를 높였다.

3. 커뮤니티를 운영하며 소비자들에게 소속감을 제공했고, 그들이 공 유하는 피드백을 적극 반영한 결과 트리머를 넘어 남성 바디 그루 밍 전반을 다루는 종합 브랜드로 성장할 수 있었다.

◆

여자는 똥 안 싸요, 파산 후 만든 기발한 브랜드
: 푸푸리*Poo-Pourri*

애인 집에 놀러 갔을 때 가장 난감한 순간은 화장실 신호가 왔을 때일 것이다. 소리는 어떻게 컨트롤한다고 해도, 냄새는 어쩔 도리가 없다. 물론 탈취제로 뒤처리를 할 수도 있겠지만, 문제는 누가 평소에 탈취제를 휴대하고 다니겠냐는 것이다. 연인에게 자신의 '은밀한 사생활'을 알려 주고 싶은 사람은 그리 많지 않을 것이다.

이런 상황에 처한 사람들을 위해 물 위에 뿌려 냄새를 차단하는 스프레이가 있다. 바로, 화장실 냄새라는 민망한 주제를 유머러스하게 풀어낸 브랜드 푸푸리*Poo-Pourri*의 제품이다. 푸푸리는 어떻게 '똥'이라는 주제를 브랜드의 자산으로 만들 수 있었을까?

창업자인 수지 바티즈*Suzy Batiz*는 19살에 결혼한 후 두 차례의 이혼, 20대에 겪은 첫 파산, 재기를 위해 벌인 여러 사업(의류 판매, 리크루팅 비즈니스, 다양한 소규모 사업 등)의 실패라는 일들을 겪은 뒤 30대 중반까지도 재정적·심리적으로 어려운 삶을 살았다. 그리고 이렇게 실패와 파산을 겪으며, 성공을 위해서는 단순히 돈을 쫓는 것이 아니라 사람들의 진짜 문제를 해결해야 한다는 것을 깨달았다.

어느 날 수지는 가족 모임에서 화장실 냄새 때문에 난처해하는 형부의 모습을 보고 냄새가 올라오기 전에 막아 버리는 아이디어를 떠올렸다. 파산 후 명상과 아로마테라피에 관심이 많았던 수지는 '수면에 퍼져 막을 형성하는 에센셜 오일의 성질을 활용한다면 좋은 향으로 나쁜 냄새가 올라오지 않게 막을 수 있지 않을까?'라는 구체적인 해결책을 생각해 냈다. 그리고 이 아이디어가 '사용 전에 뿌리는 화장실 스프레이'라는 제품으로 발전하게 되었다.

출처: pourri.com

선물용 브랜드의 딜레마

제품 자체보다 콘셉트가 중요할 때가 있다. 특히 탈취제 시장은 대안이 너무 많고, '똥'이라는 주제는 자칫 진부하거나 유치해지기 쉽다. 관건은 '민망한 주제를 어떻게 부담스럽지 않게 전달할 수 있는가'였다. 브랜드명인 '푸푸리*Poo-Pourri*'는 'Poop(똥)'와 'Potpourri(방향제)'의 합성어로, '똥'이라는 원초적 주제를 직관적이면서도 유머러스하게 표현해 거부감보다는 친근함을 느끼게 만들었다.

또한 푸푸리의 인지도를 높이는 데 큰 도움이 된 것은 바로 '여자들은 똥 안 싸요*Girls Don't Poop*'라는 바이럴 영상이었다. 포멀한 드레스 차림의 여성이 '방금 어마어마한 걸 쌌다'고 담담히 말하며 시작되는 이 영상은 직장, 파티, 연인의 집 등 냄새로 곤란해질 수 있는 상황을 유쾌하게 묘사한다.

그 후 변기에 미리 뿌려 냄새를 가두는 푸푸리의 효과를 시연해 보이며 '안 싼 것처럼 만들어 준다'는 메시지를 유쾌하게 전달한다. 이 영상은 '대본을 쓴 사람은 천재다', '이 광고는 내가 절대, 절대 건너뛰지 않을 유일한 광고다' 등의 긍정적인 반응을 얻으며 1년 만에 3천만 회 이상의 조회 수를 돌파했고, 매출 급상승의 원동력이 되었다.

이처럼 푸푸리의 초기 브랜딩은 소비자들이 웃으며 브랜드에 관심을 갖고, 낯선 제품에 대한 저항감을 낮추는 데 크게 기여했다. 하지만 한편으로는 '일상에서 매일 사용하는 필수 제품'이 아닌 파티나 게임을 위한 상품처럼 '재밌는 제품'으로만 인식되는 부작용도 있었다.

'선물용'으로 인식된 브랜드와 제품은 내 돈을 주고 사기는 아깝지만 선물로 받으면 좋다는 느낌을 준다. 아마 모두들 '카카오톡 선물하기'로 받고 아직 뜯지 않은 비싼 핸드크림이 하나쯤 있을 것이다. 선물용이니 객단가는 높을 수 있으나 일상에서의 사용률이 낮아 재구매율역시 낮다는 문제가 있다.

이런 문제점을 극복하고 장기적으로 성장하기 위해서 푸푸리는 '실제로 효과가 입증된 제품'이라는 인식 전환이 필요했다. 따라서 푸푸리는 '효과 있음, 보장함*It Works, Guaranteed*'으로 슬로건을 변경하고 효과 입증과 실제 사용 가치에 초점을 맞춘 마케팅으로 전략을 대폭 수정했다.

또한 브랜드명을 '푸리'로 변경하며 냄새 제거 전문 브랜드로 포지셔닝했다. 그 결과 '펫-푸리(반려동물 냄새 제거)', '홈-푸리(집 안 냄새 제거)', '카-푸리(자동차 냄새 제거)' 등 제품 라인업을 75개 이상으로 확대했고, 화장실 스프레이 브랜드라는 이미지를 넘어 냄새 제거 전문 브랜드로 고객들의 인식을 확장할 수 있었다.

출처: pourri.com

'직감 → 테스트 → 개선'의 반복

얼핏 보면 푸리는 바이럴 영상 하나로 대박 난 아이디어 상품처럼 보일 수도 있다. (실제로 '여자들은 똥 안 싸요' 영상이 바이럴 되고 2주 만에 4백만 달러의 주문이 들어왔다고 한다.) 하지만 이 브랜드의 성공은 단순한 행운이 아닌, 창업자의 직감을 중심으로 한 결단력에서 비롯되었다.

수지는 특정 아이디어를 떠올릴 때 에너지가 상승하면 진행하고, 그렇지 않다면 수억 원을 투자한 프로젝트라도 즉시 멈춘다고 말한다. 그러나 직감은 창업자의 경험, 성격, 가치관에 의해 왜곡될 수 있을 뿐만 아니라 심리 상태에 따라 방향이 쉽게 바뀔 수 있다는 문제가 있다. 그럼에도 불구하고 푸리가 꾸준한 성과를 만들 수 있었던 비결은 작게 테스트하고 개선의 루프를 반복하며 실패 가능성을 줄였기 때문이다. 첫 제품을 개발할 때는 가족과 친구들이 집에 올 때마다 제품을 실험하며 9개월간 매번 조금씩 성능을 개선했다고 한다.

또한 브랜드를 하나의 인격체로 운영한 것이 브랜드의 톤을 유지하는 핵심이 되어 주었다. 자칫 창업자의 개인적 취향이나 주관으로 비칠 수 있는 의사결정들이 '브랜드의 인격'이라는 명확한 기준 덕분에 객관적 판단으로 전환될 수 있었던 것이다. "그녀(푸리)는 이런 언어를 쓰지 않아", "이건 그녀의 캐릭터에 맞지 않아" 같은 구체적 기준으로 브랜드의 톤과 가치를 일관되게 유지할 수 있었고, 이런 문화 덕분에 브랜드가 외부와 커뮤니케이션할 때도 창업자의 개인적 감정이나 기분에 좌우되지 않는 일관된 유머러스함과 톤을 지킬 수 있었다.

리뉴얼이 아닌 '리프레시'

푸리는 18년이나 된 브랜드다. 중간에 브랜드명을 변경했지만 디자인은 그대로 유지하고 있어 자칫 촌스러워 보일 수 있다.

하지만 디자인 변경은 생각보다 복잡한 작업이다. 디자인은 단순히 겉모습이 아니라 소비자가 브랜드를 인식하고 기억하는 방식과 직결되기 때문이다. 디자인을 바꾸면 패키지와 웹사이트, 광고 이미지, 매장 진열 방식까지 바꿔야 할 것들이 많다. 그리고 잘못 변경할 경우 기존 충성 고객과의 연결고리가 끊어질 위험도 있다.

그래서 푸리가 선택한 해법은 디자인을 바꾸는 대신, 스타페이스

출처: pourri.com

나 올리팝처럼 MZ세대에게 인기 있는 브랜드들과 함께 제품을 노출시킴으로써 젊고 트렌디한 이미지를 구축해 나가는 것이었다.

기능성 프리바이오틱 탄산음료인 올리팝은 맛과 건강을 동시에 추구하며 기존 탄산음료의 대체재로서 MZ세대에게 인기를 얻고 있는 브랜드다. 하지만 올리팝을 마시는 순간과 푸리를 사용하는 순간은 자연스럽게 연결되지 않아 두 브랜드의 협업은 다소 뜬금없어 보이기도 한다.

누군가는 이를 실패한 마케팅으로 평가할 수 있지만, 오히려 오래된 브랜드가 적은 리스크로 새로운 이미지를 실험해 본 긍정적인 사례로 볼 수도 있다. MZ세대에게 인기 있는 브랜드와의 협업을 통해 젊은 이미지를 구축하려는 시도 자체만으로도 충분한 의미가 있었다고 판단된다.

푸리의 초기 타깃이었던 20~30대는 이제 30~40대가 되었다. 디자인을 변경하는 것은 익숙함이 주는 안정감을 버리는 도박에 가깝다. 그렇기 때문에 기존 디자인을 유지하며 협업을 통해 새로운 고객층(MZ세대)을 끌어들이려는 시도는 비록 성과가 제한적이었더라도 리스크가 거의 없는 효율적인 방법이자, 리브랜딩 없이 브랜드 톤을 젊게 만드는 테스트 전략으로서 유의미했다.

우리에게 익숙한 브랜드 중 리브랜드에 실패한 대표적인 사례로 '이니스프리'가 있다. 제주도의 이미지를 중심으로 한 브랜딩에서 가상의 섬으로 새로운 아이덴티티를 구축하는 과정에서 제주산 원료를 강조하던 정체성이 사라진 것이 리브랜딩 실패의 주요한 원인으로 꼽힌다. 과감하게 브랜드의 전체적인 톤을 변경하려 시도했으나 되려 이도 저도 아닌 결과를 낳은 것이다.

리브랜딩의 큰 리스크를 피해 가는 푸리의 전략은 제품의 효과를 중심적으로 소구하고 브랜드명을 단순화하며 MZ세대 인기 브랜드와의 콜라보를 추진하는 등의 소소한 변화를 주며 20대에 파산했던 수지를 포브스 선정 자수성가한 여성 부자로 만들어 주었다.

푸리의 성공은 거대한 기술이나 자본이 아닌, 누구나 겪는 작지만 근본적인 문제를 해결하는 것에서 시작되었다. 그리고 브랜드를 확장하는 동시에 가치를 잃지 않으며 더 강한 브랜드로 거듭났다. 이러한 푸리의 사례는 '작은 카테고리 개척'으로 시장에 진입한 뒤, 브랜드 정체성을 유지하며 제품군을 확장해 나가는 전략이 스몰 브랜드에게 얼마나 강력할 수 있는지 잘 보여 준다.

푸푸리의 성공 스토리 3줄 요약

1. 화장실 냄새 차단이라는 자칫 유치할 수 있는 주제를 유머러스하게 해결해 새로운 시장을 만들어 냈다.

2. '여자들은 똥 안 싸요' 바이럴 영상으로 제품의 이해도를 높이고, 소비자가 웃으며 관심을 갖게 만들어 구매 전환을 높였다.

3. 효과 중심 소구, 브랜드명 단순화, MZ 인기 브랜드와의 콜라보를 통해 대대적인 리브랜딩 리스크 없이도 이미지를 개선했다.

꽃을 배송하는 가장 감각적인 방법
: 블룸 앤 와일드*Bloom & Wild*

전국 꽃집의 평균 연 매출은 얼마일까? 정답은 약 8천만 원이다. 우리나라에서 꽃집은 수익성이 그리 좋지 않은 사업에 속한다. 반면, 영국의 꽃집 평균 매출은 약 5억 원으로, 수익성이 상당히 좋은 편이다. 꽃집의 수익률이 40% 정도인 것을 감안하더라도 평균적인 직장인보다 3배 이상 많은 돈을 버는 셈이다.

여기서 한발 더 나아가, 꽃을 배송하는 과정을 혁신해 1년에 2천억 이상의 매출을 올리고 있는 브랜드가 있다. 바로, 꽃을 박스에 담아 우편으로 배송해 영국에서 가장 사랑받는 꽃배달 서비스로 자리 잡은 브랜드, 블룸 앤 와일드*Bloom & Wild*다.

'우리나라에서는 퀵으로 몇 시간이면 꽃을 배달받을 수 있는데, 고작 우편으로 꽃을 배송하는 게 뭐가 그렇게 대단하다는 거야?'라는 생각이 들 수도 있다. 하지만 누구도 꽃을 퀵서비스로 받는 행위를 브랜드 경험이라고 생각하지는 않는다. 대부분의 경우 꽃을 빨리 받는다는 사실 자체가 중요할 뿐, 업체명조차 기억하지 않을 것이다.

그러나 서비스가 브랜드로 성장하지 못한다면 매출에는 한계가 있을 수밖에 없다. 동일한 서비스를 제공하는 업체와 경쟁하기 위해 과도한 마케팅 비용을 지출하거나 가격을 낮춰야 하기 때문이다. 블룸앤 와일드의 성공 스토리를 분석하며 브랜드 경험의 중요성에 대해 함께 알아보도록 하자.

블룸 앤 와일드는 친구에게 꽃을 보내며 겪은 불편한 경험을 해결하기 위해 시작된 브랜드다. 기존 영국의 꽃배달 서비스는 고객이 집에 없을 경우 우체국으로 반송되었다고 한다. 창업자인 아론 겔바드 *Aron Gelbard*는 '우편함에 들어갈 수 있는 꽃 박스'라는 간단하지만 획기

출처: bloomandwild.com

적인 아이디어를 통해 꽃이 우체국으로 반송되는 불편을 해결했다. 단순한 아이디어가 고객 경험을 개선하고, 신생 브랜드에게 강력한 차별점을 제공한 것이다.

몇 시간 만에 꽃이 배송되는 우리나라에서는 우편으로 꽃을 받는다는 게 별거 아닌 것처럼 보일 수 있다. 하지만 우리나라에도 비슷한 서비스가 있다. '꾸까'라는 브랜드는 이 별거 아닌 것 같은 아이디어를 국내에 도입해 연 매출 100억 이상을 낸다. 우리나라 오프라인 꽃집의 평균 연매출이 1억 원도 안 된다는 점을 감안하면, 얼마나 큰 성과인지 짐작할 수 있을 것이다.

제품의 균질성이 주는 긍정적인 고객 경험

사람들은 꽃을 살 때 주로 목적지 근처의 꽃집에 방문해 원하는 가격대의 꽃다발을 주문한다. 주문한 꽃다발을 만드는 과정에서 어떤 꽃을 사용할 거라고 이야기해 주기는 하지만, 꽃을 자주 사지 않는 입장에서는 꽃다발이 얼마나 풍성할지, 꽃들 간의 조화는 어떨지 등 최종 결과물을 상상하기 어렵다는 문제가 있다. 나에게 오프라인에서 꽃을 구매한 경험은 가격과 주재료만 인지한 상태에서 음식을 시키는 것과 같았다. 큰맘 먹고 구매한 꽃이었는데, 기대만큼 풍성하지 않아 난감했던 경험이 생생하다.

블룸 앤 와일드의 가장 큰 장점은 제품의 균질성이 주는 긍정적인 고객 경험이다. 블룸 앤 와일드에서 꽃을 주문하는 것은 맥도날드에서 빅맥을 시키는 것과 비슷하다. 최고의 선택은 아닐 수 있으나, 적어도 어떤 꽃다발이 도착할지 예상할 수 있다는 장점이 있다.

블룸 앤 와일드는 꽃 구매 과정을 기성품을 구매하는 것처럼 간편하고 직관적으로 만들어 편리성을 극대화했다. 구매 단계에서 배송 방법, 수령 날짜, 시간 등 여러 요소를 선택해야 하는 국내 꽃배달 업체와 달리, 블룸 앤 와일드는 클릭 한 번만으로 꽃을 구매할 수 있도록 설계하여 '꽃을 보내는 행위'를 즐거운 경험으로 만들었다.

제품에 대한 설명이 너무 부족한 거 아니냐고? 제품의 상세페이지는 소비자가 구매를 결정하는 데 중요한 역할을 한다. 하지만 소비자에게 중요한 것은 제품 자체이지 판매자가 주관적으로 작성한 미사여구가 아니다. 제품군별로 소비자의 구매 패턴은 다르다. 너무 긴 상세페이지는 오히려 고객의 이탈률을 높이는 요인이 될 수 있다. 의류는 사진이, 전자제품은 기능에 대한 설명이, 식품은 리뷰가 중요하다.

재미있게도 생화는 날씨와 계절, 공급 상황 등에 따라 품질이 일정하지 않다는 이유로 리뷰를 공개하지 않는 것이 업계의 관행이었다고 한다. 하지만 블룸 앤 와일드는 모든 리뷰를 투명하게 공개하며 고객들에게 신뢰를 얻을 수 있었다.

이렇듯 블룸 앤 와일드는 고객이 꽃을 구매하는 과정에서 느낄 수 있는 작은 불편들을 지속적으로 개선하며 차별화된 고객 경험을 제공했고, 영국에서 가장 사랑받는 꽃배달 서비스로 성장할 수 있었다.

공급자 중심의 서비스를 소비자 중심으로

한번은 꽃을 구독해 본 적이 있다. 구독을 시작하고 첫 몇 개월은 꽃을 배송받고 상자를 열어 보는 과정이 무척 즐거웠다. 하지만 구독 기간이 길어짐에 따라 모든 것이 당연하게 느껴져 배송된 꽃 상자를 며칠째 방치할 때도 있었다. 사실 이는 꽃뿐만이 아니라, 모든 정기구독 서비스에서 흔히 겪는 문제일 것이다. (와인을 구독할 때도 비슷한 경험을 했다.)

블룸 앤 와일드는 익숙함이 주는 지루함을 극복하기 위해 고객이 직접 꽃의 스타일이나 배송 빈도를 변경할 수 있는 유연성을 제공했다. 별것 아닌 것처럼 보일 수 있으나, 이는 기존 공급자 중심의 서비스를 소비자 중심으로 전환한 접근이다.

블룸 앤 와일드의 고객 중심적 사고는 사이트 운영에서도 쉽게 찾아볼 수 있다. 블룸 앤 와일드의 웹사이트를 보면 고객이 무엇을 원하고 필요로 하는지를 깊이 고민했다는 것이 느껴진다. 대부분의 경우 꽃은 선물하기 위해 구매한다. 특정 꽃을 미리 정해 두기보다는 예산이나 선물의 목적에 따라 적합한 꽃을 고르는 경우가 많을 것이다. 블

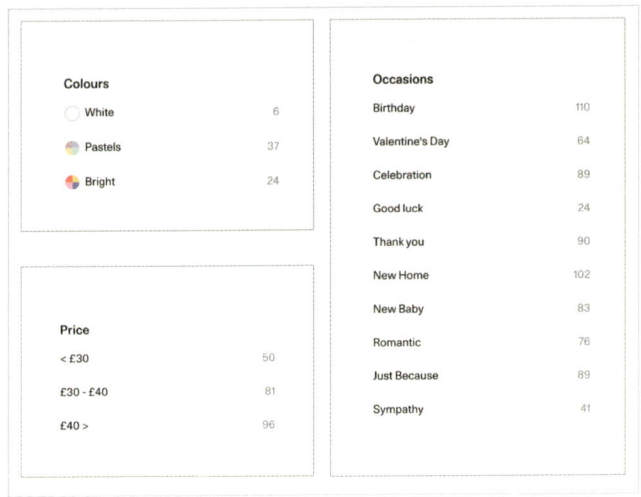

Colours	
White	6
Pastels	37
Bright	24

Occasions	
Birthday	110
Valentine's Day	64
Celebration	89
Good luck	24
Thank you	90
New Home	102
New Baby	83
Romantic	76
Just Because	89
Sympathy	41

Price	
< £30	50
£30 - £40	81
£40 >	96

출처: bloomandwild.com

룸 앤 와일드는 고객의 이러한 구매 패턴을 파악하고, 가격, 색상, 선물의 이유에 따라 꽃을 분류했다. 예를 들어, 생일, 기념일, 감사, 축하, 위로 등 다양한 상황에 적합한 꽃다발과 소품을 제안하여, 고객이 자신의 감정과 메시지를 가장 잘 전달할 수 있도록 도운 것이다.

이러한 고객 중심의 사고는 온라인 경험을 넘어, 고객이 꽃을 선물받은 이후까지 확장된다. 꽃을 선물받으면 가장 먼저 무엇을 할까? 우선 사진을 찍고, SNS에 자랑을 하고 싶지 않을까? 블룸 앤 와일드는 이 점을 활용해 고객들이 특정 해시태그를 사용하고 브랜드를 태그하여 꽃을 선물받은 경험을 자연스럽게 공유하도록 적극 장려하고 있다. 이렇게 수집된 사용자 제작 콘텐츠_User-Generated Content_는 그 어떤 광고보다 진정성 있는 홍보가 된다. 친구의 인스타그램 스토리에서 본 예쁜 꽃다발이 브랜드의 공식 광고보다 훨씬 더 신뢰가 가는 것처럼, 실제 고객들의 자발적인 공유는 가장 강력한 입소문 마케팅이다.

시작부터 끝까지 모든 과정을 챙기는 브랜드

요약하자면 블룸 앤 와일드의 성공은 구매의 불편함을 없애고 제품 경험의 즐거움을 높인 결과라고 할 수 있다. 앞서 이야기했듯, 우리나라에는 꽃을 몇 시간 만에 배달해 주는 서비스가 있다. 하지만 퀵서비스가 브랜드로 성장하지 못한 이유는 배달 시간 자체에만 집중했기 때문이다. 급하게 꽃을 구매해야 할 상황이 아니라면, 굳이 퀵서비스를 이용할 이유가 없는 것이다. 블룸 앤 와일드는 꽃을 파는 브랜드이지만 브랜드의 핵심 가치는 꽃이 얼마나 신선한지, 또는 얼마나 풍성한지와 같이 꽃 자체에만 국한되어 있지 않다.

이는 스몰 브랜드를 운영하는 사람에게 시사하는 바가 많다. 혹시 정말 괜찮은 제품을 만들었지만 기대만큼 매출이 나오지 않아 고민이라면, 고객이 제품을 구매하고 소비하는 과정 등 제품 외의 고객 경험을 개선해 보는 건 어떨까? 꽃 자체가 아닌 꽃을 구매하는 과정을 혁신해 연 매출 2천억 브랜드가 된 블룸 앤 와일드처럼.

블룸 앤 와일드는 큰 혁신이 아닌 작은 불편들을 지속적으로 해결하며 고객 경험을 끌어올리는 브랜드다. 이런 접근 방식은 어떤 아이템으로 사업을 하든 충분히 적용할 수 있지 않을까?

블룸 앤 와일드의 성공 스토리 3줄 요약

1. 우편함에 들어가는 꽃 박스라는 작은 아이디어로 부재시 꽃이 우체국으로 반송되던 불편을 해결했다.

2. 구매 경험의 단순화, 투명한 정보 제공, 브랜드 경험 확장 등 고객 중심적 접근을 통해 고객의 충성도를 높였다.

3. 고객이 꽃을 구매하는 과정과 구매 이후의 경험에서 느낄 수 있는 불편들을 지속적으로 개선하며, 사랑받는 브랜드가 될 수 있었다.

주방까지 '인스타그래머블'하게
: 그레이트 존스*Great Jones*

패션의 완성은 얼굴이라고들 한다. 그렇다면 요리의 완성은? 플레이팅! 보기 좋은 떡이 먹기도 좋다. 그렇다면 멋진 요리를 하기 위해 멋진 그릇부터 사야 하지 않을까? 혹시 맛이 조금 없더라도 상관없다. 사진이 잘 나오면 이미 절반은 성공한 것이니까.

출처: greatjonesgoods.com

이런 마음을 정통으로 저격한 브랜드가 있다. SNS에 올릴 만큼 예쁘고 자존감까지 올려 주는 주방용품을 판매한다. 요리를 못하는 사람도, 집이 좁은 사람도 모두 나만의 주방에서 예쁜 도구로 요리할 권리가 있다는 메시지를 감성적으로 전하는 브랜드, 그레이트 존스*Great Jones*다. 그렇다면 그레이트 존스는 어떻게 요리를 실용의 영역에서 감성의 영역으로 끌어올릴 수 있었을까?

조리 도구도 취향에 맞게 살 수는 없을까?

그레이트 존스는 푸드 에디터 출신의 시에라 티시가트*Sierra Tishgart*와 고객 경험 전문가 매디 몰리스*Maddy Moelis*가 공동 창업한 브랜드다. 시에라에게 요리는 특별한 의미였다. 1인 가구인 시에라에게 요리는 마치 운동처럼 힘들지만 해내면 뿌듯한 행위였고, 자신만을 위해 무언가 만들어 냈다는 성취감을 주었다.

하지만 막상 요리를 하면서 시에라는 예상치 못한 문제에 부딪혔다. 집에 있는 조리 도구들은 가족에게 물려받은 오래된 것들뿐이었고, 새로운 냄비와 프라이팬을 사려고 해도 너무 비싸거나 필요 이상으로 많은 세트 구성이 대부분이었다. 1인 가구이자 요리 초보에게는 모두 부담스러운 선택지였다. '주방 도구도 옷이나 인테리어처럼 취향과 감성을 기준으로, 내가 원하는 것만 골라 살 수 없을까?'라는 의문이 들었다.

이런 경험을 통해 시에라는 단순히 '요리하는 도구'가 아니라 '요리를 하고 싶게 만드는 도구'가 필요하다는 사실을 깨달았다. 그래서 친구인 매디와 함께 감성적인 조리 도구 브랜드를 만들기로 결심했다. 매디는 여러 스타트업에서 고객 경험을 담당했던 브랜드 운영 전문가로, 비싼 조리 도구 세트를 사놓고도 결국 몇 개만 쓰게 된 경험이 있어 시에라의 아이디어에 쉽게 공감했다.

두 사람 다 직접 제품을 만들어 본 경험은 없었지만, 가족과 친구, 지인 등 수백 명을 대상으로 설문을 진행하고 전 세계 공장들과 접촉하며 6개월 동안 샘플 제작 → 피드백 → 개선의 과정을 반복한 끝에 원하는 제품을 완성할 수 있었다.

요리하고 싶게 만드는 도구

그레이트 존스는 요리를 시도하고 싶은 사람을 위한 브랜드다. 기존의 비싼 세트 상품 대신 필요한 것만 골라 살 수 있는 개별 판매 방식과, 초보자도 쉽게 따라할 수 있는 요리 콘텐츠를 통해 주방에서의 요리 경험을 더 즐겁게 만들고 있다.

그레이트 존스의 타깃은 자취하는 밀레니얼 여성과 요리 입문자다. 그들의 니즈를 충족시키기 위해 조리 도구를 'SNS에 올릴 만큼 예쁘고, 사용하는 것만으로도 기분 좋아지는 오브제'로 설계했다. 기능보다 감정, 필요보다 즐거움을 강조한 것이다. 또한, 홈페이지 내 블

출처: greatjonesgoods.com

로그인 '그레이트 원즈*Great Ones*'를 통해 사용자 인터뷰와 레시피, 일상의 요리 이야기를 다루는 콘텐츠를 제작하며 커뮤니티와 스토리텔링을 중심으로 고객에게 다가갔다.

그레이트 존스의 대표 제품은 '더 더치스*The Dutchess*'라는 냄비다. 인덕션을 포함한 모든 화기에서 사용 가능하고, 통닭 한 마리가 통째로 들어가는 크기로 실용적이다. 하지만 이 제품이 브랜드의 아이콘이 된 진짜 이유는 바로 디자인이다.

더 더치스는 채도 높은 색상과 타원형의 독특한 형태로 주방에 놓는 순간 인테리어 소품으로 변신한다. 그레이트 존스는 이를 '레인지에서 오븐을 거쳐 식탁 위의 주인공이 된다'고 표현하며, 단순한 조리 도구를 넘어 주방의 중심이 되는 오브제로 포지셔닝하고 있다.

냄비에 감정과 자존감을 담다

그레이트 존스의 슬로건은 "주방을 당신만의 행복한 공간으로 바꿔 보세요"다. '요리는 기능이 아니라 감정'이라는 브랜드의 철학을 보여 준다. 쉽게 말해, 그레이트 존스라는 브랜드의 핵심 소구 포인트는 예쁘고 감각적인 조리 도구를 불필요한 세트 구성 없이 필요한 것만 합리적인 가격에 판매한다는 것이다. 물론 전통적인 조리 도구 브랜드도 낱개 판매를 해 왔다. 하지만 차이는 '무엇에 주력했는지'에 있다. 기존 브랜드가 세트 구성과 기능에 집중했다면, 그레이트 존스는 낱개 제품 하나에 감정과 감성, 요리하는 사람의 자존감을 담아냈다.

더 저렴한 냄비도 많지 않냐고? 그렇다. 하지만 여기서 말하는 '합리적인 가격'이란 절대적인 가격이 아니다. 그레이트 존스의 냄비는

출처: greatjonesgoods.com

조리 도구이자, 그 자체로 멋진 플레이팅이 가능한 그릇이다. 일반적인 냄비라면 플레이팅을 위해 별도의 그릇을 구매해야 하겠지만, 그레이트 존스의 냄비는 그대로 식탁에 올려도 손색없는 디자인을 갖췄다. 마땅한 그릇이 없어 냄비째 놓고 식사를 해 본 경험이 다들 한 번쯤은 있을 것이다. 그레이트 존스는 그 불편했던 일상을 감성적인 순간으로 바꾸어 낸 것이다.

예쁜 냄비를 넘어 전문가도 인정하는 냄비로

브랜드에게 SNS란 단순한 홍보 수단이 아니라, 소비자가 우리 브랜드의 어떤 점을 좋아하는지 확인하고 메시지를 날카롭게 조정할 수 있는 창구다. 그레이트 존스는 론칭 초기부터 인스타그램에 적극적으로 투자하며 하루에 1개 이상의 콘텐츠를 꾸준히 발행하고 있다. 이 과정을 통해 어떤 콘텐츠에 반응이 오는지, 소비자가 어떤 키워드에 공감하는지를 파악할 수 있었다. 또한 주방에서 요리를 준비하고, 함께 나누어 먹고, 요리가 삶의 일부가 되는 모습을 보여 주며 '요리는 감정이다'라는 메시지를 시각적으로 전달했다. 브랜드의 철학을 일상의 순간에 구현하고, 고객이 공감하는지를 확인하며 감도를 높여 나간 것이다.

그레이트 존스는 거기에서 그치지 않고 몰리 바즈(팔로워 82만 명을 보유한 요리 잡지 에디터), 몰리 예(팔로워 88만 명을 보유한 TV 요리 쇼 진행자)와 같은 셀럽과의 협업을 통해 타깃 고객층에게 더욱 가까이 다가갔다. 참고로 이 둘은 밀레니얼 여성들의 요리 입문과 일상을 리드하는 인물로, 이들과의 협업으로 타깃 고객에게 '나도 저런 도구가 있다면 요리를 잘할 수 있겠다'는 자극을 줄 수 있었다.

그 이후로도 이어진 세계적인 스타 셰프와의 협업, 주요 매체 노출 등을 통해 그레이트 존스의 제품들은 주방용품으로서 권위를 부여받았고, MZ세대의 부모 세대에게까지 신뢰를 얻게 되었다. 이 과정에서 그레이트 존스는 단순히 '예쁜 냄비'에서 '요리 전문가들이 인정한 조리 도구'로 브랜드를 격상시켰다.

이런 마케팅 자원은 어디서 났냐고?

그레이트 존스는 정식 론칭 전, 즉 제품이 상용화되기 전에 투자를 유치하는 데 성공했다. 창업자들의 백그라운드 덕분이었다. 시에라는 뉴욕 매거진에서 근무하며 수많은 셰프와 인맥을 구축해 왔고, 매디는 와튼 스쿨 출신으로 실리콘 밸리식 스타트업 네트워크 안에 있었다. 이는 투자자가 신뢰할 만한 이력이었다. 이에 더해, 주방용품이라는 큰 시장에서 어떤 소비자가, 왜 불편해하는지를 정확히 알고 있는 감성 주방 브랜드라는 점이 투자로 이어진 이유였다.

물론 이례적인 사례다. 하지만 제품이 나오기도 전에 투자를 받는다는 것이 불가능하지만은 않다. 나 역시 아무런 아이템도 없는 상태에서 벤처캐피털과 미팅을 한 경험이 있다. 꾸준히 해외 브랜드를 분석하고 있다는 점이 긍정적인 인상을 주었고, 분석 과정에서 흥미로운 아이템을 발견하게 된다면 MVP 검증 후 외부 자금을 활용해 성장을 만들어 내는 방법을 제안받았다. 중요한 것은 자본이 아닌 실행이다. 문제를 정의하고, 그 문제에 스토리와 차별점을 부여해 실행할 수 있는 사람이 기회를 만든다.

공감이 만든 브랜드의 가치

그레이트 존스는 출시 5년만에 16개 브랜드를 보유하고 있는 주방용품 대기업 마이어 코퍼레이션_Meyer Corporation_에 인수되었다. 여기에는 흥미로운 뒷이야기가 있다.

2021년, 공동 창업자간의 갈등으로 인해 매디와 주요 직원들이 퇴사했다. 시에라는 2년간 브랜드를 운영하다가 기존 투자자였던 마이어 코퍼레이션에 매각을 결정했다. 성공적인 엑시트_Exit_인지, 어쩔 수 없는 선택이었는지는 외부에서 자세히 알 수 없다. 그러나 폐업이 아닌 매각이 이루어졌다는 점은 그레이트 존스가 감성 중심의 새로운 주방용품 카테고리를 창조했다는 방증이자, 공감이 더 큰 가치를 만들어 낼 수 있음을 보여 주는 결과이다.

그레이트 존스는 '요리할 이유'를 제공한 브랜드다. 그리고 그 과정에서 냄비 하나로도 일상이 달라진다는 것을 증명했다. 기능이 유일한 차별점이 된다면 더 많은 자원을 가진 대형 브랜드에게 대체되기 쉽다. 작은 브랜드일수록 '왜 사야 하는지'에 대한 감정적인 이유를 제공해야 한다. 그레이트 존스의 성공은 문제를 파악하고 그것을 제품에 담아낸 공감 능력에서 비롯되었다. 소비자는 최고의 기능보다, 나의 불편과 니즈를 이해해 주는 브랜드를 선택한다.

그레이트 존스의 성공 스토리 3줄 요약

1. 기존 주방용품의 기능 중심 접근에서 벗어나 채도 높은 색감과 감성적인 디자인으로 '요리를 하고 싶게 만드는 도구'라는 새로운 카테고리를 창출했다.

2. 하루 1개 이상의 SNS 콘텐츠 발행과 일상 속 요리 경험을 담은 스토리텔링을 통해 브랜드 철학을 시각적으로 구현하고 고객과의 감정적 연결고리를 만들어 냈다.

3. 타깃 고객층인 밀레니얼 여성의 요리 롤모델, 셰프와의 협업을 통해 브랜드의 신뢰성과 전문성을 동시에 확보했다.

나만의 브랜드를 만들기 위한 워크시트 ①

앞만 보고 달려가다 보면 내가 지금 어디에 있는지 점검하지 못할 때가 있다. 기획과 동떨어진 실행은 결국 방향을 잃게 만들기 마련이다. PART 2로 넘어가기에 앞서 시장, 고객, 콘셉트, 실행 가능성이라는 네 가지 축을 중심으로 내 브랜드를 진단해 보자.

1. 시장

가장 먼저 해야 할 것은 시장, 즉 경쟁 환경을 파악하는 일이다. 시장을 조사할 때는 국내뿐만 아니라 우리보다 앞서가는 해외 사례도 함께 조사해 보는 것을 추천한다. 경쟁사들을 분석함으로써 내 브랜드의 차별성을 강화하고 벤치마킹할 수 있는 요소를 고민해 보자.

옴솜은 시장조사를 하며 미국 사회에서 소비되는 아시아 음식이 대중의 입맛을 만족시키기 위해 특유의 맛과 향을 희석한 경향이 있다는 것을 발견했다. 옴솜은 이를 '아시아 음식의 매력과 정체성 상실'로 정의했고, 정통성을 더욱 강조하는 상품을 내놓음으로써 차별화에 성공했다.

다음 질문에 답해 보자.

① 현재 시장에서 가장 두드러지게 나타나는 트렌드는?

_____

_____

② 주요 경쟁자는 누구이며, 그들의 강점과 약점은?

주요 경쟁자: _____

_____

강점: _____

_____

약점: _____

_____

③ 내 브랜드나 아이디어가 경쟁자와 가장 뚜렷하게 다른 점은?

_____

_____

2. 고객

다음은 고객을 분석할 차례다. 사실 판매자 입장에서는 누구든 하나라도 더 사 줬으면 하는 것이 솔직한 심정일 것이다. 하지만 '모든 사람'을 타깃으로 삼는다면 역설적으로 아무도 설득할 수 없다.

발라는 '운동도 스타일리시해야 한다'라고 생각하는 MZ세대 여성 소비자를 명확한 타깃으로 삼았다. 그래서 모래주머니에 세련된 디자인을 더하고, 감각적인 운동 콘텐츠를 선보이며 차별화에 성공했다. MZ세대 여성 소비자의 건강 유지라는 '니즈'와 감성적인 라이프스타일이라는 '원츠'를 동시에 충족시키며, 물건의 기능을 넘어 브랜드의 가치를 구매하도록 만든 것이다.

나와 같은 불편을 겪고 있는 사람을 고객으로 정의하는 것도 효과적인 방법 중 하나다. 닥터 스콰치는 건선을 앓던 남성 직장인이 시작한 브랜드다. 기존 천연 비누의 여성적 이미지를 거부하고 나무나 흙 내음 같은 강하고 남성적인 향의 비누를 개발함으로써 그동안 천연 비누 시장에서 소외되었던 남성 소비자들을 팬으로 만들 수 있었다.

"타깃을 좁히면 시장이 작아지는 것 아닌가?" 하는 고민이 든다면 이렇게 생각해 보자. 명확한 고객을 타깃으로 한 초기 제품은 신규 브랜드가 시장에 강한 인상을 남기는 일종의 미끼상품 역할을 한다. 타깃은 브랜드가 성공적으로 시장에 안착한 후 확장해 나갈 수 있다. 앞서 이야기한 발라와 닥터 스콰치도 현재는 다양한 제품군으로 사업을 확장해 수익성을 높이고 파이프라인을 다각화했다.

다음 질문에 답해 보자.

① 내가 떠올리는 이상적인 고객은? (ex. 나이, 라이프스타일, 소비 습관 등)

_____

_____

② 그 고객이 지금 겪고 있는 구체적인 불편이나 문제는?

_____

_____

③ 그들이 내 브랜드를 선택할 이유는?

_____

_____

④ 실제로 상품을 구매하거나 사용할 때 걸림돌이 될 요소는?

_____

_____

3. 콘셉트

어떤 고객을 타깃으로 삼을 것인지 결정했다면 이제 타깃에게 다가갈 차례다. 이때 핵심은 명확한 콘셉트다. 유쾌하고 유머러스한 콘셉트로 제품을 판매하고 있는 맨스케이프드와 푸푸리는 이 영역에서 좋은 예시가 된다.

맨스케이프드는 바디 그루밍을 비유적으로 표현한 제품인 '잔디깎이'와, 고환을 의인화해 제모 전후를 표현한 광고 캠페인 등으로 브랜드의 콘셉트를 유쾌하고도 명확하게 전달한다. 만약 맨스케이프드가 '빠르고 깔끔한 제모'처럼 기능에만 집중했다면 기존의 대규모 브랜드들 사이에서 살아남지 못했을 것이다.

'똥*Poop*'과 '방향제*Potpourri*'를 합친 유머러스한 브랜드명과 제품의 효과를 재밌는 스토리로 연출한 바이럴 영상은 소비자들이 푸푸리라는 브랜드에 관심을 갖고 낯선 제품에 대한 저항감을 낮추는 데 크게 기여했다.

이처럼 평범한 제모기와 방향제를 특별하게 만든 것은 더 나은 기능이 아니라 명확한 콘셉트였다. 고객이 내 브랜드를 경험한 후 어떤 것을 가장 강렬하게 기억할 것인지, 고객이 내 브랜드를 주변에 어떻게 소개할지 한 문장으로 정리해 보자. 이 핵심 메시지를 패키징, 웹사이트, SNS, 고객 서비스 등 고객과 브랜드의 모든 접점에서 일관되게 표현하며 콘셉트를 강화해야 한다.

다음 질문에 답해 보자.

① 내 브랜드의 핵심 포지션은?

_____

_____

② 내 브랜드와 고객과의 오든 접점에서 일관되게 전달되어야 할
핵심 메시지는?

_____

_____

③ 고객이 내 브랜드를 친구들에게 소개할 때 했으면 하는 말은?

_____

_____

4. 실행 가능성

기획까지는 사실 쉽고 재미있는 단계에 속한다. 문제는 실현 가능성이다. 현재 내가 가지고 있는 자원을 정리하고 효과적인 자원 활용 방안에 대해 고민해 보자. 부족한 자원이 있다면 어떻게 보완할 수 있을지 생각해 보자.

혹시 모든 자원이 준비되어 있다고 해도 '올인'은 위험하다. 안타깝지만 모든 도전이 성공할 확률은 낮기 때문이다. 성공률을 높이는 방법은 더 많은 자원을 투입하는 것이 아니라 도전의 빈도를 높이는 것이다.

지금 당장 실행할 수 있는 작은 테스트를 반복하며 문제점을 파악하고, 더 나은 실행 방법을 고민해 보자. 완벽할 필요는 없다. 중요한 것은 생각을 명료하게 정리하는 것, 그리고 실행하는 것이다.

다음 질문에 답해 보자.

---

① 현재 내가 가지고 있는 자원은? (ex. 돈, 시간, 네트워크, 경험 등)

_____

_____

② 부족한 자원은 무엇이며, 보완 계획은?

_____

_____

---

③ 내 브랜드나 아이디어를 실패하게 만들 수 있는 가장 큰 리스크는?

_____

_____

④ 지금 당장 실행할 수 있는 작은 테스트는?

_____

_____

PART 2

창업자의
취향을 파는
브랜드

티셔츠를 굽는 베이커리?
: 조니 컵케이크*Johnny Cupcakes*

출처: johnnycupcakes.com

퀴즈! 이 매장은 무엇을 파는 곳일까? 힌트는 이 매장의 이름이 '조니 컵케이크*Johnny Cupcakes*'라는 것과 물건을 사면 디저트 박스에 담아 준다는 것이다. 정답은 바로, 티셔츠다.

단순히 콘셉트만 베이커리 같은 게 아니다. 매장 안은 신선한 빵 냄새로 가득하고, 일부 티셔츠는 아침식사 시간에만 판매한다. 그래서 실제로 베이커리라고 착각해 방문을 하는 사람들도 있다고 한다.

조니 컵케이크는 자신들을 '티셔츠를 굽는 베이커리'라고 소개하고, 티셔츠를 구매하는 사람들에게 컵케이크를 증정하며 유쾌하게 응대한다.

그냥 특이한 콘셉트로 반짝 뜬 브랜드 아니냐고? 조니 컵케이크는 올해로 23년 차 브랜드다. 유행이 빠른 패션 업계에서 이렇게 오랜 기간 살아남았다는 사실만으로도 브랜드의 가치를 충분히 증명했다고 할 수 있다.

그렇다면 조니 컵케이크는 어떻게 세상에 없던 콘셉트를 기획하고, 고객을 매료시킬 수 있었을까? 조니 컵케이크를 통해 유쾌한 실행력이 어떻게 브랜드를 특별한 존재로 만드는지 알아보자.

성공할 수밖에 없는 브랜드?

조니 컵케이크의 SNS를 살펴보면 '이 브랜드는 성공할 수밖에 없겠다'라는 생각이 든다. 브랜드 설립 후 몇 개의 티셔츠를 출시했는지 정확한 숫자를 공개하고 있지는 않지만, 한 수집가는 700벌 이상의 조니 컵케이크 티셔츠를 소장하고 있다고 한다. 이는 23년 된 브랜드라

는 것을 감안하더라도 엄청난 숫자다. 2주에 1장 꼴로 신제품을 출시한 것이니까. 무엇이든 700개를 만들다 보면 그중 하나는 히트하지 않을까?

사실, 조니 컵케이크라는 브랜드 자체가 다양한 시도 중 하나였다. 창업자인 조니 얼*Johnny Earle*은 조니 컵케이크를 창업하기 전에 이미 16개의 사업을 시도했었다. 그가 이렇게나 많은 사업을 시도할 수 있었던 이유는 사업 동기가 '재미'였기 때문이다.

창업 당시 조니는 음악과 영화, 만화 같은 대중문화를 다루는 편집숍에서 일하는 휴학생이었다. 그가 일하던 편집숍의 알바생들 사이에는 이름 뒤에 아무 단어나 붙여 별명을 지어 주는 문화가 있었다고 한다. 예를 들어, 지각을 한 날에는 '조니 지각생*Johnny-come-lately*'이 그날의 별명이 되는 것이다.

조니 컵케이크라는 브랜드명도 이렇게 탄생하게 되었다. 맞다. 조니 컵케이크는 장난처럼 시작된 브랜드다. 그리고 이러한 유쾌함이 브랜드를 관통하는 톤앤매너가 되었다. 누구나 주변에 재미있는 별명을 가지고 있는 친구가 한 명쯤은 있을 것이다. 하지만 자신의 별명을 활용해 창업까지 하는 사람은 그리 많지 않을 것이다.

조니 컵케이크라는 브랜드가 성공한 핵심 요인 중 하나는 '유쾌한 실행력'이다. 단순히 일회성으로 웃음을 주는 것을 넘어, 브랜드를 알게 되는 순간부터 티셔츠를 구매하는 순간까지 유쾌한 경험을 확장함으로써, 고객과 감정적 유대감을 형성하고 브랜드를 특별한 존재로 만든 것이다. 그리고 고객을 기분 좋게 만드는 것을 모든 의사결정의 기준으로 삼음으로써 유쾌한 브랜드를 넘어 사랑받는 브랜드가 될 수 있었다.

광고를 하지 않는 브랜드의 옥외광고

블랙프라이데이를 맞아 파타고니아는 뉴욕타임스에 '이 자켓을 사지 마세요*Don't buy this jacket*'라는 광고를 게재했다. 이 광고는 과잉 소비를 줄여 환경을 보호하자는 파타고니아의 철학과 가치를 잘 전달하고

있다. (아이러니하게도 광고 다음 해 매출은 30% 이상 상승했다고 한다)

조니 컵케이크 역시 이와 비슷한 광고를 한 적이 있다. 바로, '당신을 행복하게 만드는 일에 더 몰두하세요*Do more of what makes you happy*'라는 옥외광고다. 티셔츠를 판매하는 브랜드가 왜 뜬금없이 이런 메시지를 광고하는지 의문이 들 수 있다. 하지만 조니는 이 광고에 대해 "그 자리에 티셔츠 광고를 넣었다면 더 많은 매출을 올릴 수 있었겠지만, 교통체증 속에서 스트레스를 받던 사람들이 이 광고를 보고 미소 짓는 것만으로도 충분히 만족스러웠다"고 말한다.

조니 컵케이크를 모르는 사람이 이 광고를 본다면 뜬금없는 메시지로 받아들였을 것이다. 하지만 브랜드의 철학을 이해한 후에는 '역시 조니답다'는 생각이 들면서, 오히려 브랜드에 대한 신뢰와 애정이 깊어지게 된다.

심지어 이 브랜드는 평소에 광고를 잘 하지도 않는다고 한다. 한 인터뷰를 통해 조니는 '광고에 들일 예산을 제품과 패키지, 이벤트, 매장 환경 등 고객에게 특별한 경험을 제공하는 데 사용해 왔다'라고 이야기했다.

옥외광고는 브랜드에 대한 호감을 불러일으킬 수 있는 장치다. 마치 경부고속도로에 위치한 고려은단의 'Jesus loves you' 광고처럼, 뜬금없어 보이지만 브랜드만의 철학이 묻어나는 메시지는 깊은 인상을 남긴다.

물론 모두에게 호응을 얻을 수 있는 마케팅 방법은 아니다. 브랜드의 가치관에 공감하지 않는 사람들에게는 불편함을 줄 수도 있다. 하지만 동시에 브랜드에 열광하는 팬을 만들기에도 딱 좋은 소구 방법이다.

　　도미노 피자는 자신들의 로고를 문신하고 SNS에 공유하면 매년 100개의 피자를 100년 동안 무료로 제공하는 이벤트를 진행한 적이 있다. 이 이벤트에는 총 381명이 참여했다고 한다. 그런데 조니는 어떤 보상도 제공하지 않았음에도 불구하고, 2천 명 이상의 사람들이 브랜드 로고를 자발적으로 몸에 새겼다고 한다. 이는 브랜드와 고객들 사이의 유대감이 얼마나 강력한지 보여 준다.

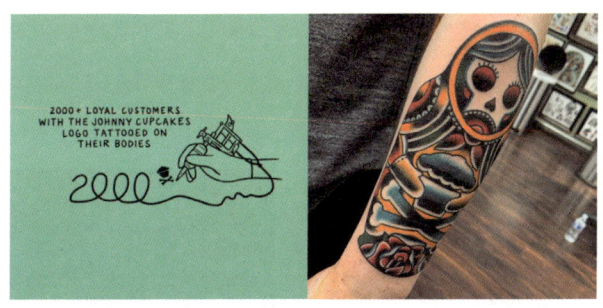

출처: johnnycupcakes.com

창업자의 개성 = 브랜드의 전략

조니 컵케이크는 브랜드와 소비자의 관계를 뛰어넘어 인간 대 인간으로 교류한다. 자신이 있는 아이스크림 가게 위치를 SNS를 통해 공지하며 '여기로 자신의 티셔츠를 입고 오면 디저트를 쏘겠다'는 깜짝 이벤트를 열기도 하고, 만우절에는 매장의 모든 티셔츠를 감추고 진짜 컵케이크를 판매하는 등 소비자와 즐기며 노는 사이 자연스럽게 브랜딩이 된다.

그만큼 조니는 브랜드의 철학과 아이덴티티를 효과적으로 전달하는 데 중요한 역할을 했다. 이것은 조니 컵케이크라는 브랜드가 많은 사람들에게 사랑받을 수 있었던 이유인 동시에 현재 브랜드의 위상이 예전같지 않은 이유가 되었다.

조니는 18살에 조니 컵케이크를 창업했고, 지금은 41살이다. 당연한 이야기이지만, 이제 조니에게서 예전처럼 통통 튀는 느낌을 받을

출처: johnnycupcakes.com

수 없다. 조니와 함께 놀던 소비자들도 더 이상 이런 귀여운 옷을 입기 어려운 나이가 되었고, 최근에는 일부 매장이 문을 닫기도 했다.

하지만 그는 조니 컵케이크를 발판 삼아 다음 스텝으로 넘어간 것으로 보인다. 조니는 현재 컨설팅과 강연을 통해 다른 기업가나 브랜드들에게 영감을 주고 있다. 뿐만 아니라, 책을 쓰고 매거진을 발행하며 새로운 방식으로 자신의 이야기를 전하고 있다.

앞서 말했듯, 조니 컵케이크는 그가 시도했던 다양한 프로젝트 중 하나일 뿐이다. 이것이 조니 컵케이크의 위상이 예전 같지 않음에도 지면을 할애해 이 브랜드를 소개한 이유이다. 창업자의 스타성에 의존해 성공한 브랜드라면 이렇게 다음 스텝을 설계해야 하지 않을까?

조니 컵케이크의 성공 스토리 3줄 요약

1. '티셔츠를 굽는 베이커리'라는 독창적인 콘셉트로 고객들에게 신선한 경험을 제공했다.

2. 고객을 기분 좋게 만드는 것을 모든 의사결정의 기준으로 삼음으로써 유쾌한 브랜드를 넘어 사랑받는 브랜드가 될 수 있었다.

3. 컨설팅과 강연 등을 통해 단순한 의류 판매를 넘어 다른 사람들에게 영감을 주는 브랜드가 될 수 있었다.

19살이 만든 영국 대표 피트니스 브랜드
: 짐샤크*Gymshark*

운동하는 사람 중 대부분은 헬스장에서 제공되는 운동기구를 사용하고 시중에 나와 있는 운동복을 입는 데 큰 불만이 없다. 하지만 그렇지 않은 사람도 있기 마련이다. 이번에 소개할 브랜드의 창업자가 바로 그런 케이스다. 짐샤크*Gymshark*의 창업자 벤 프랜시스*Ben Francis*는 어린 나이부터 피트니스 커뮤니티 활동을 할 정도로 운동에 진심이다.

벤에게는 기존의 피트니스 의류와 액세서리가 너무 비싸고, 자신이 원하는 스타일의 제품이 시장에 충분히 존재하지 않는다는 점이 명확한 문제로 보였다. 그래서 벤은 아르바이트를 열심히 해서 비싼 헬스용품을 사기보다는, 차라리 자신이 원하는 제품을 직접 만들기로 결심했다. 취미가 사업이 되는 순간이었다.

할머니의 재봉틀을 빌려 사업을 시작한 19살 소년은 어떻게 영국에서 가장 빠르게 성장하는 패션 브랜드를 만들 수 있었을까? 짐샤크를 통해 좋아하는 일을 해야 하는 이유에 대해 알아보자.

'덕업일치'의 교과서

나이키가 미국을, 룰루레몬이 캐나다를 대표한다면, 짐샤크는 영국을 대표하는 스포츠 브랜드다. 처음 들어보는 브랜드라고? 그럴 수 있다. 아직 우리나라에는 공식 몰이 없기 때문이다. 하지만 짐샤크는 절대 만만하게 볼 브랜드가 아니다. 짐샤크의 인스타그램 팔로워는 713만 명으로, 해외에서는 룰루레몬(528만 명)보다 인지도가 높다.

이렇게 큰 브랜드를 어떻게 19살 학생이 만들 수 있었을까? 창업자인 벤은 보통의 학생들과 크게 다르지 않은 생활을 했다. 짐샤크를 창업하기 전 그 역시 또래와 마찬가지로 아르바이트로 생활비를 충당하는 평범한 학생이었다. 다른 점이 있다면 자신의 취미에 푹 빠져 있었다는 것.

말이 좋아 창업이지, 짐샤크의 시작은 초라했다. 19살 벤에게 주어진 사무실은 부모님 집의 작은 방, 작업 도구는 할머니에게 빌린 재봉틀뿐이었다. 하지만 벤에게는 특별한 무기가 있었다. 바로 도전과 실패를 두려워하지 않는다는 점이었다.

그는 짐샤크를 창업하기 전 이미 6번의 창업을 했을 정도로 경험 많은 연쇄 창업가였다. 물론 6번 모두 큰 성공을 하지는 못했지만, 그만큼 벤은 간절했다. 자신의 유튜브를 통해 이야기한 바로는, 돈이 없었기 때문에 멈출 수 없었다고 한다. 벤은 하루 종일 대학 공부와 피자 배달을 했고, 그 외의 시간에는 체육관에서 운동하거나 짐샤크와 관련된 작업을 했다.

초창기 짐샤크는 상품을 직접 재고로 보유하지 않은 채 웹사이트에 여러 종류의 보충제를 등록하고 주문이 들어오면 제품을 보내 주는 위탁 판매 형식으로 돈을 벌었다. 보통 이렇게 위탁 판매로 돈을 벌면 아이템의 가짓수를 늘려 매출 규모를 끌어올린다. 예를 들어 보충제로 위탁 판매를 시작했다면 쉐이커, 부스터 등을 추가로 판매하며 객단가를 높이는 방식이다. 여기서 한발 더 나아간다면 제품을 직접 제작해 마진을 높이는 방식으로 사업을 확장할 수도 있다.

하지만 벤은 위탁 판매로 번 돈을 모두 투자해 스크린 프린터와 재봉틀을 구매했다. 기존 인프라를 이용한 쉬운 방식의 사업 확장이 아닌, 자신이 원하고 필요로 하는 제품을 직접 생산하기 위한 노력이었다. 이 과정에서 벤은 사무실도 옮겼다. 부모님 집의 작은 방에서 부모님 집의 차고로.

'덕력'으로 만들어 낸 업계 표준

짐샤크의 성장 과정을 쭉 훑어보면 그 성공 비결을 한 단어로 요약할 수 있다. 바로 좋아하는 분야를 깊이 파고드는 '덕력'이다.

대부분의 경우 안타깝게도 좋아서가 아니라, 돈이 되기 때문에 또는 유망하기 때문에 아이템을 선정하고 창업을 결정한다. 하지만 이러한 이유로 창업을 하게 되면 일 자체는 즐거울지 몰라도 마케팅 등의 측면에서 문제가 발생한다. 평소 즐겨 소비하는 제품과 판매하는 제품이 다르다 보니 어디에, 어떻게 효율적으로 보여 줄 수 있을지 알지 못하고, SNS 마케팅에서도 큰 성과를 내지 못한다.

이런 부분을 해결하기 위해 브랜드와 인플루언서를 연결해 주는 다양한 서비스들이 존재한다. 그러나 문제는 카테고리가 일치하는 인플루언서를 연결해 줄 뿐 브랜드의 '결'까지 맞추어 주지는 못한다는 것이다.

하지만 벤은 이러한 문제를 손쉽게 극복할 수 있었다. 자신이 평소 즐겨보던 헬스 유튜버들에게 팬으로서 제품을 협찬하던 중 렉스 그리핀*Lex Griffin*이라는 유튜버와 인연을 맺은 것이 짐샤크의 성장에 중요한 전환점이 되었다.

인플루언서 대상의 제품 협찬은 이제 많은 브랜드들이 기본적으로 사용하는 마케팅 방법이 되었다. 하지만 벤이 렉스에게 제품을 제공한 2013년도만 하더라도 인플루언서 마케팅 초창기에 가까웠다.

무엇보다도 피트니스 유튜브의 열렬한 팬이었던 벤은 구독자와 커뮤니티에 대한 이해도가 누구보다 높았기 때문에 단순히 제품을 노출하는 것 이상의 효과를 창출할 수 있었다.

짐샤크는 고객 충성도가 높은 브랜드다. 자체 유튜브 채널은 고객 충성도가 높기로 유명한 룰루레몬(30만 명)보다 2배 이상 많은 구독자(72만 명)를 보유하고 있다.

한편, 나이키의 채널과 비교했을 때는 구독자와 조회 수 모두 적다. 그러나, 댓글 수는 2배 이상 많고 팬들과의 유대가 깊다. 두 채널의 톤을 비교해 보면, 누가 봐도 각 잡고 브랜드에서 운영하는 느낌이 강한 나이키와 달리 짐샤크는 운동 팁을 전달하는 유쾌한 운동 유튜버라는 느낌이 강하다.

짐샤크의 타깃은 명확하다. 바로, SNS에 자신의 몸매를 뽐내고 싶은 MZ세대. 이러한 욕구는 짐샤크의 대표 라인업인 심리스 디자인을 통해 충족된다. 심리스 디자인이란 원단을 한 조각으로 편직해 제작한 옷으로, 재봉선을 최소화해 피부 자극이나 마찰을 줄여 주는 게 특징이다.

재봉선이 없기 때문에 인체의 곡선을 강조할 수 있을 뿐만 아니라 연성과 움직임의 자유로움을 극대화한다고 한다. 게다가 근육은 더 선명하게, 라인은 더 뚜렷하게 보여 준다. 인스타그램의 해시태그 수(116만 개)를 보면 짐샤크의 이러한 전략이 잘 먹히고 있다는 것을 알 수 있다.

심리스 디자인은 신규 브랜드였던 짐샤크의 시그니처로 브랜드를 차별화시키고, 시장을 개척하는 데 큰 역할을 했다. 심리스 제품의 성공은 다른 브랜드에도 영향을 미쳐 점차 업계 표준으로 자리 잡고 있는 추세다.

재미있는 사실은 심리스 디자인 역시 벤의 '덕력' 덕분에 탄생하게 되었다는 것이다. 앞서 언급했듯이, 벤이 짐샤크를 창업한 주요 동기는 자신이 원하는 스타일의 운동복이 없었기 때문이다. 심리스 디자인 역시 자신이 만든 브랜드의 옷을 입고 운동하던 중 까끌까끌한 봉제선이 운동에 방해가 된다고 느껴, 봉제선을 없애는 과정에서 탄생하게 되었다.

좋아하는 일을 하며 누구보다 깊게 몰입한 결과 '덕질'이 브랜드가 되었고, 그 브랜드가 산업 자체를 바꾼 것이다. 만약 창업자가 이 정도로 강력한 운동 애호가가 아니었다면 짐샤크는 절대 지금만큼 성장하지 못했을 것이다.

짐샤크의 성공 스토리 3줄 요약

1. 헬스를 좋아하던 19살 학생이 자신이 입고 싶은 운동복을 직접 만들며 사업을 시작했다.

2. 좋아하는 유튜버에게 제품을 협찬하고 헬스 커뮤니티에서 진심으로 소통하며 브랜드를 키웠다.

3. 자신이 만든 옷을 입고 운동하며 불편을 느껴 탄생하게 된 심리스 디자인이 업계 표준이 되었다.

취준생 디자이너가 만든 '힙한' 피클

: 그릴로스 피클Grillo's Pickles

창업자만큼 브랜드를 깊이 이해하는 사람은 없다. 그리고 창업자만큼 일관된 톤앤매너로 브랜드를 표현할 수 있는 사람도 없다. 그래서 브랜드의 정체성을 만드는 가장 확실한 방법은, 창업자의 시간을 쏟는 것이다.

보스턴에서 가장 쿨한 피클 브랜드, '그릴로스 피클Grillo's Pickles'은 왜 사업 초기에 창업자가 모든 것을 직접 해야 하는지 보여 주는 좋은 사례다.

할아버지로부터 전수받은 100년 된 레시피로 만든 피클을 나무 수레에서 팔기 시작해 지금은 연 매출 1천억 브랜드가 된 그릴로스 피클의 성공 스토리를 파헤쳐 보자.

노점이라는 브랜드 실험실

그릴로스 피클은 한 디자이너의 꿈이 좌절된 덕분에 탄생한 브랜드다. 창업자인 트레비스 그릴로*Travis Grillo*는 나이키 본사에 네 번이나 면접을 봤을 만큼 열정적인 운동화 디자이너 지망생이었지만, 끝내 채용되지는 않았다. 꿈을 접고 고향으로 돌아온 트레비스는 그곳에서 새로운 사업 아이템을 발견했다. 바로, 이탈리아 출신인 할아버지로부터 전해진 피클 레시피였다.

트레비스는 자신의 집안 전통 레시피로 만든 피클의 특별한 맛에 주목했다. 그리고 이 레시피가 시장에서 충분히 경쟁력이 있을 거라 확신했다. 그는 실험을 거듭하며 레시피를 현대적으로 재해석했고, 가족의 성을 따 그릴로스 피클이라는 브랜드를 만들어 야구장과 농구장을 돌아다니며 판매하기 시작했다.

하지만 스포츠 경기장에서는 브랜드의 스토리를 전하거나 소비자의 반응을 듣는 데 한계가 있었다. 그래서 보스턴 중심가에 위치한 한 공원에 나무 수레를 세우고, 피클을 판매하며 직접 브랜드를 알리기 시작했다. 이는 단순한 노점 장사가 아닌, 맛과 가격, 디자인 등에 대한 고객의 반응을 실시간으로 듣고, 피드백을 바탕으로 제품과 브랜드를 개선할 수 있는 실험실 같은 공간이었다.

사업 초기 창업자는 기획자이자 생산자이며, 마케터이자 고객 응대 담당자가 되어야 한다. 다방면에서 경험이 쌓일수록 누구보다 브랜드를 깊이 이해하게 되고, 자신만의 방식으로 브랜드를 만들 수 있기 때문이다.

트레비스는 마스코트인 '샘-샘 더 피클맨*Sam-Sam the Pickle Man*'을 활용해 유쾌한 스트리트 감성을 전달했다. 예를 들어 샘-샘이 그려진 티셔츠와 모자를 착용하며 브랜드를 홍보하고, 고객이 뜸할 때는 샘-샘 탈인형을 쓰고 적극적으로 소비자들에게 다가가는 식이었다.

그는 한 인터뷰를 통해 '그릴로스 피클을 전국적인 브랜드로 성장시키기 위해서는 무엇이든 하겠다'며 마스코트 의상을 입고 직접 판매하는 이유를 설명했다.

노점을 운영하며 얻은 실전 경험은 디자이너라는 그의 배경과 결합해 브랜드 정체성에 큰 영향을 미쳤다. 병에 사용된 녹색과 흰색 컬러는 노점을 하던 공원을 상징할 뿐만 아니라 지역 농구팀 컬러와도 일치해 브랜드에 대한 지역적 연결감을 형성하는 데도 기여했다.

또한 거리에서 시작한 브랜드답게, 스트리트 감성과 자연스럽게 어우러지며 단순히 맛있는 피클 브랜드를 넘어 '서브 컬처 피클 브랜드'로 자리매김하게 되었다. 운동화 위에 올라가지 못한 디자인 감각이 피클 병에 담기며 100년 전통의 이탈리안 피클을 보스턴에서 가장 '힙한' 피클 브랜드로 만든 것이다.

길거리 피클에서 프리미엄 피클로

그릴로스 피클의 철학은 '정원에서 당신의 냉장고로*From the garden to your fridge*'다. 이는 가공 과정을 최소화하고, 재배 직후의 신선함을 그대로 전달하겠다는 의미다. 트레비스는 제품의 신선함을 강조하기 위해 투명 용기를 사용했다. 또한 냉장 유통을 고수하며 일반 피클보다 훨씬 더 아삭한 식감을 구현했다. 그리고 방부제나 인공 첨가물 없이 오이, 물, 식초, 소금 등 7가지 천연 재료만을 사용하며 건강을 중시하는 MZ세대 소비자들에게 큰 호응을 얻게 되었다.

힙한데 건강하기까지 한 그릴로스 피클은 곧 '홀 푸드*Whole Foods*'의 바이어 눈에 띄게 됐고, 일부 지점에 입점해 테스트 판매하는 과정을 거치며 유통망을 넓히기 시작했다. 홀 푸드는 유기농, 무첨가, 비가공 식품을 선별해 판매하는 매장으로, 그릴로스 피클의 홀 푸드 입점은 단순한 매출 증가를 넘어 브랜드의 포지션을 '길거리 피클'에서 '프리미엄 신선 피클'로 바꾸는 중요한 전환점이 되었다.

그 이후 그릴로스 피클은 월마트와 코스트코 등에 입점하며, '보스턴에서 가장 힙한 피클'에서 전국 2만 6천 개 매장에서 판매되는, '냉장 진열대에서 가장 힙한 피클'이 되었다.

피클로 만든 문화

노티드 도넛이나 쉐이크쉑 버거처럼 소규모로 힙하게 운영되던 브랜드들이 대형 마트에 입점하며 정체성을 잃어 가는 모습을 본 적이 있을 것이다. 이러한 변화 속에서 성공 가도를 이어 가는 브랜드와 그렇지 못한 브랜드의 차이는 '본질적 가치를 얼마나 잘 유지했느냐'에서 발생한다.

노티드 도넛과 쉐이크쉑 버거는 공간 경험과 희소성을 기반으로 주목받기 시작한 브랜드다. 하지만 대형 마트에 입점하며 브랜드의 핵심 가치가 자연스럽게 흔들리게 되었다. 반면 트레비스는 그릴로스 피클을 7천 곳 이상의 마트에 입점시킨 후에도 여전히 "피클 수레를 끄는 기분으로 회사를 운영한다"라고 말했을 정도로 초심을 강조한다. 중요한 것은 대형마트 입점 자체가 아닌, 브랜드를 확장하면서도 무엇을 지켜야 할지를 아는 것이다.

트레비스가 브랜드를 키워 가면서도 정체성을 유지할 수 있었던 비결은 창업 초기에 제품 개발부터 판매, 피드백 수집까지 모든 과정을 직접 경험하며 브랜드의 핵심 가치를 누구보다 깊이 이해했기 때문이다.

트레비스는 정체성을 지키는 데 그치지 않고, 핵심 가치를 바탕으로 브랜드를 더 넓은 문화와 접목시켜 나갔다. 그리고 의류, 사진기,

감자칩, 음료수 등 다양한 산업의 브랜드와 협업을 진행하며 소비자와의 연결을 강화했다. 참고로 2019년에는 NBA 레전드 패트릭 유잉Patrick Ewing의 스니커즈 브랜드와 협업해 140달러를 호가하는 한정판 운동화를 출시하며 디자이너의 꿈을 이루기도 했다.

그릴로스 피클의 굿즈는 피클을 좋아하는 사람들이 자신의 취향을 드러내는 유쾌한 표현 수단이자, 같은 취향을 공유하는 이들이 소속 감을 느낄 수 있는 일종의 문화가 되었다.

나아가 피클 향수, 피클 치약, 피클 맥주 등 쓸모없지만 유쾌한 제품들이 SNS에서 화제가 되며 각종 팬아트와 밈으로 생산되었고, '브랜드와 함께 노는 문화'까지 생기게 되었다.

맛만 좋아서는 살아남을 수 없다

고작 피클을 파는데 이렇게 장황한 서사가 왜 필요하냐고? 피클 시장은 클라우센Claussen이나 블라식Vlasic처럼 전통적인 식품 브랜드와 대형 마트의 PB 제품들이 오랜 역사와 광범위한 유통망을 바탕으로 주도하고 있는 과점 형태였다.

대형 브랜드들은 반복적인 노출을 통한 익숙함과 대량 생산으로 인한 가격 경쟁력까지 갖추고 있다. 이 속에서 단순히 '맛'으로만 승부를 보려는 스몰 브랜드는 살아남기 어려울 수밖에 없다. 즉, 대형 브랜드들이 가지고 있지 않은, 그리고 쉽게 복제할 수 없는 요소가 필요한 시장인 것이다.

이런 시장 구조를 극복하기 위해 트레비스가 선택한 전략은 '제품'과 '문화'를 결합하는 것이었다. 그는 독특한 브랜드 경험과 강력한 팬덤을 바탕으로 대형 피클 브랜드와의 경쟁을 피하고 라이프스타일 브랜드로 확장해 나갔다.

피클은 우리나라에서 주로 느끼함을 잡아주는 '반찬'으로 인식되지만, 미국에서는 간식 등으로 다양하게 활용된다. 우리가 주로 먹는 얇은 원형의 칩 형태뿐만 아니라, 세로로 길게 자른 형태*Spears*나, 오이를 통째로 절인 형태*Wholes* 등 용도에 따라 모양도 다양하다.

그릴로스 피클은 피클의 형태를 개성 있는 캐릭터로 표현해 소비자들이 쉽게 제품을 구분하고, 브랜드와 감정적인 유대감을 느끼도록 만들었다. 매해 2억 원 이상 판매되는 굿즈는 단순한 부가 수익을 넘어, 대형 식품 브랜드들이 갖지 못한 '팬덤 기반의 브랜드 자산'을 상징한다.

결국, 그릴로스 피클의 성공은 단순히 맛있는 피클을 만드는 것에 그치지 않고, 피클에 문화와 감정을 담아낸 트레비스만의 방식에 기인한다. 그리고 그 방식은 기획과 생산, 판매, 고객 응대에까지 모든 과정에 창업자의 손길이 깃들었기에 가능했다.

스몰 브랜드에게 브랜딩이란, 창업자만이 가질 수 있는 깊은 이해에서 시작된다는 것을 깨닫게 해 주는 부분이다.

그릴로스 피클의 성공 스토리 3줄 요약

1. 나이키 입사를 포기한 디자이너가 고향에서 발견한 할아버지의 레시피를 현대적인 감각으로 재해석해 보스턴에서 가장 힙한 피클 브랜드를 만들었다.

2. 사업 초기 창업자가 기획부터 생산, 마케팅, 고객 응대까지 모든 영역을 직접 경험하며 브랜드를 깊이 이해하게 됐고, 덕분에 성장 과정에서도 흔들림 없이 정체성을 유지할 수 있었다.

3. 마스코트와 굿즈, 유쾌한 협업 제품들을 통해 피클을 하나의 라이프스타일로 확장했고, 팬덤을 기반으로 대형 식품 브랜드가 주도하던 피클 시장에서 독자적인 영역을 구축했다.

맛도 건강도 잡은 단백질바

: 미드데이 스퀘어스*Mid-Day Squares*

'근손실', '벌크업' 같은 운동 용어가 일상어가 될 만큼 우리나라뿐만 아니라 전 세계적으로 피트니스 열풍이 거세다. 그리고 그만큼 단백질 식품 시장도 급격히 성장하고 있다. 글로벌 단백질 보충제 시장 규모는 2024년 기준 약 38조 원(28.15억 달러) 수준이며, 2032년에는 75조 원(55.32억 달러) 규모로 두 배 가까이 성장할 것으로 전망된다.

하지만 여전히 해결되지 않은 문제가 있다. 닭가슴살은 금세 질리고, 단백질 쉐이크는 포만감이 부족하며, 단백질바는 맛이 없어 꾸준히 섭취하기 어렵다는 점이다. 운동은 열심히 해도 단백질을 규칙적으로 챙기는 사람은 생각보다 많지 않다.

'시스템은 의지를 초월한다*Systems beat willpower*'는 말이 있듯이, 규칙적인 단백질 섭취를 위해서는 의지력에 의존하지 않는 시스템이 필요하다. 식품에서 그 핵심은 바로 '맛'이 아닐까? 실제로 맛있는 단백질 초콜릿바 하나로 연 매출 3,700억 원을 달성한 브랜드가 있다. 바로 미드데이 스퀘어스*Mid-Day Squares*다.

건강 간식이 아닌, 맛있는 단백질 초콜릿

단백질은 수분을 흡수하는 특성이 있어 함량이 높을수록 식감이 텁텁할 수밖에 없다. 그리고 설탕 함량을 줄이기 위해 넣는 인공 감미료는 뒷맛이 씁쓸해 결과적으로 단백질바의 식감을 더 이상하게 만든다. 결국 단백질바는 건강한 간식일 수는 있어도 맛있는 간식과는 거리가 먼 것이다.

미드데이 스퀘어스는 단백질층과 초콜릿층이 분리된 2중 구조를 개발해 겉은 바삭하지만 속은 부드러운 단백질바를 만들어 냈다. 흥미로운 사실은 미드데이 스퀘어스의 단백질바 제품이 창업자가 직접 만들어 먹던 간식에서 시작됐다는 것이다.

창업자인 레즐리 칼즈*Lezlie Karls*는 시중의 단백질바는 맛이 없거나 인공적인 맛이 강하다고 느껴 단백질바를 사 먹기보다는 직접 만들어 먹는 것을 선호했다. 레즐리가 만든 단백질바를 맛본 남자친구 닉 살타렐리*Nick Saltarelli*는 '맛있는 단백질 초콜릿바를 만들면 사람들이 좋아할 것이다'라고 확신하게 됐다. 레즐리의 레시피가 사업의 출발점이 되었고, 닉이 이를 브랜드화하여 사업을 키운 것이다.

기존 단백질바가 단순히 '단백질 보충'에 초점을 맞춘 제품이었다면, 미드데이 스퀘어스는 단백질과 영양소를 함께 챙기면서도 맛있게

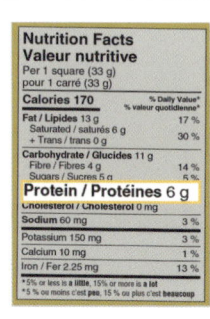

출처: middaysquares.com

즐길 수 있는 간식에 가깝다. 미드데이 스퀘어스의 단백질 함량은 6g 으로 기존 단백질바와 비교했을 때 함량이 높은 편은 아니다. 하지만 식이섬유, 천연감미료, 글루텐프리 성분 등을 사용해 단백질바와 프리미엄 초콜릿 사이의 중간 영역을 공략하며 새로운 시장을 개척했다.

진짜 신뢰는 과정을 공유하는 것에서 비롯된다

스몰 브랜드가 새로운 제품을 판매하는 과정에서 가장 어려운 점은 무엇일까? 바로 고객과 유통사를 설득하는 것이다. 예를 들어 스타벅스가 건강한 초콜릿을 출시한다면, 사람들은 성분을 따지기보다는 '스타벅스 제품이니까 믿고 먹어도 되겠지'라고 생각하며 소비할 것이다. 하지만 듣도 보도 못한 스몰 브랜드가 건강한 초콜릿을 출시한다면, '너네들이 뭔데?'라는 부정적인 생각부터 하게 된다. 운영하는 입장에서는 아쉬운 일이지만, 소비자의 관점에서는 당연한 반응이라고 생각한다.

미드데이 스퀘어스는 사업 과정의 모든 순간을 영상으로 기록하고 SNS에 공개해 고객들이 브랜드의 성장 스토리를 리얼리티 쇼처럼 즐기며 애정을 갖도록 만들었다. 갑자기 '짠'하고 나타나 자신들의 제품이 최고라고 하는 신규 브랜드는 쉽게 믿을 수 없다. 하지만 제품 개발 과정을 쭉 지켜봐 왔다면 마치 친구가 만든 브랜드인 것처럼 자연스러운 신뢰감이 형성된다.

사업 초기, 미드데이 스퀘어스는 창업자의 거주지인 몬트리올에서만 제품을 판매했다. 온라인을 통해 판매된 제품을 직접 배달하는 것은 물론, 손편지와 폴라로이드 사진을 함께 제공하며 고객과 유대감을 형성했다. 이 과정에서 소셜미디어에서 화제가 되며 출시 9개월 만에 100만 달러 이상의 매출을 달성하게 되었고, 토론토와 캐나다 전역을 거쳐 미국 시장으로 사업을 확장할 수 있었다.

미드데이 스퀘어스의 가장 큰 특징은 단백질층과 초콜릿층을 분리한 것인데, 문제는 단백질바를 만드는 공장과 초콜릿을 만드는 공장이 완전히 다르다는 점이었다. 물론 기존 생산 라인에 공정을 추가하는 형식으로 해결이 가능한 문제지만 제조 공장들은 공정 변경을 원하지 않았고, MOQ도 맞지 않아 27개의 공장으로부터 제조를 거절당했다. 그리고 패키지의 색이 비슷하다는 이유로 허쉬로부터 법적 경고를 받기까지 했다.

사람들은 완벽한 성공 스토리보다 실패를 극복하고 성장하는 과정에 더 몰입하는 경향이 있다고 한다. '영웅의 여정 *Hero's Journey* 이론'에 따르면, 모든 위대한 스토리는 '도전 → 실패 → 성장 → 성공'의 과정을 거친다고 한다. 이는 사람들이 무의식적으로 빠져드는 서사 패턴이기 때문에 브랜딩과 마케팅에도 자주 활용된다.

만약 내가 오늘부터 세상에 없던 단백질바를 만들겠다고 선언하고, 그 과정을 영상으로 공유하면 어떨까? 처음에는 별 관심 없더라도 20곳이 넘는 공장을 찾아가 미팅을 하고, 결국 원하는 제품을 만들어 주는 공장을 찾을 수 없어 직접 제조 공간까지 마련하는 모습을 보여 준다면 제품에 대한 믿음이 생기지 않을까? 그리고 제품을 홍보하는 과정에서 대기업에게 소송을 당하는 모습을 본다면 "이건 대기업의 횡포다!", "대기업이 스몰 브랜드의 파이까지 빼앗아 가려고 한다!"라며 응원하게 되지 않을까?

미드데이 스퀘어스는 '27번의 거절 → 직접 제조 → 허쉬의 소송 → 마케팅으로 활용'이라는 서사를 통해 사람들이 브랜드에 몰입하게 만들었다. 즉, 미드데이 스퀘어스는 언더독으로서 난관을 극복하고 결과물을 만들어 내는 과정을 통해 응원하고 싶은 브랜드가 된 것이다.

적은 타깃에게만 닿아도 충분하다

레즐리의 형제이자 미드데이 스퀘어스의 콘텐츠 전략 및 커뮤니티 구축을 담당하는 제이크 칼즈*Jake Karls*는 '있는 그대로의 자신을 드러내는 것'이 얼마나 중요한지를 강조한다. 그는 "많은 브랜드들이 성공적인 모습만 보여 주려고 하지만 진짜 이야기를 전달할 때 브랜드는 강력해진다"라고 말한다. 미드데이 스퀘어스는 좋은 일뿐만 아니라, 심지어 법적 분쟁까지 모두 공개하며 자신들을 꾸밈없이 드러냈다.

하지만 이들의 유튜브 채널을 보면, SNS를 통해 브랜드를 키웠다고 하기에는 영상의 조회 수가 적어 보일 수 있다. 조회 수가 성장에 비례한다는 인식이 보편적이지만, 사실 브랜드에게 중요한 것은 트래픽의 '양'이 아닌 '질'이다. 초콜릿을 좋아하지 않는 백만 명의 사람들에게 도달하는 것보다, 제품을 꾸준히 구매해 줄 천 명에게 도달하는 것이, 그리고 브랜드에 투자해 줄 1명에게 도달하는 것이 더 중요한 것이다.

내가 운영하는 채널 역시 규모도 크지 않고 조회 수도 적게 보일 수 있지만 제품 개발, 브랜디드 콘텐츠, 강의, 출간 등 다양한 제안이 들어오는 영상은 남들이 하찮게 보는 조회 수 몇천 회짜리 영상이다.

즉, 스몰 브랜드가 집중해야 할 것은 '전환으로 이어질 가능성이 높은 트래픽'이고, 미드데이 스퀘어스는 솔직함을 통해 적은 조회 수를 가치 있는 트래픽으로 만드는 데 성공했다.

나는 내 브랜드의 첫 번째 팬이다

미드데이 스퀘어스는 자신들을 초콜릿 브랜드가 아닌 밴드라고 소개하며, 창업자들은 브랜드 로고가 새겨진 옷을 굿즈처럼 입고 다닌다. 그들은 창업자가 브랜드를 자랑스럽게 드러내면 사람들도 이를 신뢰하고 관심을 갖게 된다고 믿는다. 그리고 만약 창업자가 브랜드를 자랑스러워하지 않는다면, 그 사업은 하면 안 된다고 이야기한다.

이렇게 브랜드와 자신을 동일시했기에 팀원들끼리 싸우는 장면, 창업자가 번아웃을 겪는 모습, 심리 상담을 받는 과정 등 사업의 모든 과정을 대중에게 공개할 수 있었던 것이 아닐까? 소비자들이 내가 만든 브랜드를 사랑하게 만들기 위해서는 내가 먼저 브랜드를 사랑해야 된다는 것을 알려 주는 부분이다.

미드데이 스퀘어스의 성공 스토리 3줄 요약

1. 단백질층과 초콜릿층을 분리한 2중 구조로 기존 단백질바의 가장 큰 문제점인 '맛없음'을 해결했다.

2. 작은 시장에서 충성도 높은 팬층을 확보한 후 점진적으로 시장을 확장하는 전략을 통해 리스크를 줄이며 브랜드를 키워 나갔다.

3. 사업 과정의 모든 순간을 영상으로 기록하고 SNS에 공개하는 진정성 있는 마케팅을 통해 응원하고 싶은 브랜드가 되었다.

SNS 영상에서 시작한 프리미엄 버터
: 올띵스버터*All Things Butter*

"유튜브 구독자가 10만 명이면 광고 수익만 천만 원이래", "광고 하나 올려 주는 데 3천만 원을 받는다더라".

많이 들어본 이야기일 것이다. 오죽하면 '유튜브 할 거다'가 직장인 2대 허언 중 하나겠는가. 하지만 현실은 냉정하다. 유튜버의 80% 이상이 최저임금보다 낮은 수익을 낸다.

즉, 단순히 트래픽을 만들어 수동적으로 광고비를 받는 구조로는 생존이 어렵다. 핵심은 트래픽을 활용해 추가적인 가치를 창출해 내는 것이다. 생각해 보자. 광고주가 영상 하나에 수천만 원을 주고 영상 제작을 맡기는 이유는 제작 비용 이상의 수입을 만들어 낼 수 있기 때문이다.

이를 증명하듯 SNS에 요리 영상을 올려 6개월 만에 15억을 번 사람이 있다. 미쉐린 스타 레스토랑에서 일하던 셰프는 어떻게 500만 명 이상이 팔로우하는 '버터왕'이 되었을까? 올띵스버터*All Things Butter*의 성공 스토리를 통해 트래픽을 돈으로 만드는 방법에 대해 알아보자.

광고 말고 '꿀팁'

올띵스버터는 팬데믹 덕분에 시작된 브랜드다. 한때 각종 SNS를 휩쓸었던 '달고나 커피'를 기억하는가? 자가격리로 인해 집에 있는 시간이 늘어나자 홈 쿠킹이 유행하게 되었고, 시간 때울 것을 찾던 한국 사람들 사이에서 인기를 끌었던 메뉴다.

영국의 상황도 크게 다르지 않았다. 필수재를 판매하는 곳을 제외한 모든 상점이 폐쇄되자 집에서 요리를 하는 사람들이 늘어났고, 홈 베이킹이 유행하게 되었다.

억만장자의 개인 셰프로 일하던 토마스 스트레이커*Thomas Straker*는 사회적 거리 두기로 인해 요리를 하지 않는 시간이 많아지자 그 시간을 활용해 틱톡과 인스타그램에 요리 영상을 올리기 시작했다.

처음에는 자신의 요리법을 공유하기 위해 다양한 재료를 다루었지만, 그중 버터를 활용한 요리가 특히 인기를 끌자 버터를 활용한 레시피를 주로 포스팅하게 되었다.

토마스의 방법이야말로 SNS를 활용해 브랜드를 성장시키는 가장 이상적인 방법이라고 할 수 있겠다. 대부분의 브랜드가 SNS를 활용해 마케팅을 진행한다. 하지만 웬만큼 매력적이지 않은 이상, 상업적인 계정에서 게시하는 콘텐츠는 거부감이 들 수밖에 없다.

재미있는 사실은 똑같은 정보라고 할지라도 브랜드 계정에서 제공하면 광고로 인식되지만, 개인이 제공하면 '꿀팁'으로 느껴진다는 것이다. 만약 토마스가 올떵스버터라는 브랜드를 먼저 창업한 후 버터를 활용한 레시피를 공유했다면, 사람들은 그것을 버터를 팔기 위한 광고로 치부했을 것이다.

먼저 '사 줄 사람'을 모아라

그래서 마케팅 전문가들은 '먼저 명확한 타깃을 설정하고, 그들을 팬으로 만든 뒤 사업을 시작하라'고 조언한다. 실제로 자신만의 팁을 꾸준히 공유하다가 자연스럽게 사업으로 확장되는 경우가 많다. 스스로를 육아 전문가라고 내세우며 제품을 파는 사람보다, 자신만의 육아 팁을 지속적으로 업로드하며 라포를 쌓아 온 사람이 더 신뢰를 얻는다. 특히 제품을 만든 이유와 과정을 투명하게 공유하는 '비전문가형 크리에이터'가 소비자의 공감을 얻기 쉽다.

요즘 우리의 소비 패턴을 돌아보면, 크게 세 가지로 나뉜다.

1. 명품 브랜드의 프리미엄 제품을 구매한다.
2. 다이소에서 저렴한 소비재를 구매한다.
3. 평소 즐겨 보던 크리에이터가 제품을 출시하면, 필요에 따라 구

매한다.

이처럼 고급 제품과 저가 제품의 유통 채널이 명확히 분리된 시대에, SNS를 통해 신뢰를 확보한 후 사업으로 확장하는 루트는 새로운 '중간 시장'을 창출하는 전략이 될 수 있다. 광고를 통해 처음 접한 제품보다, 친근한 크리에이터가 만든 제품의 구매 전환율이 더 높은 건 너무나 당연한 일이다.

다시 말해, 토마스가 올밍스버터를 창업하기 전에 버터 레시피에 관심이 많은 팔로워를 모은 것은 제품이 나오기도 전에 제품을 사 줄 사람을 먼저 확보했다는 것을 뜻한다.

버터의 유통기한은 보통 6개월(냉장 버터 기준) 정도다. 최소 제작 수량을 1만 개만 잡아도 하루에 50개 이상을 판매해야 한다. 유통기한이 임박한 제품은 잘 팔리지 않기 때문에 하루에 100개는 판매할 수 있어야 재고에 대한 부담이 없을 것이다.

'하루에 고작 100개를 파는 게 힘들어?'라는 생각이 들 수도 있다. 하지만 마땅한 유통처가 없는 신규 브랜드 입장에서 인지도가 전혀 없는 신제품을 하루에 100개씩 판매하는 것은 현실적으로 쉽지 않은 일이다.

그렇기 때문에 기존 버터 시장은 생산 시설과 유통망을 가지고 있는 대기업 위주로 구성되어 있었다. 토마스는 150만 명(창업 당시 팔로워

수)이라는 잠재 고객과 영상당 최소 100만 명이 시청하게 만드는 콘텐츠 제작 능력으로 보수적인 버터 시장을 개척할 수 있었던 것이다.

가볍게, 영상 하나로 시작하기

토마스의 영상은 요리가 쉬워 보이도록 만드는 힘이 있다. 야채를 볶고 버터를 추가하면 근사한 샐러드가 완성되고, 면을 삶고 버터를 추가하면 먹음직스러운 파스타가 완성된다. 토마스의 30초짜리 영상은 평소 요리를 잘 하지 않는 사람들도 따라해 보고 싶다는 생각이 들게 만든다.

중요한 사실은 토마스의 영상은 대단한 장비나 화려한 편집 없이 원데이 클래스만으로 누구나 익힐 수 있는 수준의 기술로 만들어졌다는 것이다. 만약 내가 소스나 식재료를 판매하고 있다면 당장 같은 방법을 시도해 보고 싶을 정도이다.

고작 원데이 클래스 하나 듣고 SNS를 시작해도 괜찮냐고? 전혀 상관없다. 혹, 망한다고 하더라도 잃는 것은 클래스 비용과 콘텐츠를 만드는 데 사용한 시간이 전부이니까. 제조를 하거나 오프라인 창업을 하는 것과 비교하면 공짜나 다름없는 비용이다.

트래픽을 비즈니스로

올띵스버터가 본격적으로 성장하기 시작한 건, 영국의 대형 슈퍼마켓 체인들에 입점한 이후부터였다.

한 시장조사기관의 자료에 따르면, 투자까지 유치한 아이디어 중 80%가 실패로 끝난다고 한다. 이는 스몰 브랜드가 신제품을 출시해 타깃 시장에 안착하고, 대형 유통망까지 진입하는 것이 얼마나 치열한 경쟁인지 보여 준다.

하지만 올띵스버터는 정식 출시된 해에 대형 마트에 입점하는 데 성공했다. 이는 토마스의 20년 지기 친구이자, 공동 창업자인 토비 홉킨스Toby Hopkinson 덕분이었다.

토마스가 브랜드의 얼굴로서 인스타그램과 틱톡을 통해 빠르게 팔로워를 확보하고 초기 트래픽을 만들어 냈다면, 토비는 그 관심을 '브랜드 성장'이라는 실질적인 성과로 전환시킨 것이다.

스타트업에서 성장 책임자로 일했던 토비는 올띵스버터가 'SNS에서 반짝 뜬 제품'에 머무르지 않고, 프리미엄 버터 브랜드로 자리 잡을 수 있도록 포지셔닝부터 투자 유치, 유통 전략까지 브랜드의 성장을 설계했다.

그는 자신이 보유한 투자자 네트워크를 활용해 약 10억 원에 가까운 초기 자금을 유치했고, 유통망 확대를 주도하며 올띵스버터가 시장에서의 입지를 넓히는 데 핵심적인 역할을 했다.

올띵스버터는 마케팅뿐만 아니라 신제품을 기획할 때도 SNS를 적극 활용하고 있다. 현재 판매 중인 4가지 맛(가염 버터, 무염 버터, 마늘 허브 버터, 칠리 버터) 중 2가지(마늘 허브 버터, 칠리 버터) 맛이 소비자의 피드백 덕분에 탄생하게 되었다.

설문 조사에 참여하면 아메리카노 쿠폰을 준다는 문자를 한 번쯤 받아 본 적 있을 것이다. 글로벌 시장조사업체, 서베이몽키*SurveyMonkey*에 따르면 신뢰 수준과 오차 범위를 고려하면 적어도 300건 이상의 응답을 확보해야 통계적으로 유의미한 결과를 도출할 수 있다고 한다. 이는 돈과 시간이 많이 소요되고, 심층적인 의견을 듣는 데도 한계가 있다.

반면, 팔로워들이 SNS에 남긴 피드백은 고객이 제품의 어떤 점을 좋아하고 어떤 점에 불만을 느끼는지를 구체적으로 파악할 수 있을 뿐만 아니라 브랜드가 미처 생각하지 못한 아이디어를 제공한다는 장점이 있다. 올띵스버터의 제품 중 가장 인기 있는 맛인 마늘 허브 버터 역시 사람들이 '버터에 마늘과 허브로 풍미를 더해 요리하는 것을 선호한다'라는 피드백 덕분에 탄생했다.

많은 브랜드가 SNS를 마케팅 수단으로만 활용하고 있다. 하지만 올띵스버터는 SNS 자체를 브랜드의 기반으로 삼았다. 그 과정을 따라가다 보면, 브랜드가 어떻게 사람을 모으고, 팬이 어떻게 브랜드를 키우는지 분명한 인사이트를 얻을 수 있을 것이다.

올띵스버터의 성공 스토리 3줄 요약

1. 코로나로 인해 요리를 하지 않는 시간이 많아지자 SNS에 요리 영상을 올리기 시작했고, 그중 버터를 활용한 요리 팁으로 인기를 끌게 되었다.

2. 150만 명의 팔로워를 확보한 후 버터 브랜드를 창업했고 초등학교 친구 덕분에 대형 슈퍼마켓 체인에 입점하며 본격적으로 브랜드가 성장하게 되었다.

3. SNS를 통해 소비자들의 피드백을 수집하고, 그들이 원하는 맛과 의견을 반영한 결과 브랜드를 대표하는 제품 출시에도 성공할 수 있었다.

수염은 게으름의 상징이 아니다!
: 비어드브랜드*Beardbrand*

최근 틱톡과 인스타그램에서 '한국식 글로우업*Korean Glow Up*' 콘텐츠가 인기를 끌고 있다. 여기서 '글로우업'이란 확 달라진 외모를 뜻하는 슬랭으로, 한국식 메이크업과 스타일링, 패션을 통해 외모가 극적으로 변화하는 것을 의미한다.

반대의 상황도 있다. 특히 유럽과 남미에서는 수염이 없는 것을 남자답지 못하다고 여기는 경향이 있어 그곳에 사는 한국 사람들도 자연스럽게 수염을 기르곤 한다. 그러나 한국에 돌아와서도 수염을 유지하는 사람은 찾아보기 어렵다. 이는 한국 사회 전반, 특히 비즈니스 환경에서 수염이 깔끔하지 못하다는 부정적 인식이 여전히 강하게 작용하기 때문이다.

이런 현상은 미국에서도 비슷하게 나타난다. 미국 역시 보수적인 기업 문화에서 수염은 비전문적으로 여겨진다고 한다. 금융 자문사에서 일하던 에릭 밴드홀츠*Eric Bandholz*는 회사의 엄격한 수염 규정을 건디지 못하고 퇴사를 하게 됐다. 그리고 수염의 가치를 재정립한 브랜드, 비어드브랜드*Beardbrand*를 만들었다.

뉴욕타임스가 주목한 '수염 블로거'

에릭이 가장 먼저 시작한 것은 '어반 비어즈맨*Urban Beardsman*'이라는 이름의 블로그를 개설하고 콘텐츠를 발행하는 일이었다. 그의 목표는 '수염 기르는 사람도 전문적이고 멋질 수 있다'는 문화를 만드는 것이었다. 이를 위해 수염 관리 팁, 스타일링 방법, 문화적 이야기 등 정보성 콘텐츠를 제작했고, 직접 다양한 수염 스타일을 시도하며 그 과정을 기록해 공유했다.

또한, 수염을 기르는 남성들과의 인터뷰를 통해 각자의 라이프스

출처: beardbrand.acom

타일과 가치관을 연결해 보여 주며, 수염이 관리하기 귀찮은 털이 아닌 '개성을 표현하는 수단'이라는 이미지를 사람들의 인식 속에 심어 주었다.

그러나 이때까지만 해도 에릭은 수염과 관련된 콘텐츠를 올리는 블로거에 불과했다. 전환점은 뉴욕타임스의 기사였다. 뉴욕타임스가 수염 문화에 대한 기사를 작성하면서 에릭과 어반 비어즈맨을 주요 사례로 인용했고, 이로 인해 커뮤니티에 대한 관심이 폭발적으로 증가한 것이다. 에릭은 이 기회를 활용해 친구인 린지 라인더스*Lindsey Reinders*, 제러미 맥기*Jeremy McGee*와 함께 수염 관리 브랜드 비어드브랜드를 론칭했다.

비어드브랜드의 첫 제품은 '비어드 오일'이었다. 이 제품은 단순한 원료 조합과 간단한 공정으로 약 80%의 높은 마진율을 확보할 수 있었다. 일반적으로 비어드 오일은 약 90%의 베이스 오일*Carrier oil*과 10%의 에센셜 오일*Essential oil*로 구성된다. 에센셜 오일은 베이스 오일보다 수십 배 비싸지만, 피부 자극을 유발할 수 있어 저렴한 베이스 오일로 반드시 희석해야 하는 제품이다. 이렇게 높은 마진율을 낼 수 있는 제품을 선택한 덕분에 비어드브랜드는 빠르게 현금흐름을 확보하며 브랜드의 기반을 구축하고, 이후 수염용 밤, 소프트너, 트리머, 향수 등으로 제품군을 확장해 나갈 수 있었다.

이 과정에서 비어드브랜드는 새로운 질문을 던졌다. '왜 수염은 매

출처: beardbrand.com

일 관리하지 않을까?' 비어드브랜드는 이런 발상에서 출발하여 머리를 감고, 스킨케어를 하고, 스타일링을 하듯 수염 관리도 남성의 일상 루틴이 될 수 있다는 관점을 제시하며, 그 방법과 기준을 구체적으로 안내했다. 그리고 이 과정을 글과 영상, 콘텐츠를 통해 반복적으로 보여 주며 소비자가 '아, 수염도 매일 관리해야 하는구나'라고 자연스럽게 받아들이도록 만들었다.

4천 개의 포스팅 = 4천 번의 고민과 시도

비어드브랜드의 제품 중 세상에 존재하지 않던 것은 없다. 하지만 비어드브랜드는 수염에 씌워졌던 '덥수룩하다', '깔끔하지 않다'는 부정적 프레임을 벗기고, 자기 표현의 도구이자 개성의 상징으로 재정의했다. 즉, 비어드브랜드가 판매한 것은 제품이 아닌 수염을 관리하는 문화와 습관인 것이다.

비어드브랜드는 어떻게 고작 콘텐츠를 통해 사람들의 생각을 바꾸고, 루틴을 만들어 낼 수 있었을까? 비어드브랜드는 턱수염, 콧수염, 라이프스타일, 제품 사용 가이드 등 9개의 카테고리에서 1천 개 이상의 아티클을 발행했다. 이는 단순히 트래픽을 모으거나, 브랜드의 구색을 갖추기 위한 용도가 아닌 10년 이상 지속하고 있는 브랜드의 정체성 그 자체다.

그 밖에도 1,900여 개의 유튜브 영상과 4천여 개의 인스타그램 게시물 등 비어드브랜드는 다양한 형태의 콘텐츠를 통해 수염에 대한 인식을 바꾸기 위해 지속적으로 노력해 왔다. 비어드브랜드의 유튜브 채널에 게재된 영상의 총 조회 수는 5억 회가 넘는다. 가장 인기 있는 영상의 조회 수는 무려 1천만 회 이상이다.

덕분에 수염에 관심 있는 사람들이 모이며 자연스럽게 커뮤니티가 형성되었고, 상업적인 계정임에도 불구하고 비어드브랜드의 SNS 계정 팔로워는 200만 명이 훌쩍 넘게 되었다.

무슨 이야기든 13년 동안 꾸준히 전달한다면 인식을 바꾸고, 비슷한 결을 가진 사람들을 모아 문화를 만들어 나갈 수 있지 않을까? 13년 동안 모은 팔로워가 200만 명이라면 그리 많지 않다고 생각하는 사람도 있을 수 있다. 하지만 핵심은 팔로워의 절대적인 숫자가 아니라 '어떤 팔로워를 모았느냐'다. 비어드브랜드는 단순히 많은 사람을 모은 것이 아니라, 수염에 대한 가치관을 공유하는 충성도 높은 커뮤니티를 형성했다.

브랜드를 보여 주는 방법: 설득 vs 경험

만약 브랜드를 만드는 데 있어서 제품 사진과 카피, 무드 등 쇼핑몰의 전체적인 톤앤매너를 고민 중이라면 비어드브랜드의 공식 몰을 참고해 보기 바란다. 제품의 사진과 카피가 전하는 메시지, 콘텐츠 연계까지 모두 '브랜드 경험을 파는 쇼핑몰'의 이상적인 사례다.

브랜드의 카피와 디자인, 로고 등은 모두 하나의 콘텐츠로 기능한다. 문제는 이런 콘텐츠들은 만들어 놓는 것으로 끝나지 않고 어디에, 어떻게 노출하느냐에 따라 가치가 달라진다는 것이다.

만약 비어드브랜드처럼 직접 브랜드의 콘텐츠를 노출시킬 수 없다면, 그것을 가장 잘 보여 줄 수 있는 인플루언서, 플랫폼, 또는 광고 채널을 활용해 노출을 위임해야 할 것이다. 하지만 이 과정에서 금전적 지출은 물론 정확한 타깃에게 도달하기 위한 고민을 하느라 많은 자원을 소모하게 된다.

그렇기 때문에 오가닉 바이럴이 가능한 SNS 채널을 직접 운영하는 건 브랜드에게 큰 강점이 된다. 축적된 콘텐츠 덕분에 내 브랜드를 좋아할 만한 사람들을 알고리즘이 대신 찾아 주기 때문이다. 브랜드에게 SNS가 필수라는 뜻은 아니지만, '내 브랜드를 어디에 어떻게 보여 줄 것인지, 그리고 그 방식이 내 브랜드에 적합한지'에 대한 고민은 반드시 필요하다.

소비자가 낯선 브랜드를 받아들이는 방식에는 크게 두 가지 흐름이 있다. 하나는 설득 이후에 경험하는 방식이고, 다른 하나는 경험을 통해 이해하게 되는 방식이다. 브랜드가 스토리와 가치를 전달하는 오가닉 트래픽을 만들 수 있다면, 소비자는 그 메시지를 납득한 상태에서 제품을 경험하게 된다. 이 경우, 브랜드가 주도권을 가지고 내러티브를 설계할 수 있다. 반대로 제품이나 서비스를 먼저 접한 고객이 나중에 브랜드를 이해하게 되는 경우도 있다. 이때는 브랜드가 직접 설명하는 게 아니라 고객이 스스로 해석하게 되기 때문에 메시지 전달에는 한계가 있지만, 경험을 통해 신뢰는 더 깊어질 수 있다.

중요한 건, 이 두 방식 중 어떤 흐름이 내 브랜드에 더 적합한지 고민해 보는 것이다. 그리고 그 고민은 '어떻게 보여 줄 것인가'라는 질문으로 이어진다. 여기서 한 가지 분명한 사실은 어떠한 방식이든 기록이 기회를 만든다는 것이다. 이 책에서 소개한 해외의 스몰 브랜드들뿐만 아니라, 신발 사진을 올리는 커뮤니티에서 쇼핑몰 비즈니스가 된 무신사, 뉴스레터에서 지식플랫폼이 된 뉴닉 등 꾸준한 기록을 통해 자신들만의 가치를 만들어 낸 국내의 브랜드 사례도 많이 있다. 작은 콘텐츠 하나하나가 쌓여 브랜드의 정체성을 만들고, 소비자와의 접점을 넓히며, 결국 지속가능한 비즈니스 모델로 발전할 수 있는 기반이 되는 것이다.

그렇다면 '내 브랜드에는 어떤 방식이 더 적절할지 어떻게 판단할 수 있을까'라는 궁금증이 생길 것이다. 아쉽지만 정답은 없다. 브랜드의 성격과 창업자의 스타일, 그리고 자원이 어디에 집중되어 있는지에 따라 달라진다.

만약 스토리텔링에 강하고 콘텐츠를 만드는 데 익숙하다면, 초기에 브랜드 메시지를 명확히 설계해 설득하고 경험하게 하는 구조가 더 효율적일 수 있다. 반면 제품적인 차별성이 있거나 오프라인 매장이 있는 브랜드라면 경험을 통해 신뢰를 쌓고 브랜드를 이해하게 하는 구조가 더 적합하다.

우리는 제품의 퀄리티가 상향평준화된 시대를 살고 있다. 이는 제품성만으로는 차별성을 만들고 고객의 선택을 받기 어렵다는 것을 뜻한다. 하지만 새로운 관점을 제시하고, 그 관점에 공감하는 사람들을 모은 후 함께 문화를 만들 수 있다면 이야기는 달라진다. 중요한 것은 일관된 메시지를 꾸준히 전달하는 것이다. 수염에 대한 인식을 바꾸기 위해 13년간 콘텐츠를 쌓아 온 비어드브랜드처럼.

비어드브랜드의 성공 스토리 3줄 요약

1. 수염을 '자기 표현의 도구이자 개성의 상징'으로 포지셔닝하며, 부정적 인식을 긍정적으로 전환시켰다.

2. 비어드 오일에서 시작해 수염용 소프트너, 트리머, 향수 등으로 제품을 확장하고, 구체적 사용 시나리오를 제시해 수염 관리를 하나의 루틴으로 만들었다.

3. 1천 개의 아티클, 1,900개의 유튜브 영상, 4천 개의 인스타 게시물 등 꾸준한 콘텐츠를 통해 새로운 관점을 제시하고, 그 관점에 공감하는 사람들과 함께 문화를 만들 수 있었다.

일단 살아남는 게 중요하다 : 구더*goodr*

스몰 브랜드 창업을 준비하는 사람들이 가장 많이 하는 고민 중 하나는 "시장이 너무 작은 것 같다"는 것이다. 하지만 첫 제품이 타깃하는 시장의 사이즈는 생각보다 중요하지 않을 수 있다. 오히려 작은 시장을 타깃해야 생존 확률이 올라간다.

대부분의 스몰 브랜드가 관심을 갖는 사업 아이템들은 투자자 관점에서 잠재적 성장 가능성이 제한적으로 보이는 제품들이다. 그렇기 때문에 개인 자본으로 사업을 시작해야 하고, 기술 기반 스타트업처럼 몸집을 불리기 위해 오랜 기간 적자를 감당하는 전략은 현실적으로 불가능하다.

자본력이 제한된 스몰 브랜드에게 가장 중요한 것은 외형적 성장이 아닌 내실이다. 더 많은 수익을 위해서는 큰 시장을 타깃해야 하고, 브랜드 구축을 위해서는 적자 기간을 감수해야 한다는 말이 '이론상으로는' 맞다. 하지만 이것이 모든 브랜드에게 적용할 수 있는 절대적인 정답은 아니다. 핵심은 규모와 상관없이 일단 수익을 만들어야 사업을 지속할 수 있고, 생존을 해야 스케일업 기회를 잡을 수 있다는 것이다. '버티는 기간'은 짧을수록, 손실은 적을수록 좋다.

결국 시장의 사이즈는 작게라도 살아남은 후에 고민해도 늦지 않다. 작은 시장에서 명확한 포지션을 확보한 다음, 브랜드 인지도와 축적된 자본을 바탕으로 더 큰 시장으로 확장하는 전략이 더 현실적일 수 있다.

러너용 선글라스라는 작은 시장에서 시작해 연 매출 600억 이상의 스포츠 선글라스 브랜드가 된 구더*goodr*의 성공 스토리를 통해 니치하게 시작해 시장을 확장하는 방법에 대해 알아보자.

살아남아야 뭐라도 한다

구더는 기존 스포츠용 선글라스의 투박한 디자인과 비싼 가격에 불만을 품은 러너들이 시작한 브랜드다. 창업자인 스티븐 리스*Stephen Lease*와 벤 에이벨*Ben Abell*은 재미있고, 스타일리시하고, 기능적이면서도 가격은 합리적인 선글라스를 만들고 싶었다. 하지만 수요 예측이 어려운 니치한 마켓이었기 때문에 외부 투자를 받기보다는 리스크를 줄이며 직접 실험하는 방식을 선택했다.

앞서 말했듯, '내 돈'으로 사업을 하는 스몰 브랜드에게 가장 중요한 것은 일단 살아남는 것이다. 생존을 위한 방법에는 크게 두 가지가 있다. 매출을 늘리거나 지출을 줄이거나. 매출을 늘리는 게 멋져 보일 수는 있지만 노력만으로 되는 것이 아니기 때문에 사업 초반에는 지출을 줄이는 것 역시 중요하다.

두 창업자는 지출을 최소화하기 위해 알리바바를 통해 샘플 제작을 시도했다. 하지만 디자인이 특이한 데다 주문량마저 적어서 100곳이 넘는 제조사에서 거절당한 끝에 겨우 첫 제품을 만들 수 있었다.

제품의 수를 늘려 브랜드의 구색을 갖추기 어려운 초기 단계에는 명확한 콘셉트로 강렬한 이미지를 전달하는 것이 중요하다.

SNS를 많이 하는 사람이라면 '깔꼬 울루우'라는 가게를 한 번쯤 본 적이 있을 것이다. 독특한 상호로 뉴스에까지 소개된 두루치기 집이다. 아이와 함께 많은 시간을 보내지 못하는 것에 대한 미안한 마음에 당시 초등학생이던 막내아들이 지은 '외계어'를 그대로 사용한 상호라고 한다. 독특한 이름과 재미있는 스토리가 인터넷에서 화제가 되며 8만 명 이상이 좋아요를 누를 정도로 유명세를 타게 되었다.

이렇듯 독특한 네이밍은 브랜드에게도 효과적인 마케팅 수단이 될 수 있다. 구더의 첫 제품명은 '술 파티 크루즈에 탄 플라밍고들*Flamingos on a Booze Cruise*'이다. 이는 '진지한 스포츠 시장에 유쾌함을 더하자'라는 브랜드의 철학을 보여 주는 제품명이다.

이 밖에도 장애물 달리기를 타깃한 '난 스턴트를 직접 해요*I Do My*

출처: goodr.com

Own Stunts'나 입문자를 타깃한 '이거 내가 골랐어요*I Picked These Myself*' 등 독특한 네이밍을 통해 러너들의 아이덴티티를 표현할 수 있는 아이템으로 포지셔닝했다.

또한 제품명에 따라 달라지는 디자인과 민트, 주황, 보라 등 화려한 컬러 매치를 적극 활용해 기존의 지루한 스포츠 선글라스에 질린 사람들의 취향을 저격했다.

예를 들어 '술 파티 크루즈에 탄 플라밍고들'은 브랜드의 마스코트인 플라밍고의 깃털을 연상시키는 핫핑크 프레임과 눈동자를 형상화한 청록색 미러 렌즈를 통해 '유쾌함'이라는 브랜드의 철학을 시각적으로 표현하며, 소비자들에게 강렬한 인상을 남길 수 있었다.

작은 시장에서 살아남는 방법

구더는 러닝용 선글라스라는 작은 시장을 겨냥했다. 여기서 가격까지 비싸다면 진입장벽이 높아져 잠재 소비자는 더욱 적어질 수밖에 없었을 것이다. 구더는 비싸서 못 사는 브랜드가 아닌, 자주 사고 기분 좋게 사용할 수 있는 브랜드가 되는 것을 지향한다. 이를 위해 모든 제품을 25~35달러 정도의 균일가로 판매하며 달리기용 선글라스에 대한 접근성을 높였다.

명확한 타깃과 유쾌한 네이밍, 그리고 기존 선글라스 대비 20% 수준에 불과한 저렴한 가격 덕분에 구더는 창업 초기부터 하루에 40개 이상의 선글라스를 판매할 수 있었다. 즉, 니치한 시장을 타깃했기 때문에 빠르게 시장 반응을 확인하고, 브랜드의 기반을 다질 수 있었던 것이다.

'아니, 고작 25달러 하는 선글라스를 하루에 40개 파는 게 뭐가 그렇게 대단하다는 거야?'라는 생각이 들 수도 있다. 하지만 당시 구더의 직원은 스티븐과 벤뿐이었다. 그래서 3천 원 안팎의 선글라스 제작 단가와 패키징, 물류비, 광고비를 감안하더라도 브랜드를 지속시킬 충분한 수익 구조가 되었던 셈이다.

그래봤자 중국산 싸구려 선글라스 아니냐고? 전 세계 선글라스의 약 80%가 중국에서 제작된다고 한다. 하지만 기존 선글라스가 비싼 이유는 전통적인 광고와 스폰서십 비용, 그리고 필요 이상의 기능을 추가한 프리미엄 전략 때문이다.

구더는 러닝 커뮤니티 중심의 마케팅으로 광고 비용을 절감했다. 또한 미끄럼 방지, 흔들림 방지, 100% UV 차단이라는 세 가지 핵심 기능만 남기고 렌즈 교체나 하드케이스, 유광 프레임과 같은 불필요한 사양은 제외하며 단가를 낮추었다. 그리고 여기에 30일 무료 반품과 1년 품질보증을 통해 제품에 대한 신뢰를 구축했다.

소박하게 시작한 만큼 구더가 내리는 모든 선택의 기준은 단 두 가지뿐이었다. '매출을 올리거나, 팬을 만드는 데 기여하거나'.

스티븐은 한 인터뷰를 통해 "우리는 돈이 없었기 때문에 진짜 필요한 일만 하게 됐고, 그게 오히려 우리를 성장시켰다"라고 이야기했다. 돈이 없으니 광고보다 콘텐츠로 유입을 만들어야 했고, 덕분에 브랜드 메시지가 더욱 명확해질 수 있었다.

그리고 포장과 배송, 고객 응대, 인스타그램 콘텐츠 제작까지 창업자들이 직접 처리하며 브랜드의 아이덴티티가 일관성 있게 유지된 덕분에 단순히 싸고 독특한 선글라스가 아닌, '정체성이 담긴 아이템'이 될 수 있었다.

니치에서 메이저로

작은 시장을 타깃해 빠르게 안정적인 현금흐름을 만들고 명확한 아이덴티티를 구축했다면, 이제는 타깃을 확대해 매출을 늘릴 차례다.

구더는 젊은 소비자층이나 소규모의 커뮤니티에서 사랑받는 브랜드다. 이는 대형 브랜드가 갖지 못한 장점으로, 치토스, 던킨도너츠, 리복 등 대형 브랜드와의 콜라보로 이어질 수 있었고, 대중적인 인지도는 물론 타깃 시장을 넓히는 데에도 큰 역할을 했다.

콜라보 제품 역시 '치즈 맛이 나는 것은 쉬운 일이 아니다*It's Not Easy Being Cheesy**', '던킨이란 말에 마음을 빼앗겼지*You Had Me At Dunkin***'처럼 재치 있는 네이밍과 한정판 전략으로 러너들의 구매 욕구를 자극했다.

특히 리복과의 컬래버레이션은 선글라스와 운동화를 세트로 출시하며 큰 주목을 받았다. 이를 통해 리복은 구더의 유쾌하고 젊은 이미지를, 구더는 스포츠 브랜드로서 전문성과 신뢰를 확보할 수 있었다.

구더는 또한 미국 사이클링 국가대표 팀과 피클볼 리그와의 파트너십을 통해 각 스포츠에 특화된 선글라스를 출시하며 러닝뿐만 아니라 다양한 스포츠 분야로도 입지를 넓히고 있다. 참고로 피클볼은 미

---

* 치토스의 슬로건 'It ain't easy being cheesy'을 활용한 언어유희.

** 영화 〈제리 맥과이어〉에 나온 유명한 대사 "You had me at hello"를 패러디한 문구.

국에서 빠르게 성장하고 있는 스포츠 중 하나로, 밀레니얼의 비중이 특히 높다고 한다. 하지만 아직 시장의 크기가 크지 않아 나이키나 오클리 같은 대형 브랜드들이 본격적으로 진입하지 않은 상태이다.

즉, 구더는 러닝용 선글라스에 이어 피클볼용 선글라스라는 새로운 화이트 스페이스를 빠르게 포착하고 선점했다. 이는 리복이 과거 북미 시장에서 대형 브랜드로 성장할 수 있었던 전략과 유사하다.

1980년대 초반, 여성 에어로빅 열풍이 북미를 강타했다. 나이키와 아디다스 같은 메이저 브랜드는 에어로빅을 진지한 스포츠로 받아들이지 않았지만, 리복은 빠르게 여성 전용 에어로빅화를 출시하며 작은 시장을 선점했고, 잠시나마 나이키를 제치고 북미 1위 스포츠 브랜드로 올라서는 성과를 거두기도 했다.

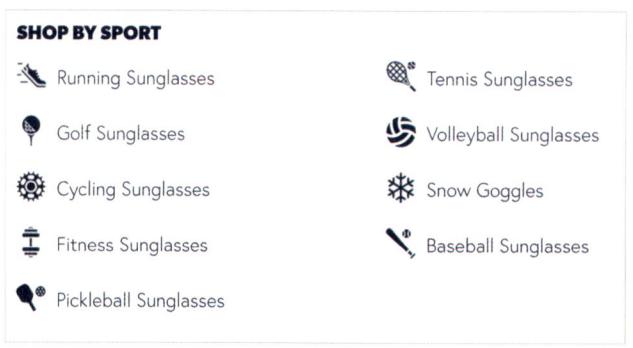

출처: goodr.com

러닝용 선글라스라는 작은 시장에서 시작한 구더는 현재 골프, 사이클링, 테니스, 야구 등 9개의 카테고리에서 200개 이상의 선글라스를 판매하는 스포츠 브랜드로 성장했다. 이러한 카테고리 확장을 통해 하루에 고작 30~40개의 선글라스를 팔던 구더는 1년에 600억 이상의 매출을 올리는 브랜드로 성장할 수 있었다.

사업 초기에 시장의 크기보다 중요한 것은 생존이라는 말, 이제 공감이 될 것이다. 큰 시장을 노리기 전에, 작더라도 명확한 나만의 영역을 만드는 것이 우리가 주목해야 할 성장 전략 아닐까?

구더의 성공 스토리 3줄 요약

1. 스포츠용 선글라스는 가격이 비싸고 디자인이 투박하다는 사실에 불만을 가진 러너들이, 자신들의 개성을 표현할 수 있는 유쾌하고 저렴한 러닝용 선글라스를 만들었다.

2. 포장과 배송, 고객 응대, 콘텐츠 제작 등 모든 일을 창업자들이 직접 처리한 덕분에 브랜드의 아이덴티티를 일관되게 전달할 수 있었고, 그 결과 '러너들의 정체성이 담긴 브랜드'로 인식될 수 있었다.

3. 다양한 컬래버레이션과 카테고리 확장 전략을 통해 러닝용 선글라스를 넘어 '스포츠 선글라스 브랜드'로 자리 잡을 수 있었다.

작은 아이디어를 큰 브랜드로 키우는 법
: 블렌드젯*BlendJet*

일상 속에서 우리는 다양한 종류의 물통을 사용한다. 카페에서는 텀블러, 운동 후에는 쉐이커 보틀, 평소엔 물을 담는 일반 물병까지. 특히 헬스장이나 카페를 자주 이용하는 사람이라면, 가방 속에 물통만 두 개씩 넣고 다니는 일도 그닥 낯설지 않다. 그리고 이런 경험은 자연스럽게 한 가지 질문으로 이어진다.

만약 보온 기능과 쉐이킹 기능을 모두 갖춘 물통이 있다면, 가방은 더 가벼워지고 생활은 훨씬 간편해지지 않을까? 기능을 추가하는 김에 블렌더까지 있으면 과일 주스도 바로 만들어 먹을 수 있고 더 좋지 않을까?

쓸데없는 생각 같다고? 실제로 이 '쓸데없는 생각'을 실행에 옮겨 1년에 100억 원 이상의 매출을 올리고 있는 브랜드가 있다. 바로 휴대용 블렌더 시장을 개척하고 있는 브랜드, 블렌드젯*BlendJet*. 40~50대 주부용 가전이라는 이미지가 강하던 블렌더를 건강에 관심 있는 MZ세

대의 필수품으로 만든 블렌드젯의 이야기를 만나 보자.

기능이 아닌 장면을 팔다

블렌드젯은 실리콘 밸리에서 성공적인 커리어를 쌓던 라이언 팸플린*Ryan Pamplin*에 의해 시작된 브랜드다. 사고로 심각한 뇌진탕을 입고 1년간 침대에 누워서 생활하던 그는 회복 과정에서 건강한 식습관과 영양 섭취의 중요성을 깨달았다.

매일 먹는 신선한 스무디가 건강 회복에 크게 도움이 되었지만 스무디를 만들기 위해서는 크고 무거운 블렌더를 사용해야만 하고, 세척과 이동이 불편하다는 것을 느낀 라이언은 '무선에 휴대가 가능한 즉석 스무디 블렌더'라는 아이디어를 떠올렸다. 그리고 글로벌 브랜드들의 마케팅 캠페인을 운영하며 디지털 마케팅과 퍼포먼스 광고 분야에서 경력을 쌓은 친구 존 젱*John Zheng*에게 아이디어를 공유하며 구체적으로 제품을 기획하게 되었다.

블렌드젯은 기존 블렌더들처럼 더 강한 분쇄력 같은 기능을 앞세우지 않았다. 대신 편리성을 무기로 '언제 어디서든 건강한 음료를 직접 만들어 마시고 싶어 하는' 니즈를 겨냥했다.

초기 성과를 만들어 낸 것은 '블렌더를 휴대하는 장면 자체를 보여 주는 인플루언서 마케팅'이었다. 캠핑장, 헬스장, 여행지 등에서 블렌드젯을 사용하는 모습을 보여 주며 구체적인 사용 시나리오를 제시한 것이다. 이를 통해 '휴대용 블렌더'라는 개념을 익숙하게 만들었고, 결과적으로 소비자들이 이 제품을 '필요한 물건'이라고 느끼게 했다.

출처: blendjet.com

이후 대기업들도 휴대용 블렌더를 출시했다. 하지만 이들 제품은 단지 기능으로만 휴대성을 어필했을 뿐, 블렌드젯처럼 라이프스타일을 중심으로 '언제 어디서든 건강한 음료를 만들어 마시는 경험'을 제공하지는 못하고 있다.

기능성보다는 접근성

블렌드젯이 휴대용 블렌더 시장을 개척했다고 평가받는 이유는 무엇일까? 보온병과 텀블러를 생각해 보면 이해가 쉬울 것이다. 보온병과 텀블러 모두 음료의 온도를 유지한다는 관점에서 기능은 크게 다르지 않다. 하지만 사용 맥락은 완전히 다르다. 보온병은 주로 등산이나 캠핑 같은 장기간 외출용으로, 텀블러는 회사나 카페 같은 일상적인 외출용으로 사용된다.

블렌드젯도 마찬가지다. 기존 블렌더들도 기능적으로는 휴대가 가능했지만, 주로 부엌에서 분쇄한 후 집 안에서 컵처럼 사용하는 데 그쳤다. 반면 블렌드젯은 휴대성을 극대화해 '어디서든 신선한 스무디를 만들어 마실 수 있는' 다양한 사용 환경을 제안하며 라이프스타일에 접근한 것이다.

블렌드젯의 목표는 사람들의 건강한 삶에 이바지하는 것이다. 앞서 살펴본 편리성과 휴대성도 이 목표를 달성하기 위한 수단이었다.

대부분 가정에는 블렌더가 하나쯤 있을 것이다. 그리고 높은 확률로 하부장 깊숙이 보관되어 있을 것이다. 꺼내기도 번거롭고, 세척도 귀찮아서 결국 사용하지 않게 되는 경우가 많다. 블렌드젯은 이 문제를 해결하기 위해 디자인에도 공을 들였다. 다양하고 예쁜 색상과 패턴으로 '보이는 곳에 두고 싶은 제품'으로 만들어 건강한 습관이 루틴이 될 수 있도록 설계했다. 그리고 사람들이 레시피와 블렌더 사용 경험을 활발히 공유할 수 있는 커뮤니티, 블렌드젯 레시피*BlendJet Recipes*(16만 명 이상 참여)를 제공함으로써 사용자들이 하루에 1번 이상 사용하는 블렌더가 되었다.

블렌드젯이 접근성을 높인 또 다른 방법은 합리적인 가격이다. 블렌드젯의 가격은 59.99달러로, 기존 고성능 블렌더들이 100~300달러인 것과 비교하면 진입 장벽이 낮다. 이는 프리미엄 텀블러 가격대와 비슷한 수준이다. 어떤 이들에게는 단순한 아이디어 상품을 고성능 블렌더와 같은 선상에서 비교하는 것이 타당해 보이지 않을 수 있다. 하지만, 과연 그럴까?

눈에 띄는 콘텐츠 + 눈에 익는 콘텐츠

블렌드젯은 현재 100개국 이상에 수출되며 단순한 아이디어 상품을 넘어선 브랜드로 자리 잡았다. 특히, 브랜드 메시지를 창의적인 방식으로 시각화하며 자사의 가치를 효과적으로 전달하고 있다. 대표적인 예가 우주 광고 전문 회사와 협업한 '우주로 간 블렌더*Blender in Space*' 마케팅이다.

이 광고는 블렌드젯 2*BlendJet 2*를 성층권에 발사해 실제로 작동시키는 모습을 보여 주며 '어디서든 블렌딩하세요*Blend anywhere*'라는 브랜드 메시지를 시각적으로 구현했다. 이를 통해 브랜드 인지도를 높이는 동시에 '언제 어디서든 자신들의 제품을 사용할 수 있다'는 가치를 소비자에게 강력하게 전달했다. 이는 기존 사용자들에게는 제품에 대한 애정을, 신규 고객들에게는 제품력을 입증하는 계기가 되었다.

이 마케팅 이후 남성 고객 비율이 크게 증가했으며, 기존의 '여성용 주방 가전' 이미지를 벗어나 젊고 액티브한 브랜드로 이미지를 확장할 수 있었다.

블렌드젯의 진짜 강점은 꾸준함에 있다. 실리콘 밸리 출신의 창업자, 블렌더를 우주까지 보내는 획기적인 마케팅 등을 보면 화제성 있는 콘텐츠를 가끔씩 터뜨리는 브랜드가 아닐까 생각된다. 하지만 실

출처: blendjet.com

제로 블렌드젯은 놀랍도록 성실한 브랜드다.

블렌드젯의 SNS에는 경쟁사 대비 2배 이상 많은 콘텐츠가 올라와 있다. 블렌드젯이 단일 제품을 판매하는 브랜드라는 점을 고려하면, 소비자와 만날 수 있는 접점을 수십 배 더 많이 만들어 낸 셈이다. (참고로, 대표적인 경쟁사의 제품 수는 45개이다.)

감도는 재능의 영역이기 때문에 따라잡기 쉽지 않다. 하지만 꾸준한 실행은 노력으로 가능하다. 즉, 감도 높은 콘텐츠로 '가끔씩 대박'을 터뜨리는 브랜드보다, 적당한 감도의 콘텐츠를 '자주' 쌓는 브랜드가 소비자에게 인식되는 데 더 유리하고, 블렌드젯은 그것을 잘 실행한 브랜드인 것이다.

어떻게 몇 년 동안 이렇게 꾸준히 콘텐츠를 만들 수 있었을까? 블렌드젯처럼 작은 브랜드일수록 '나로부터 시작하는 것'이 중요하다. 뇌진탕을 입고 1년간 회복하는 과정에서 매일 스무디를 먹으며 건강을 회복한 경험을 한 라이언에게는 레시피 영상을 만드는 것이 특별한 노력을 필요로 하지 않는 일상적인 일이었다. 하지만 이것을 공유한 결과 블렌드젯은 SNS 팔로워 100만 명을 달성(인스타그램 74만 명, 틱톡 23만 명, 유튜브 6만 명)했다. 블렌드젯이라는 브랜드가 가진 지속가능성의 비결은 거창한 전략이 아니라 창업자의 경험이었다.

이메일 마케팅이 아직도 유효하다고?!

이 콘텐츠들은 레시피로 가공돼 홈페이지에 올라가고 있다. 홈페이지에서 레시피를 살펴보다 보면, 이메일 주소를 입력하면 15% 할인 쿠폰을 준다는 팝업이 등장한다. 이는 단순히 고객의 데이터를 모으기 위한 수단이 아닌, 블렌드젯의 강력한 마케팅 툴이다. 30일 만에 이메일만으로 60만 달러 이상의 매출을 기록한 적이 있을 정도다.

이메일은 굉장히 오래된 마케팅 수단이다. 하지만 플랫폼에 의존하지 않고 고객과 직접 소통할 수 있는 몇 안 되는 도구이기도 하다. 블렌드젯에게 이메일 마케팅은 단순히 할인 소식을 전달하는 도구가 아니다. 그들은 고객을 행동에 따라 3개 그룹으로 세분화해(이메일을 열지 않은 고객, 이메일은 열었지만 구매하지 않은 고객, 구매한 고객) 각 그룹별로 완전히 다른 접근 방식을 취했다.

가장 눈에 띄는 것은 블랙프라이데이 기간의 공격적인 발송 전략이다. 이메일을 열지 않은 고객에게는 같은 이메일을 여러 번 재발송하고, 이메일은 열었지만 구매하지 않은 고객에게는 즉시 다른 내용의 이메일을 발송했다. 심지어 하루에 여러 번, 밤낮 없이 발송하며 고객의 눈에 띄도록 했다. 그 결과 블랙프라이데이에 이메일 하나만으로 하루에 2만 6천 달러의 매출을 기록했고, 30일간(11월 17일~12월 17일) 총 621,970달러의 매출을 달성했다. 즉, 블렌드젯의 이메일은 '정중한 안내'가 아니라 '공격적인 매출 창출 수단'이었던 것이다.

블렌드젯이 보여 준 건 '꾸준히 밀고 나가는 것'의 힘이다. 업계의 기존 문법을 따르지 않고, 휴대성과 라이프스타일에 집중했으며, 창업자의 경험과 커뮤니티를 활용해 콘텐츠를 쌓고, 기능보다 맥락에 집중한 실용적인 커뮤니케이션 전략으로 글로벌 시장을 개척해 냈다. 결국 중요한 건 완벽한 전략이 아니라, 끊임없이 실행하고 개선하며 정답을 찾아 가는 과정이다.

블렌드젯의 성공 스토리 3줄 요약

1. 캠핑, 헬스장, 여행지 등 일상의 다양한 사용 시나리오를 구체적으로 제시하며 블렌더를 주부용 가전이 아닌 '언제 어디서든 건강한 음료를 직접 만들어 마시는 경험'으로 포지셔닝했다.

2. 감도 높은 콘텐츠로 '가끔씩 대박'을 터뜨리기보다, 적당한 감도의 콘텐츠를 '자주' 쌓는 전략으로 경쟁사 대비 수십 배 많은 소비자 접점을 만들어 냈다.

3. 천 개의 레시피와 고객 행동에 맞춘 이메일 마케팅을 통해 사용 빈도와 구매 전환을 극대화하며, 단일 제품으로도 지속적인 성장을 만들어 냈다.

죽을 고비가 만들어 낸 테크 블랭킷 브랜드 : 럼플*Rumpl*

파타고니아는 암벽 등반계의 전설적인 클라이머가 자신이 사용한 피톤(등반용 못)이 암벽을 훼손한다는 사실을 깨닫고 바위를 해치지 않는 알루미늄 초크를 만들며 시작된 브랜드다. 자연을 정복하는 것이 아니라 조화롭게 공존하겠다는 철학은 브랜드의 뿌리가 되었고 지금의 파타고니아를 만들었다.

친환경 아웃도어 의류 시장은 사실상 파타고니아가 장악했다. 이제 이 시장에서 기존의 접근 방식으로는 파타고니아의 아성을 넘지 못할 것이다. 하지만 담요와 우의 같은 아웃도어 '소품' 영역에서도 그럴까?

여기, 침낭이나 패딩에 쓰이는 고성능 소재를 담요에 적용해 '테크 블랭킷*Tech Blanket*'이라는 새로운 카테고리를 만들어 낸 브랜드가 있다. 친환경과 기능성, 스타일을 모두 잡으며 '담요계의 파타고니아'로 불리게 된 브랜드, 럼플*Rumpl*의 이야기이다.

출처: rumpl.coma

왜 담요는 침낭만큼 기능적이지 않을까?

럼플은 그야말로 '죽을 고비'를 넘기며 탄생한 브랜드다. 평소 아웃도어 활동을 즐기던 창업자 와일리 로빈슨*Wylie Robinson*은 한겨울 스키 투어 중 차량 고장으로 비포장도로에 고립됐다. 시동이 걸리지 않는 밴 안에서 그는 침낭을 몸에 감싸고 위스키를 마시며 구조를 기다려야 했다. 극한의 환경 속에서 그는 문득 생각했다. "왜 담요는 침낭처럼 따뜻하고 기능적이지 않을까?" 이 질문에서 출발한 아이디어는 곧 고성능 침낭 소재를 활용한 테크 블랭킷으로 이어졌고, 이것이 럼플의 시작이 되었다.

샌프란시스코로 돌아온 와일리는 동네 원단 가게에서 직접 첫 캠핑 담요를 만들었다. 그리고 첫 프로토타입을 친구들에게 테스트한 뒤 크라우드 펀딩을 시작했다. 재미있는 사실은 크라우드 펀딩 과정에 마케팅 비용을 전혀 쓰지 않았다는 것이다. 당시에는 기능성 캠핑 담요 자체가 신선한 아이템이었기 때문에 아웃도어 관련 유명 매체에서 자연스럽게 다뤄 줬고, 그걸 본 사람들이 자발적으로 SNS에 공유하면서 크라우드 펀딩 캠페인이 확산됐다. 그 결과 20만 달러 모금에 성공했고, 사업을 위한 초기 자금을 조달할 수 있었다.

'캠핑 담요에 무슨 혁신이 필요하다는 거야?'라는 생각이 들 수도 있다. 나 역시 그렇게 생각했다. 하지만 와일리의 이야기를 들어보면 생각이 달라질 것이다.

모두가 매일 이불을 사용한다. 그렇기 때문에 이불은 꾸준히 개선되어 왔다. 그리고 같은 기간 동안 아웃도어 기어와 운동복에서도 소재 혁신이 활발하게 이루어졌다. 하지만 수십 년 동안 캠핑 담요를 업그레이드하려고 시도한 사람은 그 누구도 없었다. 럼플이 한 일은 단순하다. 이미 존재하던 소재를 '캠핑 담요'에 적용한 것뿐이다.

출처: rumpl.com

그 정도의 혁신은 누구나 할 수 있는 게 아니냐고? 맞다. 와일리는 현재 럼플의 직접적인 경쟁 브랜드가 15개 이상이라고 이야기한다. 하지만 바로 그 점 때문에 럼플이 만들어 낸 테크 블랭킷이라는 카테고리가 강력한 것이다. 담요를 처음 만든 것은 럼플이 아니지만, 테크 블랭킷을 처음 만든 건 럼플이다. 이 작은 세상에서는 럼플이 애플이자 테슬라인 셈이다.

경쟁사들이 단순한 기능과 스펙, 가격 등 정량적인 요소를 강조할 때, 럼플은 디자인과 브랜드 스토리, 환경 윤리, 커뮤니티 후원 등 감성적 가치에 집중했다. 럼플의 담요는 1개당 재활용 플라스틱 병 60개를 사용해 제작된다. 그리고 탄소 중립 100% 달성, '지구를 위한 1%*1% for the Planet*' 프로그램을 통한 수익 기부 등 다양한 사회적 가치를 실현하고 있다. 즉, 럼플은 '따뜻한 담요'를 넘어 '자연을 사랑하는 사람들을 위한 선택지'인 것이다.

마케팅 레버리지

2014년에 시작된 럼플은 45만 달러 매출에서 시작해, 4년 만에 500만 달러까지 10배 이상 성장했다. 그리고 이 과정에서 총 480만 달러(약 63억 원) 투자 유치에도 성공했다. 이후 60만 달러를 추가로 투자받기 위해 지분 4%를 제안하며 미국의 사업 오디션 TV 프로그램 '샤크탱크*Shark Tank*'에 출연했지만, 투자자들은 1,500만 달러라는 기업가치가 과도하게 높다며 지분 10%를 요구했고, 결국 거래는 무산되었다. (현재 럼플은 기업가치 1억 달러 이상으로 평가받고 있다. 만약 당시 출연진이 와일리가 제안한 4% 지분을 60만 달러에 인수했다면, 지금쯤 그 가치는 500만 달러를 넘겼을 것이다.)

럼플은 샤크탱크에서 투자 유치에는 실패했지만, 브랜드 홍보에는 대성공을 거뒀다. 방송 직후 대중적 관심이 급증했고, 몇 달간 재고가 매진되는 등 폭발적 반응을 얻으며 브랜드 인지도가 크게 상승했다. 방송 중에 "출연의 진짜 목적은 투자보다 무료 광고 아니냐"라는 비판이 나왔을 정도였다. 실제로 럼플은 2016년 첫 출연 제안을 받았지만, 전략적으로 시점을 조율하다가 2020년에 출연을 결정했다.

하지만 우리가 이를 비난할 필요는 없다. 배울 점이 있을 뿐. 샤크탱크 출연 제의가 처음 들어왔던 2016년은 아직 성장 초기로, 투자가 정말 필요했던 시기였다. 하지만 낮은 밸류에이션으로 많은 지분을 양보해야 했을 것이다. 반면 2020년은 이미 의미 있는 성장을 이루어낸 이후로, 협상력이 강해진 상태였다. 따라서 1,500만 달러라는 높은 가치로 당당하게 협상이 가능했다. 즉, 와일리는 샤크탱크를 투자가 아닌 마케팅 채널로 레버리지한 것이다.

브랜드 정체성 vs 시장 확장

럼플은 그다음 해에 NFL*National Football League*과 라이선스 계약을 체

결하며 32개 팀 로고와 마스코트를 담은 담요를 전국의 스포츠 팬들을 겨냥해 출시했다. 이 담요는 팬들이 경기장에서 팀 로고를 통해 소속감을 드러내며 따뜻하게 경기를 관람할 수 있게 해 준다. 이는 야외 스포츠 문화와 캠핑을 연결하는 새로운 시도이자, 고객층 확장을 위한 전략이었다.

추운 날씨에 관중은 몇 시간 동안 야외에 앉아 있어야 하고, 몸을 따뜻하게 유지할 아이템이 필요하기 때문에 언뜻 보면 합리적인 협업처럼 보인다. 그러나 문제는 럼플이 단순히 따뜻한 담요가 아닌, 디자인과 친환경 철학이 담긴 브랜드라는 점이었다.

NFL과 같은 대중 스포츠 이벤트 중심의 라이선스 협업은 일시적 관심은 얻을 수 있어도 브랜드의 감성과 철학과는 거리가 있었다. 오히려 '자연 속에서 나만의 여유를 즐긴다'는 기존 팬층과의 간극이 생기게 되었다. 그 결과 NFL 협업은 한 시즌밖에 지속되지 못했다. 그리고 인기 없는 팀들의 재고 처리 문제로 수익성이 예상보다 낮았다고 와일리는 회고했다.

NFL 협업 이후, 럼플은 본연의 가치로 돌아갔다. 탄소발자국 감소, 환경 단체 기부(25만 달러 이상), B Corp* 점수 상승(80.5 → 87.3) 등 브랜드 정체성 강화에 집중한 것이다. 현재 럼플은 캠핑 매트, 야외용

* 사회적·환경적 책임을 함께 지는 기업임을 인증하는 제도.

출처: rumpl.com

타월, 우의, 아웃도어 재킷 등 아웃도어 텍스타일 제품을 전문적으로 판매하고 있다. 덕분에 제품 간 일관된 디자인, 기능성, 친환경 메시지를 유지하며 브랜드 자산을 분산시키지 않고 확장할 수 있었다.

　럼플 제품의 디자인적 특징은 프린트와 일러스트 디자인을 적극 활용한 따뜻한 색감이다. 럼플은 유명 아티스트 및 디자이너와 협업한 한정판 담요를 출시하며 기능성과 감성을 모두 갖추었고, 이러한 과정을 통해 '담요 전문 브랜드'에서 '아웃도어 텍스타일 브랜드'로 확장을 꾀했다. 그 결과 럼플은 캠핑장과 인스타그램을 아우르는 유니크한 포지션을 확보할 수 있었다.

어디서, 어떻게 말할 것인가

모든 유통처는 브랜드가 소비자를 만날 수 있는 '무대'다. 아무 매장에서나 팔리면 브랜드의 메시지가 퇴색될 수 있다. 그리고 유통처가 많아질수록 통제가 어려워지고, 브랜드가 전달하고 싶은 메시지가 누락되거나 왜곡될 수 있다는 문제도 있다.

럼플은 자사몰을 중심으로 한 D2C 구조로 브랜드 통제력을 확보한 후 아웃도어 전문 매장, 스포츠용품 대형 체인으로 채널을 확장하며 신뢰와 실물 체험 기회를 제공했다. 그 후 월마트에 입점해 전국적인 접근성을 극대화했다. 이를 통해 브랜드의 가치를 지키는 동시에 매출 볼륨까지 높이는 시너지 효과를 창출할 수 있었다.

럼플의 성공은 '문제 정의의 전환'에서 출발했다. 대부분의 사람은 담요를 더 이상 개선할 수 없는 완성된 제품이라 여겼지만, 럼플은 '왜 담요는 침낭만큼 따뜻하고 기능적이지 않을까?'라는 의문을 제기했다. 그리고 이 질문은 담요가 아웃도어 활동의 보조적 수단이라는 고정관념을 깨고, 고성능 '테크 블랭킷'이라는 새로운 카테고리를 만들어 냈다.

중요한 건 기술 자체가 아니다. 이미 존재하던 기술을 어디에 적용할 것인지, 그리고 어떤 경험을 제공할 것인지에 대한 차별화된 관점이다. 우리가 럼플에게서 배워야 할 것은 테크 블랭킷이라는 아이템

이상이다. 아무도 주목하지 않았던 오래된 제품을 새롭게 바라보는 시각, 그리고 기존 시장의 프레임 밖에서 문제를 재정의하고 브랜드를 설계하는 전략이야말로 혁신의 본질이 아닐까?

럼플의 성공 스토리 3줄 요약

1. 아무도 혁신의 대상이라고 생각하지 않았던 담요에 고기능 아웃도어 소재를 접목함으로써 '테크 블랭킷'이라는 새로운 카테고리를 창출했다.

2. 방송을 홍보 무대로 활용해 브랜드를 전국에 알리고, 자사몰부터 월마트까지 유통 채널을 단계적으로 확장하며 시장을 넓혀 갔다.

3. 단순히 따뜻한 담요가 아닌, 친환경적 태도와 아웃도어 감성을 담은 라이프스타일 브랜드로 진화하며 텍스타일 전 영역으로 사업을 확장했다.

나만의 브랜드를 만들기 위한 워크시트 ②

PART 2에서 살펴본 브랜드들의 공통된 성공 전략을 분석하고, 이를 내 비즈니스에 어떻게 적용할 수 있을지 고민해 보자.

한때는 바이럴만 되면 매출은 자연히 따라온다고 생각한 적이 있다. 제품이 팔리지 않는 이유를 단순히 노출 부족이라고 생각해 매출 규모에 비해 큰 광고비를 지출하기도 했다. 하지만 광고로 만들어 낸 트래픽은 광고비를 줄이면 함께 줄어든다는 문제점이 있다. 그리고 만약 더 큰 자본을 가진 경쟁사가 시장에 뛰어든다면 노출 경쟁에서 밀릴 수밖에 없다. 그렇기 때문에 자원이 제한된 스몰 브랜드에게 노출만큼 중요한 것은 전환과 재방문이다. 그것이 바로 이 책에서 단순히 유행하는 마케팅 기법이나 SNS 운영 방식이 아닌, '브랜드를 운영하는 관점'에 주목하는 이유다.

다음 그림은 그동안 분석해 온 브랜드에서 반복적으로 발견된 공통점이다. 브랜드의 철학이 명확하면 포지션이 명확해진다. 결과적으로 무엇을 취하고 무엇을 버릴지, 어떤 언어로 소구할지가 확실해진다.

구더는 기존 스포츠용 선글라스의 투박한 디자인과 비싼 가격에 불

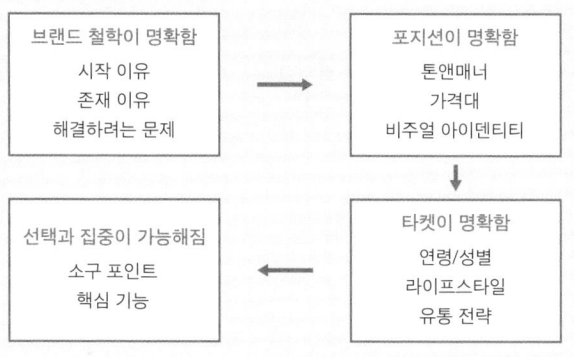

만을 품은 러너들이 시작한 브랜드다. 구더의 차별화 포인트는 재미있고 스타일리시하고 기능적이지만 가격은 합리적이라는 점이다. 그들의 타깃은 자신들과 같이 기존의 비싸고 예쁘지 않은 스포츠 선글라스에 싫증을 느낀 사람들이었다. 이를 위해 스포츠용 선글라스에 반드시 필요한 기능이 아닌 것은 과감히 제외한 결과, 기존 선글라스 대비 80% 이상 저렴한 제품을 만들 수 있었다.

누구도 구더의 선글라스를 구매하면서 '극한의 조건에서도 흐트러지지 않는 착용감'이나 '최강의 내구성' 등의 엄청난 스펙을 요구하거나 기대하지 않는다. 해결하려는 문제가 다르니 포지션이 달라졌고, 타깃 역시 달라져 자연스럽게 브랜드의 차별성이 생기게 된 것이다.

브랜드의 장점을 마냥 늘어놓기만 하는 것은 능사가 아니다. 그저 나열되기만 하는 강점은 소비자의 기억에서 금방 사라지게 된다. 단기적 판매가 아닌 장기적인 관계 형성을 목표로 하는 브랜드라면, 집중해야 할 가치는 무엇이고, 문제를 어떤 방식으로 해결할 것인지에 대한 자신만의 해석과 접근법을 고민해 보는 것이 중요하다.

'문제 해결'이라는 말이 거창하게 들릴 수 있지만, 앞서 설명한 사례처럼 가격을 낮추거나 디자인을 약간 바꾸는 것만으로도 가능하다. 다만 여기서 중요한 것은 '명확한 이유'가 있어야 한다는 점이다. 명확한 가치는 브랜드를 더 강력하게 기억되도록 만들고, 브랜드가 내리는 모든 선택의 기준이 되어 준다. 브랜드의 성격, 강점, 소구 포인트, 톤앤매너 등 브랜드를 가장 잘 나타내는 핵심 가치를 찾아보자.

다음 질문에 답해 보자.

---

① 내 브랜드가 선택하고 집중할 핵심 가치 3가지는?

(핵심 가치를 찾기 어렵다면 반대로 내 브랜드가 가장 싫어하는 것, 절대 하지 않을 일을 떠올려 보자. 그 반대가 핵심 가치일 수 있다.)

1 _____

2 _____

3 _____

이 책에서 다룬 브랜드의 아이템과 브랜딩 방법은 모두 다르지만, 창업 동기에서 한 가지 공통된 인사이트를 얻을 수 있다. 바로, 출발점이 '나'라는 것이다. 꼭 내가 남들보다 뛰어나게 잘하는 것일 필요는 없다. 하지만 해당 아이템이나 산업군에 대해 깊은 관심과 이해가 있거나, 적어도 진심으로 충분히 공부할 의향이 있어야 한다.

물론 데이터 분석을 통해 수요와 공급을 파악해서 수요 대비 공급이 적은 시장을 노림으로써 매출이 잘 나오는 사업을 꾸릴 수도 있다. 하지만 명확한 브랜드 가치 없이 소비자가 내 제품을 선택하는 이유가 단지 가격이나 상위 노출 때문이라면 해당 시장에 참여자가 늘어날수록 매출을 지키기는 어려워질 것이다. 이는 실제로 많은 온라인 셀러들이 고민하는 지점이기도 하다.

'나로부터 시작하는 방법'은 특히 스몰 브랜드에서 중요하다. 레거시 브랜드의 경우, 하고 싶은 말을 정해 놓고 이를 잘할 수 있는 사람을 뽑아 일을 시킨다. 하지만 이런 탑다운 방식은 스몰 브랜드에서 실행하기 어려운 브랜딩 방식이다. 스몰 브랜드는 작은 규모와 낮은 인지도, 불안정성을 갖고 시작하기 때문에 창업자처럼 일할 수 있는 실무자를 채용해 탑다운 방식으로 브랜딩을 하는 것은 불가능에 가깝다. 따라서 스몰 브랜드라면 나로부터 시작해 내가 잘할 수 있는 이야기를 하는 것이 가장 크게 성공 확률을 높일 수 있는 방법이다.

그릴로스 피클이라는 브랜드의 핵심 키워드는 진정성과 개성, 그리고 신선함이다. 창업자 가족의 100년 된 레시피, 노점을 통한 직접 판매, 피클 탈을 쓰고 하는 호객행위, 보스턴 로컬 감성이 담긴 힙한 디자인과 굿즈 등 브랜드를 구성하는 모든 요소가 창업자로부터 비롯되었다는 것을 볼 수 있다. 이렇게 형성된 핵심 가치는 많은 피클 브랜드들 중에서 소비자가 그릴로스를 선택해야 할 기준이 되어 준다. 이렇게 브랜드의 서사에 공감하고, 브랜드의 팬이 된 사람들은 새로운 경쟁자가 등장한다고 하더라도 쉽게 다른 브랜드로 넘어가지 않는다.

만약 내 브랜드가 경쟁자의 입장이라면 어떨까? 다른 브랜드의 팬

출처: goodgirlsnacks.com

이 된 고객을 빼앗아 오기는 아주 어려운 일이다. 처음부터 나와 같은 자원으로 경쟁하는 플레이어가 없는 시장을 발견하는 것이 제일이겠지만, 그럴 수 없다면 작은 변주를 통해 나만의 화이트 스페이스를 만들어내는 것이 좋은 방법이다. 그릴로스 피클 이후 등장해 특히 여성을 타깃으로 한 시장을 개척하고 있는 굿걸스낵스$^{Good\ Girl\ Snacks}$처럼 말이다.

시장의 틈새를 발견하기 위해서는 내 브랜드 또는 아이디어의 핵심 가치를 정리하는 것뿐만 아니라 시장 분석도 진행해야 한다. 시장을 분석할 때는 어떤 시장을 타깃할 것인지, 나의 직접적인 경쟁자는 누구인지, 시장을 선도하는 브랜드와 떠오르는 브랜드는 누구인지를 알아본다. 제품력, 마케팅, 브랜드 인지도, 가격 경쟁력 등 다면적으로 각 브랜드의 강점과 약점을 파악하면, 내 브랜드가 뾰족하게 공략할 수 있는 틈새를 발견하게 될 것이다.

다음의 질문에 답해 보자.

---

① 내 브랜드가 타깃할 시장은?

핵심 시장(ex. 뷰티)

_____

_____

하부 시장(ex. 맨즈 케어)

_____

_____

틈새시장(ex. 수염 관리)

_____

_____

② 핵심 시장, 하부 시장, 틈새시장 중 어디에 집중할 것인가?

_____

_____

③ 시장의 경쟁자와 각각의 강점 및 약점은 무엇인가?

▶ 시장을 주도하는 대형 브랜드

강점:_____

_____

약점:_____

_____

▶ 직접적인 경쟁 브랜드

강점: _____

_____

약점: _____

_____

▶ 떠오르는 브랜드

강점: _____

_____

약점: _____

_____

④ 경쟁자의 약점은 진짜 시장에서 드러나는 약점인가, 아니면 주관적인 판단인가?

_____

_____

⑤ 틈을 공략하기 위해 당장 실행할 수 있는 전략은 무엇인가?

_____

_____

⑥ 경쟁사 분석을 통해 얻은 인사이트를 내 브랜드에 어떻게
적용할 것인가?

_____

_____

막 사업을 시작하는 스몰 브랜드에게 시장의 규모는 크게 중요하지
않다. 물론 큰 시장에서 시작해 성공적으로 자리를 잡는다면 더 큰 성취
를 이룰 수 있겠지만, 문제는 그 가능성이 너무 낮다는 점이다. 따라서
작지만 뾰족하게 시작한 후 타깃 시장을 확대해 나가는 것이 크고 뭉뚝
하게 시작하는 것보다 성공률이 높다. 이는 그간 분석했던 대부분의 스
몰 브랜드뿐만 아니라 애플이 PC 시장에 진입하며 사용했던 전략이기
도 하다.

다시 한번 그릴로스 피클의 사례를 분석해 보자.

1. 감성 기반 로컬 브랜딩	창업자 스토리, 보스턴 로컬 감성, 마스코트 활용으로 브랜드에 정체성과 개성 부여
2. 신선 유통 중심 전략	냉장 보관 제품으로 피클을 '신선식품'으로 재정의해 기존 상온 제품과 차별화
3. 라이프스타일로 확장	굿즈, 협업 제품, SNS 콘텐츠를 통해 '먹는 피클'을 넘어 '경험하는 피클'로 포지셔닝

여기서 주목할 점은 1→2→3으로 갈수록 타깃 시장이 넓어지고 있다는 것이다. 그릴로스 피클이 기존에 가지고 있던 자원은 창업자의 디자인 감각과 가족의 100년 된 레시피였다. 이러한 자원이 '힙함'을 추구하는 타깃 시장의 소비자 특성과 결합해 감성 기반 로컬 브랜딩, 신선 유통 중심 전략, 라이프스타일로의 확장이라는 차별성으로 발전할 수 있었다.

위에서 정의했던 내 브랜드의 핵심 가치와 시장 및 경쟁사 분석 결과를 바탕으로 브랜드의 차별점을 구체화해 보자. 차별화 전략이 없다면 가격으로 싸워야 하지만, 있다면 독보적인 무기로 경쟁할 수 있게 될 것이다.

다음 질문에 답해 보자.

---

① 내 브랜드만이 가진 세 가지 차별점은 무엇인가?

1 _____

2 _____

3 _____

② 설정한 차별화 포인트를 소비자가 실제로 체감할 수 있는
지점은 어디인가?

_____

_____

③ 제품, 서비스, 마케팅, 고객 서비스에서 이 차별점이 일관되게
드러나고 있는가?

_____

_____

　지금까지 브랜드의 핵심 가치와 타깃 시장, 그리고 차별성을 고민해
보았다. 이제 이를 바탕으로 소비자의 기억에 남을 한 문장을 작성해 보
자. 그리고 PART 3으로 넘어가 브랜드 철학의 중요성에 대해 함께 알아
보자.

① 내 브랜드를 한 문장으로 표현한다면?

_____

_____

② 그 문장을 들었을 때 소비자가 떠올릴 구체적인 이미지나
감정은?

_____

_____

③ 고객이 그 문장을 듣고 브랜드를 선택해야 할 이유를
직관적으로 알 수 있는가?

_____

_____

PART 3

제품이 아닌
철학을 파는
브랜드

휴지를 팔아 화장실을 만든다고?
: 후깁스어크랩Who Gives a Crap

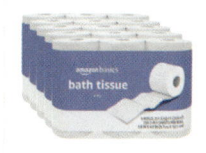

출처: amazon.com

이 세 휴지에는 어떤 차이점이 있을까? 일단 디자인 면에서 2번과 3번 휴지는 1번의 일반적인 휴지보다 패키지에 공을 들인 듯 보인다. 그렇다면 가격은 어떨까? 첫 번째 휴지는 개당 $0.24, 두 번째는 $2.16, 세 번째는 $1.13로 두 번째 휴지가 월등히 비싸다. 도대체 누가 이렇게 비싼 휴지를 쓰고, 똑같은 휴지인데도 왜 가격이 2배나 차이 나는 걸까?

이는 제품의 차이가 아닌, 브랜드가 판매하는 가치가 다르기 때문이다. 소비자는 물건과 함께 브랜드의 철학과 경험을 구매한다. 이번 사례를 통해 브랜드 철학의 중요성을 알 수 있을 것이다.

그딴 걸 누가 신경 써?

후깁스어크랩*Who Gives a Crap*은 '우리가 매일 쓰는 물건을 통해 세상을 바꿀 수는 없을까?'라는 아이디어에서 시작된 브랜드다. 브랜드명을 직역하자면 '그딴 걸 누가 신경 써'라는 뜻이다. 여기서 '크랩*crap*'은 '똥'을 의미하는 동시에 '개발도상국의 위생 문제와 같은 일들에 대해 무관심한 세태'를 꼬집는 말장난이기도 하다. 그렇다. 후깁스어크랩은 수익의 50%를 기부하는 사회적 기업이다. 누적 기부액은 160억에 육박한다.

창업자인 사이먼 그리피스*Simon Griffiths*는 사회적 활동에 관심이 많은 학생이었다. 사이먼은 졸업과 동시에 개발도상국에서 생산된 맥주와 와인을 판매해 수익금의 100%를 기부하는 비영리 바를 창업했지만 물리적 공간에 의존하는 사업은 확장성이 낮은 데다 사회적인 임팩트를 만들기에는 한계가 있다는 사실을 깨닫고 비영리 바를 폐업하게 되었다.

사이먼은 이 경험을 통해 사업을 시작할 때는 '지속가능하고 확장성이 큰 비즈니스 모델인지'를 가장 먼저 판단해야 한다는 교훈을 얻었고, 온라인 유통 기반의 소비재로 눈을 돌렸다. 그리고 '사람들이 매일 쓰는 휴지를 팔아 그 수익으로 화장실을 지으면 어떨까?'라는 아이디어를 떠올리게 됐다. '장난 같지만 말이 된다'라는 친구들의 반응에 힘입어 자신의 아이디어를 객관적으로 증명하기 위해 크라우드 펀딩 사이트 '인디고고*indiegogo*'를 통해 펀딩을 시작했다.

변기에서 시작된 브랜드

우리나라에서도 크라우드 펀딩이 하나의 문화로 자리 잡았다. 크라우드 펀딩은 얼마나 짧은 기간에 목표 금액을 달성했는지를 주요 성과 지표로 강조하는 경향이 있다. 그래서 프로젝트 오픈 초기에는 창업자가 주변 지인들에게 구매를 부탁하는 모습을 흔히 볼 수 있다. 실제로 크라우드 펀딩의 성공 여부는 오픈 24시간 내의 성과에 크게 좌우된다. 빠른 목표 달성은 플랫폼 내 노출도를 높이고, 이는 더 많은 후원자 유입으로 이어지는 선순환 구조를 만들기 때문이다.

사이먼은 이 점을 잘 알고 있었다. 그는 펀딩 오픈과 동시에 목표 금액을 달성하기 전까지는 변기에서 절대 일어나지 않겠다고 선언하고 실제 변기에 앉아 있는 모습을 50시간 동안 생중계했다. 이런 유쾌하면서도 진심 어린 마케팅이 언론 기사와 블로그, SNS 등에서 바이럴되며 초기 유입을 끌어올렸고, 1,300명 이상의 후원자로부터 1억 원 가까운 금액을 모금하며 제품 론칭 비용을 확보할 수 있었다. 그리고 단숨에 '기부하는 화장지'라는 독보적인 포지션을 차지할 수 있었다.

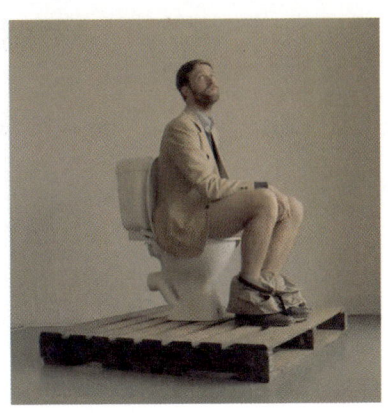

출처: au.whogivesacrap.or

후깁스어크랩은 100% 대나무를 활용한 친환경 화장지다. 여기에 더해 플라스틱 프리, 화학 표백제 무첨가, 탄소중립 인증 등을 받으며 다양한 차별화 포인트를 만들었다. 하지만 이렇게 좋은 제품성을 강조하는 휴지는 이미 시중에 많이 있다. 게다가 솔직히 얼마나 많은 사람이 고작 휴지 하나를 구매하며 이런 요소들을 모두 고려하겠는가. 제품의 차별성을 아무리 많이 나열하더라도 소비자의 입장에서 휴지는 휴지일 뿐이다.

숨기고 싶은 물건에서 자랑하고 싶은 물건으로

그래서 사이먼은 좋은 제품성뿐만 아니라 즐거움이라는 브랜드적

출처: au.whogivesacrap.or

차별성도 함께 판매하고 있다. 후깁스어크랩의 철학은 예상 밖의 즐거움을 제공하는 것이다.

　일반적으로 휴지는 숨기고 싶은 물건이다. 대부분의 경우 화장실 구석이나 수납장처럼 잘 보이지 않는 곳에 보관할 것이다. 하지만 후깁스어크랩은 각 롤마다 다른 컬러와 패턴을 입혀 '선물 포장지' 같은 느낌을 주며 남들에게 보여 주고 싶은 휴지를 만들었다.

　그리고 '비상용 휴지*Emergency roll*', '엉덩이가 세상을 구한다*Your bum is a hero*', '지구의 미래는 우리의 엉덩이에 달려 있다*The planet's future is in our cheek*' 등의 재미있는 문구로 소비자들이 '이 브랜드, 나와 유머 코드가 통하는데?'라는 감정을 느끼게 만들며 정서적 유대를 강화했다. 이러한 언어유희는 단순한 말장난을 넘어 브랜드의 톤과 메시지를 전달하는 브랜딩 수단으로 사용될 수 있다.

이는 우리나라에서도 충분히 활용할 수 있는 전략이다. 비슷한 사례로, '모베러웍스'라는 국내 브랜드가 있었다. 이 브랜드는 직장인들이 일상에서 느끼는 감정을 재치 있는 문구와 언어유희로 풀어내며, 공감과 웃음을 선사했다.

주로 후드티와 필기구처럼 평범한 제품을 판매하지만, '조금 일하고 많이 벌기 *Small work, Big money*', '최대한 천천히 일하기 *As slow as possible*', '너무 큰 수입 *Too Much Income*'과 같이 재치 있는 문구와 말장난을 통해 '모쨍이'라는 팬덤을 형성했다.

노동절을 맞이해 진행된 이 브랜드의 오프라인 행사에서는 수천 명 이상의 팬들이 줄을 서서 굿즈를 구매할 정도로 브랜드의 충성도 또한 높았다. 즉, 제품이 단순하더라도 고객이 공감할 수 있는 철학이 있다면 강력한 충성도를 만들어 낼 수 있다.

원인을 치료하는 약

'패키지 비용도 만만치 않아 보이는데 수익의 절반이나 기부하면 이 브랜드 실제로 돈을 벌고 있는 게 맞아?'라는 생각이 들 수도 있다.

사이먼은 비영리 바의 실패 경험을 통해 사회적 미션을 지속하기 위해서는 건전한 수익 모델이 필수라는 생각을 갖게 되었다. 이를 위해 후깁스어크랩은 유통 구조를 단순화하고 정기 배송 서비스를 도입해 예측 가능한 수익 모델을 만들었다. 실제로 후깁스어크랩의 연 매출은 1,400억 원 이상, 누적 기부액은 160억 원에 달한다.

사실 기부하는 브랜드라고 하면, 신발을 하나 사면 하나를 기부하는 '원 포 원*One for One*' 모델로 유명해진 탐스가 가장 먼저 떠오른다. 탐스가 받는 가장 큰 비난은 '빈곤은 물자의 부족이 아닌 시스템 문제이기 때문에 일회성 기부로는 근본적인 해결이 어렵다'는 점이다. 게다가 무상으로 대량 공급된 신발이 현지 제조업자와 소상공인을 무너뜨려 오히려 지역 경제를 해친다는 지적도 있다.

그러나 탐스가 물건을 주는 브랜드였다면, 후깁스어크랩은 문제를 해결해 주는 브랜드다. 전 세계적으로 20억 명이 넘는 사람들이 안전한 화장실을 사용하지 못하고 있고, 이로 인해 매년 수백만 명이 위생 문제로 사망한다고 한다. 이는 물자 부족보다는 위생 인프라 부재의 문제이다. 후깁스어크랩은 화장실 건설, 위생 교육, 깨끗한 물 공급 등에 기부하며 인프라 구축을 통해 근본적인 문제를 해결하고 있다. 탐스가 증상을 가리는 밴드였다면, 후깁스어크랩은 원인을 치료하는 약에 더 가까운 모델인 것이다.

후깁스어크랩은 이러한 구조적 차이를 통해 고객에게 '내가 의미 있는 일에 동참하고 있다'라는 감정적 보상을 제공함과 동시에, 지속가능한 임팩트를 만들어 내는 데 성공했다. 브랜드의 미션과 수익이 긴밀히 연결되어 있는 덕분에 고객이 브랜드를 좋아할수록 매출이 증가하고, 매출이 증가할수록 더 많은 기부로 이어져 브랜드에 대한 신뢰를 높이게 되었다.

후깁스어크랩은 소비를 통해 선한 영향력에 동참하려는 개인뿐만 아니라 사회적 책임을 중시하는 기업에게도 매력적인 브랜드다. 특히 호텔이나 카페, 공유 오피스 등의 공간에서는 '우리는 착한 브랜드를 선택하고 있다'라는 메시지를 전달할 수 있어 ESG 경영의 일환으로 주목받고 있다.

파는 '물건'이 아니라 파는 '이유'에 주목하다

후깁스어크랩은 현재 약 40개국에 제품을 수출하고 있고, 영국에서는 3번째로 큰 휴지 브랜드로 자리 잡았다. 이 브랜드가 성공한 핵심적인 이유는 브랜드의 철학이다. 사이먼은 "임팩트, 제품, 브랜딩이 동시에 작동해야 하고, 하나라도 빠지면 고객이 감동하지 않는다"라고 이야기한다.

재미있는 사실은 이런 브랜드 철학이 단순한 비즈니스 전략이 아닌, 창업자의 본질적인 가치관에서 비롯되었다는 것이다. 그 결과 '팔기 위한' 브랜드를 넘어, '믿는 바를 실현하기 위한' 브랜드로 느껴지며, 사람들의 마음을 움직일 수 있었다.

결국 중요한 건 '무엇을 팔까?'보다 '왜 이걸 팔아야만 하는가?'라는 질문이다. 후깁스어크랩은 창업자의 진정성 있는 동기에서 출발한 덕분에 소비자들의 진심 어린 공감을 얻을 수 있었던 것이다.

후깁스어크랩의 성공 스토리 3줄 요약

1. 50시간 동안 변기에 앉아 있는 모습을 생중계하는 진심 어린 퍼포먼스를 통해 눈길을 끌고, '기부하는 화장지'라는 독보적인 포지션을 만들어 냈다.

2. 독특한 디자인과 유머러스한 문구, 그리고 진정성 있는 브랜드 경험을 통해 소비자들과 정서적인 유대를 형성했고, '숨기고 싶은 물건'이었던 휴지를 '남에게 보여 주고 싶은' 제품으로 바꾸었다.

3. 일회성 제품 기부가 아닌 근본적인 문제의 해결에 집중하며, 구매 → 기부 → 호감 → 재구매로 이어지는 순환 구조를 만들었다.

비싸도 사는 모기 기피제 브랜드의 비밀 : 킨필드*Kinfield*

군대를 다녀온 사람들은 잘 알 것이다. 야외에서 텐트를 치고 자는 것이 얼마나 많은 쓰레기를 만들어 내는지. 백패킹이나 캠핑 역시 마찬가지다. '성지'라 불리는 명소에 도착하면, 큰 바위 뒤나 나무 그늘마다 어김없이 휴지와 각종 쓰레기가 버려져 있는 것을 볼 수 있다.

보이지 않는 문제도 있다. 야외 활동의 필수품인 방충제나 선크림 같은 제품들의 화학 성분은 생태계에 악영향을 끼친다. 자연을 즐기러 나온 사람들이 역설적으로 자연을 훼손하고 있는 셈이다. 이런 문제의식에서 출발한 브랜드가 있다. 바로, 킨필드*Kinfield*다.

출처: kinfield.com

모기 기피제가 환경을 파괴한다고?

아웃도어 문화가 활발한 미네소타에서 자란 니콜 파웰*Nichole Powell*은 어린 시절부터 부모님과 함께 자연 속에서 많은 시간을 보내며 모기 기피제를 자주 사용해 왔다. 대학교 졸업 후, 니콜은 브랜드 전략 컨설턴트로 활동하며 다양한 소비재 브랜드의 브랜딩과 마케팅을 담당했다.

그러던 중 국립공원을 여행하며 한 가지 불편한 진실을 깨닫게 되었다. 자신이 어린 시절부터 꾸준히 사용해 온 모기 기피제와 선크림의 화학 성분이 자연을 해친다는 사실을 발견한 것이다. 그래서 니콜은 인도네시아 여행에서 경험한 시트로넬라 오일의 효과를 떠올리며, 직접 천연 모기 기피제를 만들어 보기로 결심했다.

킨필드의 슬로건은 '식물의 힘으로, 과학적으로 입증된, 레저에 딱 맞는*Powered By Plants, Backed By Science, Recreation Ready*'이다. 천연 식물 성분으로 제조하고, 과학적으로 효과를 입증했으며, 야외 활동을 즐기는 사람들이 바로 사용할 수 있는 제품이라는 브랜드 정체성을 응축한 것이다.

브랜드는 스토리와 철학, 가치만으로 완성되지 않는다. 제품이 실제로 문제를 해결해 주지 않는다면 아무리 명분이 좋아도 재구매가 일어나지 않고, 장기적으로 살아남을 수 없다.

일반적인 모기 기피제에는 'DEET'라는 성분이 첨가되어 있다. DEET는 모기나 진드기 등 곤충의 후각 수용체를 혼란시켜 접근을 막아 주고 모기를 매개로 한 전염병 예방에 도움이 된다는 장점이 있다. 하지만 농도가 높을 경우 피부 자극, 발진, 두통, 구역감, 눈 자극 등을 유발한다.

더 큰 문제는 사용 후 씻겨 내려 가거나 땀과 함께 배출되면 하천에 유입되는데, 이때 이 물질이 수생 생물에게 독이 될 수 있다는 것이다. 실제로 생분해 속도가 느려 일부 환경단체에서는 DEET 성분 사용을 줄이거나 대체 성분 사용을 권고하고 있다.

킨필드는 '안심하고 사용할 수 있는 자연 친화적 제품'을 표방한다. 그래서 킨필드의 제품은 DEET 성분 대신 시트로넬라, 레몬유칼립투스 등 식물성 오일 블렌드를 사용해 유사한 효과를 만들어 냈다. 자연 친화적이면서도 실제로 효과가 있는 제품을 제공함으로써, '자연을 즐기려 와 자연을 훼손하는 문제'를 해결한 것이다.

자연 친화적 모기 기피제로 브랜드를 알린 킨필드는, 생분해성 물티슈, 화학 성분을 사용하지 않은 선크림, 비건 진정 밤 등 자연 친화적 성분을 사용한 제품으로 브랜드를 확장해 나갔다.

소비 = 가치 실현

　기존 아웃도어 브랜드들은 등산, 캠핑, 하이킹 등 '진짜' 야외 활동을 강조하는 경향이 있었다. 하지만 킨필드는 집 앞 마당에서의 바비큐 파티, 동네 공원 산책, 주말 소풍, 피크닉 등 일상 속 야외 활동을 전면에 내세웠다. 인스타그램 피드와 웹사이트에서도 극한의 자연 환경 대신 도시의 작은 공원, 텃밭, 뒷산 등 친근한 공간을 배경으로 사용했다.

　그리고 제품의 휴대성과 가벼움을 강조하며 캠핑 장비처럼 목적에 따라 챙겨야 하는 것이 아니라, 핸드백이나 피크닉 가방에 간편히 넣고 다닐 수 있다는 것을 어필했다. 이러한 접근을 통해 킨필드는 '특별한 날에만 사용하는 전문 제품'이라는 아웃도어 제품의 한계를 벗어나 '일상에서 자주 사용하는 라이프스타일 브랜드'로 자리매김했다.

출처: kinfield.com

킨필드는 포지셔닝 전략을 넘어 실제 고객 경험까지 혁신했다. 공병 수거 프로그램을 통해 제품 사용 후에도 고객과의 관계를 지속시켰고, 포장재에도 완충재 대신 파우치를 사용해 포장 쓰레기를 최소화했다. 소비자는 이 파우치를 일상에서 활용할 수 있어 브랜드와의 접점이 더욱 늘어난다.

더 나아가 '지구를 위한 1%*1% for the Planet*' 프로그램을 통해 연 매출의 1%를 환경 보호 단체에 기부한다. 이는 파타고니아 창업자가 설립한 비영리 조직으로, 고객의 구매 행위 자체를 환경 보호 활동으로 연결시킨다. 결과적으로 킨필드는 '구매가 곧 가치 실현'이라는 경험을 제공하며 높은 브랜드 충성도를 구축할 수 있었다.

모기 기피제에도 프리미엄 브랜드가 있다고?

2019년에 첫 제품을 출시한 킨필드는 3년 만에 400배 넘는 매출 성장을 기록했다(2019년 매출 약 5천 달러 → 2022년 매출 약 210만 달러). 특히 주목할 점은 높은 마진율이다. 모기 기피제는 판매가가 22달러, 제조 원가가 약 4.5달러로 79%가량의 마진율을, 선크림은 판매가가 34달러, 제조 원가가 약 5달러로 85%가량의 마진율을 기록하고 있다. 이는 자연 친화적 성분과 지속가능한 브랜드 활동을 통해 소비자가 브랜드 가치에 기꺼이 프리미엄을 지불하게 만든 결과다.

킨필드는 가치 소비를 중시하는 MZ세대의 니즈를 완벽히 충족하는 브랜드다. 이로 인해 입소문이 성장의 핵심 동력이 되었다. 하지만 킨필드는 입소문이 알아서 나기를 마냥 기다리지 않고, 능동적으로 만들어 나가고 있다.

제품을 홍보하거나 추천한 인플루언서나 블로거에게 구매가 발생하면 수수료를 받을 수 있는 링크를 제공하는 제휴 마케팅*Affiliate Marketing* 전략을 사용해 크리에이터들이 더 적극적으로 제품을 소개하도록 유도한 것이다. 또한 브랜드 앰배서더 프로그램을 운영해 야외 활동과 연결된 콘텐츠 제작에 초점을 맞추며 제품의 사용 맥락을 구체적으로 제안했다.

이쯤 되면 한 가지 의문이 들 수 있다. 바로, 모기 기피제는 여름철에만 수요가 집중되는 시즌 제품이 아니냐는 것이다. 시즌 제품은 매출이 여름에 몰리고, 비수기에는 매출이 급감해 고른 현금흐름 확보가 어려워 성장과 투자 확대에 제약이 있다.

하지만 킨필드는 여름 시즌에만 수요가 몰리는 제품이라는 한계를 알면서도, 우선은 모기 기피제에 자원과 에너지를 집중하는 전략을 선택했다. 시즌 제품의 리스크를 분산하기 위해 모든 제품에 에너지를 분산하면 모두 '중간 이하의 성과'로 끝나는 경우가 많기 때문이다.

킨필드는 첫 제품이 시장에서 완벽히 자리 잡도록 제품의 품질과 사용자 경험 개선에 집중했고, '킨필드 = 효과적이고 지속가능한 아웃도어 제품'이라는 이미지를 구축할 수 있었다. 이를 통해 립밤, 데오드란트 등 계절성과 무관한 제품군으로 확장하며 시즌 제품의 한계를 극복해 나갔다.

가장 싸지도, 가장 오래가지도 않지만

글로벌 모기 기피제 시장 규모는 약 56~71억 달러로 추정된다. 기후 변화로 인해 모기 서식지가 확대되면서 수요 역시 꾸준히 성장하고 있으며, 연평균 5~7%의 성장률을 기록 중이다.

문제는 모기 기피제는 편의점에서도 살 수 있을 정도로 경쟁이 치열한 시장이라는 것이다. 게다가 1957년 출시 이후 세계적으로 가장 널리 사용되는 모기 퇴치제 브랜드 오프OFF와 긴 지속력(최대 12시간)을 강조하는 3M과 같은 대기업들이 이미 자리 잡고 있는 시장이기도 하다. 주목할 점은 킨필드는 오프 대비 5배 이상 비싸고, 3M과 비교했을 때 지속력은 1/4 밖에 안된다는 것이다.

킨필드는 가격과 지속력 같은 정량적인 요소가 아닌, '가장 안전하게, 자연에 해를 끼치지 않으면서도 효과적으로 사용할 수 있는 제품'이라는 정성적인 가치를 제안함으로써, 대기업 중심의 치열한 모기 기피제 시장에서 자신만의 영역을 만들어 낼 수 있었다.

이는 전형적인 블루오션 전략으로, 기존 경쟁 축(가격, 지속력)을 버리고 새로운 가치 축(안전성, 지속가능성)을 창조한 사례다. 소비자는 언제나 가장 싸고 가장 오래가는 제품만을 선택하지 않는다. 나의 신념과 맞고, 내가 중요하게 생각하는 가치를 실현해 주는 브랜드를 선택하여 기꺼이 프리미엄을 지불한다.

스몰 브랜드의 생존 비결은 대기업과 같은 게임을 하지 않는 것이다. 킨필드의 성공 비결은 단순히 좋은 제품을 만든 것이 아니라, 소비자의 딜레마를 해결한 데 있다. '자연을 해치는 제품을 써야 하는' 문제를 해결하며, 제품 구매가 곧 가치 실현이 되는 경험을 만들어 낸 것이다. 킨필드는 고객이 진정 원하는 가치를 발견하고 그 가치를 실현해 낸다면, 공룡들이 싸우고 있는 전장에서 벗어나 자신만의 시장을 창조할 수 있다는 것을 잘 보여 준다.

킨필드의 성공 스토리 3줄 요약

1. '자연을 즐기려면 자연을 해쳐야 한다'는 근본적 모순을 해결하며 소비자의 가치관과 실용성을 동시에 만족시켰다.

2. '아웃도어 = 특별한 날' 공식을 깨뜨려 시장을 확장하고, 동시에 기존 경쟁 축(가격, 지속력)을 버리고 새로운 가치 축(안전성, 지속가능성)으로 차별화했다.

3. 공병 수거·재활용, 기부 프로그램으로 구매를 환경 보호 활동으로 연결하고, 제휴 마케팅과 앰배서더 프로그램으로 입소문을 능동적으로 유도했다.

'버섯 라떼'가 뭔데 커피를 대체해?
: 머드워터MUD/WTR

현대 직장인들에게 커피는 필수품이 되었다. 출근하자마자 한 잔, 점심 후 한 잔, 야근을 위해 또 한 잔. 이런 패턴이 반복되다 보면 자연스럽게 하루 2~3잔을 마시게 된다. 문제는 많은 사람들이 습관적으로 커피를 마시면서, '이렇게 많이 마셔도 되나?'라는 찝찝한 기분을 느낀다는 것이다.

이런 감정은 개인만의 문제가 아니다. 한경 기사에 따르면 오전에는 카페인 커피를 마시고 오후에는 디카페인 커피를 마시는 게 '직장인 루틴'으로 굳어지고 있다고 한다. 실제로 오후 5시 이후 판매되는 커피 중 30%가 디카페인일 정도다.

그런데 여기, 디카페인 커피도 아닌, 그렇다고 각성 효과가 있는 차도 아닌 무언가를 팔아 1년에 800억 이상을 벌고 있는 브랜드가 있다. 바로 '버섯 라떼'라고도 불리는 머드워터MUD/WTR다.

머드워터는 어떻게 카테고리도 명확하지 않은 음료로 자신만의 웰니스 문화를 만들 수 있었을까? 머드워터의 사례를 통해 창업자의 라이프스타일이 어떻게 브랜드의 철학이 되고, 문화로까지 확장되는지 알아보자.

커피 중독 디자이너의 대안 찾기

머드워터는 커피 중독에서 벗어나려던 창업자의 개인적인 루틴에서 시작된 브랜드다. 실리콘 밸리에서 UX/UI 디자이너로 일하던 셰인 히스*Shane Heath*는 퇴근 후에 취미로 그림을 그리고 주짓수와 클라이밍 등 운동까지 하는 고강도 라이프스타일을 유지하기 위해 커피에 의존하게 되었다. 문제는 커피를 마시면 그림을 그리는 데 지장을 받을 정도로 손이 떨렸다는 것이었다.

그는 커피가 자신에게 맞지 않음에도 왜 지속적으로 커피를 마시고 있는지를 고민하게 되었고, 이는 본인이 선택한 것이 아닌 사회적으로 주어진 문화라고 결론 내렸다. 거리 곳곳에서 커피를 팔고, 사무실에 커피 머신이 비치돼 있고, 모두가 마시니 그냥 마신 것이다.

머드워터는 생활패턴을 개선하기 위한 셰인의 개인적인 실험이었다. 인도에서 경험한 마살라 차이에 자신의 직업과 취미에 도움이 될 만한 성분들을 조합해 만든 음료로, 특이한 색 때문에 동료들 사이에서 '진흙'이라고 불리던 것이 브랜드명으로 발전하게 된 것이다.

참고로 마살라 차이는 인도에서 커피처럼 마시는 차로, 홍차에 카다멈, 생강, 계피, 정향 등의 향신료를 넣은 밀크티다. 카페인이 함유되어 있지만, 커피보다 부드럽게 작용하는 게 특징이라고 한다.

셰인이 주목한 것은 직장 동료 모두가 커피를 매일 마시지만, 동시에 줄이고 싶어 한다는 점이었다. 그는 자신의 음료를 통해 다른 사람들도 건강한 하루를 재정의하고 생각을 바꾸는 경험을 하게 해 주고 싶었다.

브랜드로서 머드워터는 한 달 만에 만들어졌다. 제품과 홈페이지를 셰인이 직접 디자인했고, 브랜드의 카피인 '우린 커피에 화난 건 아니에요. 단지 실망했을 뿐이죠'를 인스타그램에 올린 게 다였다.

사이드 프로젝트로 시작된 만큼 자본금은 5천 달러 한도의 신용카드가 전부였고, 주문이 들어오면 직접 믹서기로 성분을 섞고, 병에 담고, 포장하고, 배송하는 형태로 사업이 진행되었다.

이렇게 6개월 만에 월 매출 1억을 달성했지만, 흑자도산을 고민할 때쯤 친구에게 2만 5천 달러를 지원받게 되었고, 이후 110만 달러 투자 유치에도 성공하며 본격적으로 사업화를 시작했다.

친구 같은 마케팅

'믿거페'라는 말, 들어본 적이 있을 것이다. 이는 '믿고 거르는 페이스북(인스타그램 포함)'의 줄임말로, 과잉 광고와 가짜 정보로 인해 페이스북 광고를 더 이상 믿지 않는다는 것을 의미한다. 이렇게 플랫폼의 신뢰도가 떨어질수록, 레퍼런스가 부족한 초기 브랜드의 광고 전환율은 더 낮아질 수밖에 없다.

머드워터는 기존의 마케팅 공식이나 바이럴 전략과 정반대로 접근하며 이를 극복했다. 멋진 사진과 화려한 카피로 사람들의 시선을 잡는 대신, 아이폰으로 찍은 자연스러운 사진과 긴 글로 '친구가 올린 포스팅'처럼 느끼게 만든 것이다. 그리고 광고를 통해 '나 혹시 커피 중독 아닌가?'라는 생각을 하게 만들며 커피의 대안으로 머드워터를 선택하도록 만들었다.

셰인은 당시를 회상하며 고객 획득비용^{CAC}은 약 7달러였지만, 1명의 고객이 평균 30달러 이상을 주문했기 때문에 '주문을 감당할 수 있는 한도까지 무한히 스케일업이 가능한 구조'였다고 평가했다.

이러한 초기 경험을 바탕으로 셰인은 현재 머드필름^{MUD\FILMS}이라는 브랜드 미디어 스튜디오를 별도로 운영하며 단순한 콘텐츠 마케팅을 넘어, 브랜드 철학을 스토리텔링 형태로 풀어내고 있다. 이는 매출 증대를 위한 바이럴이 아닌, 브랜드의 철학과 정체성을 시각적으로 각인시키기 위한 전략이다.

기존의 상식을 부정하는 듯한 자극적인 광고를 본 적이 있을 것이다. 사실 이런 공격적인 카피가 3초 안에 시선을 끌어야 하는 SNS 광고 시장에서 '성과를 내는 방식'이기도 하다.

너무 진부한 이야기라 굳이 말하기 꺼려지지만, 콘텐츠에서 가장 중요한 요소는 진정성이다. 진정성이야말로 브랜드의 지속가능성을 높이는 요소다. '믿거페'라는 단어가 생긴 것도 같은 맥락이고, 머드워터의 어설픈 초창기 광고가 성과를 낸 이유이기도 하다.

재미있는 사실은 셰인이 초창기 작업물을 부끄러워하지 않는다는 것이다. 오히려 '룰을 몰라서 더 잘 됐다'라고 평가한다. 셰인은 한 인터뷰를 통해 이렇게 말했다. 브랜드는 소비자에게 명령하거나 계몽하는 존재가 아니라, 새로운 관점을 보여 주는 친구처럼 살짝 자극을 주는 존재여야 한다고 말이다. 바로 이런 철학이 낯선 음료에 대한 심리적 장벽을 낮추는 데 핵심적인 역할을 하지 않았을까.

중독에서 루틴으로

머드워터의 제품은 총 네 가지 맛이 있지만 식물을 베이스로 한 분말 형태일 뿐, 명확히 정의할 수 없는 제품들이다. 브랜드의 공식 슬로건은 '커피가 아닙니다. 머드워터입니다*It's not coffee. It's MUD/WTR*'이고, 사람들 역시 '버섯 커피*Mushroom Coffee*', '웰니스 파우더*Wellness Powder*', '마음 챙김 음료*Mindful Beverage*' 등 정말 다양한 이름으로 머드워터를 칭하고 있다.

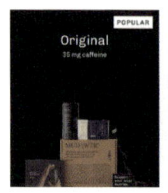

출처: mudwtr.com

사실, 이렇게 제품을 명확히 정의할 수 없다는 것은 단점으로 작용할 수 있다. 새로운 카테고리를 이해하고 받아들이는 데는 인지적 에너지가 필요해, 구매 결정을 늦추거나 포기하게 만들 수 있기 때문이다. 하지만 머드워터는 카테고리가 없다는 태생적인 문제점을 명확한 섭취 가이드를 제시하는 방식으로 극복했다.

네 가지 제품은 기호에 따라 고르는 것이 아니라, 브랜드가 제안하는 하루 루틴에 따라 자연스럽게 선택되도록 설계되어 있다. 예를 들어, 아침에는 집중력을 높이는 '오리지널Original', 오후에는 안정적인 에너지를 주는 '말차Matcha', 저녁에는 이완을 위한 '강황Turmeric', 잠들기 전에는 깊은 휴식을 위한 '쉼Rest'으로 이어지는 구조다. 즉, 머드워터는 제품이 아닌 하루를 관통하는 루틴을 판매하고 있다.

약간의 굿즈도 판매하긴 하지만, 머드워터는 기본적으로 이 네 가지 제품으로 연 매출 800억을 만들어 냈다.

'제품을 늘리면 매출이 늘어나지 않을까?'라는 생각이 들 수도 있다. 하지만 머드워터의 성공은 오히려 제품이 적었기 때문에 가능했다. 판매하는 제품이 많으면 소비자는 고민을 하게 되고, 고민은 구매를 늦춘다. 시그니처 제품 자체도 낯선데, 선택지까지 많으면 이탈 확률은 더욱 높아질 수밖에 없다.

'하루를 어떻게 설계할 것인가'라는 철학을 바탕으로 설계된 머드워터의 제품들은 오히려 세트 구매와 크로스셀링을 유도하며 객단가를 높이고 있다.

커피를 팔지 않는, 새로운 형태의 카페

지금까지는 머드워터가 어떤 브랜드이고 어떤 제품을 파는지 알아봤다. 그렇다면 과연 기존에 마시던 커피를 머드 워터로 대체할 사람들은 얼마나 될까?

출처: mudwtr.com

대부분의 사람은 망설일 것이다. 아무리 좋은 제품이라고 해도, 오랫동안 커피를 마셔 온 습관을 버리고 완전히 새로운 음료로 갈아타기는 쉽지 않다. 커피에 대한 부정적인 감정보다, 낯선 음료에 대한 거부감이 더 클 수 있기 때문이다. 이런 진입장벽은 만약 머드워터에서 제품군을 늘린다고 해도 크게 달라지지 않을 것이다.

어차피 수요의 한계가 있는 시장에서 머드워터는 넓이가 아닌, 깊이를 택했다. 머드워터는 최근에 오픈한 '머드워터:게더MUD/WTR:gather'라는 카페를 통해 브랜드 경험을 확대하고 있다. 이 공간은 단순히 음료를 파는 곳이 아닌, '건강한 마음과 습관을 위한 라이프스타일 스튜디오'라고 한다.

앞서 셰인은 우리가 습관적으로 커피를 마시는 이유가 주어진 환경 때문이라고 이야기했다. 머드워터:게더는 하루 종일 강한 자극제

출처: mudwtrgather.com

(카페인)를 섭취하지 않아도 일할 수 있는 카페를 원한 셰인의 바람에서 시작된 공간이다. 회의 사이에 호흡법이나 명상을 할 수 있고, 하루를 마무리한 뒤에는 영감을 주는 사람들이 모여 술 없이 음악에 몸을 맡길 수 있는 장소라고 소개한다.

창업자의 취향을 파는 브랜드

'그냥 자기가 하고 싶은 거 다 하는 거 아니야?'라는 생각이 든다면, 정확하다. 바로 그것이 이 브랜드의 핵심이다. 머드워터는 제품을 파는 브랜드가 아니다. 창업자가 원하는 삶의 방식이 있고, 그 라이프스타일을 실현하기 위한 수단으로 제품과 카페가 탄생했다.

머드워터는 하루를 어떻게 보낼 것인가, 무엇을 마시고 어떤 루틴을 만들 것인가에 대한 질문을 던지는 브랜드다. 그리고 창업자의 지향점인 웰니스 라이프스타일을 찾아 가는 여정을 제품과 서비스로 만든 것이다. 1천 명의 진정한 팬만 있으면 성공한 창작자가 될 수 있다는 케빈 켈리*Kevin Kelly*의 메시지를 브랜드로서 보여 준 사례라고 할 수 있다.

머드워터의 성공 스토리 3줄 요약

1. 커피 부작용으로 인해 고통받던 디자이너가 인도에서 경험한 마살라 차이를 기반으로 자신에게 맞는 웰니스 음료를 직접 만들어 마시기 시작했다.

2. 화려한 마케팅이나 권위 있는 카피 대신, 친근한 자극이라는 철학을 바탕으로 낯선 제품에 대한 거부감을 신뢰로 바꾸었다.

3. 큰 시장을 타깃하기보다는, 창업자의 라이프스타일에 공감할 수 있는 깊이 있는 팬을 선택하며 브랜드를 확장시킬 수 있었다.

생수는 왜 맥주처럼 멋있어 보이지 않을까?
: 리퀴드데스*Liquid Death*

이 브랜드는 우리나라에 정식 론칭이 되지 않았음에도 이미 잘 알려져 있다. 브랜딩과 마케팅 전략을 활용해 단순한 제품을 문화적 상징으로 확장해 나간 과정은 실용적인 인사이트로 가득하다. 바로 생수를 알루미늄 캔에 담아 1년에 3억 캔 이상 판매하고 있는 브랜드, 리퀴드데스*Liquid Death*의 이야기다.

리퀴드데스는 '생수는 왜 맥주처럼 멋있어 보이지 않을까?'라는 질문에서 출발했다. 이 아이디어의 주인공은 넷플릭스 전 크리에이티브 디렉터 마이크 세사리오*Mike Cessario*. 브랜드의 시작은 '가짜 광고'였다.

마이크는 회사도 설립하지 않은 상태에서 실제로 존재하지 않는 제품의 광고 영상을 제작했다. 이 영상의 목적은 그의 아이디어와 콘셉트를 시각적으로 보여 주는 동시에 '가상의 브랜드'를 알리고 투자를 유치하는 것이었다.

출처: liquiddeath.com

그의 의도대로 '가짜 광고'는 인터넷에서 화제가 되었고, 그 결과 리퀴드데스라는 생수 브랜드가 실제로 존재한다고 믿는 사람들까지 생겨나게 되었다. 마이크는 이를 통해 자신의 아이디어에 대한 시장의 긍정적인 반응을 확인했고, 투자자를 설득해 회사 설립 자금을 확보할 수 있었다. 잘 만든 1분짜리 유튜브 영상 하나로 자본금 22억을 확보하게 된 것이다.

감도 높은 취향에서 시작되는 브랜딩

마이크가 평소 즐기던 헤비메탈 문화는 리퀴드데스의 브랜드 이미지 구축에 핵심적인 역할을 했다. '죽음의 물'이라는 도발적인 이름과 강렬한 마케팅 전략은 메탈 정신을 그대로 반영한 결과다. 광고에 메탈 음악을 사용하거나, 브랜드 행사에 록 밴드를 초청하는 등 마이크의 음악 취향은 브랜드 아이덴티티에 깊숙이 녹아들었다. 그렇게 리 퀴드데스는 누구도 흉내 낼 수 없는, 독창적이고 강렬한 정체성을 완 성했다.

취미에 몰입할 수 있는 사람이 일에도 몰입할 수 있는 것인지, 아 니면 취미를 통해 얻은 인사이트가 사업의 영감으로 작용하는 것인지 선후관계는 아직 잘 모르겠다. 하지만 분명한 건, 어떤 세계에 깊이 빠져 본 경험이 브랜드 운영에 있어 중요한 자산으로 작용할 수 있다 는 점이다.

플라스틱을 줄이고, 지구를 살린다

강렬한 이미지와 음악 코드는 리퀴드데스를 마치 메탈 밴드의 상 징처럼 만들었고 펑크, 록, 메탈 음악을 좋아하는 사람들에게 큰 호응 을 얻었다.

서브 컬처를 싫어하는 사람들은 소비자에서 배제한 마케팅 방법이 아니냐고? 그렇지 않다. 제품의 이름과 마케팅 방법은 다소 반항적으 로 보일 수 있지만, 사실 리퀴드데스는 굉장히 '착한 브랜드'다. 반항 적인 이미지는 소비자들의 관심을 끄는 수단일 뿐, 그 내면에는 누구 나 공감할 수 있는 메세지를 담고 있다.

놀랍게도 리퀴드데스의 핵심 가치는 환경 보호와 지속가능성이다.

알루미늄 캔을 사용하는 이유도 플라스틱보다 재활용이 훨씬 용이하기 때문이다. 뿐만 아니라, 수익의 일부를 해양 환경 보호 단체에 기부하며 사회적 메시지도 지속적으로 전달하고 있다. 마치 입으로는 험한 말을 내뱉지만 남몰래 봉사활동을 하고 다니는 사람처럼, 겉은 반항적이지만 속은 선한, '츤데레' 같은 브랜드인 것이다.

환경 보호 캠페인명 역시 '플라스틱에게 죽음을DEATH TO PLASTIC', ' 귀여운 척하는 오염 덩어리들Cutie Polluties' 같이 어감은 다소 과격하지만 모든 메시지는 자연을 보호하자는 뜻을 담고 있다.

품질보다는 아이덴티티를 앞세우다

2019년 출시된 리퀴드데스는 비교적 소규모로 사업을 시작했지만, 독특한 마케팅과 소셜 미디어에서의 바이럴 효과로 빠르게 인지도를 확보했다. 덕분에 창업 첫해에 280만 달러가 넘는 매출을 올릴 수 있었고, 그다음 해 매출이 3배 이상 성장하며 본격적인 성장 궤도에 올랐다.

재미있는 사실은 리퀴드데스의 성장 과정에서 수원지가 어딘지는 큰 영향을 끼치지 않았다는 것이다. 리퀴드데스는 오스트리아 알프스에서 물을 공급받는다. 오스트리아 알프스의 물은 미네랄이 풍부하고 깨끗한 것으로 유명하다고 한다. 하지만 리퀴드데스는 이런 점을 전혀 강조하지 않는다.

물은 대표적인 '저관여 상품'이다. 매일 마시는 물의 수원지까지 신경 쓰는 사람은 그리 많지 않을 것이다. 그렇기 때문에 수원지가 아닌, 브랜드의 아이덴티티를 강조한 마케팅은 오히려 더 강한 인상을 남길 수 있었고, 신규 브랜드인 리퀴드데스가 생수 시장에서 차별성을 확보할 수 있는 수단이 되었다.

만약 마이크가 메탈 음악에 진심이지 않았더라면 리퀴드데스는 지금처럼 독특한 정체성을 만들지 못하고 그저 그런 생수 브랜드로 남았을 것이다. 알프스 생수의 대명사, 에비앙의 하위 호환 제품 정도로 말이다.

커피나 콜라보다 인기 있는 물

리퀴드데스는 SNS를 굉장히 잘 활용하는 브랜드다. 고작 5년밖에 되지 않았지만, 틱톡 팔로워 수는 스타벅스와 코카콜라를 합친 것보다 더 많다. 콘텐츠에 대한 팬들의 반응 역시 더 적극적이다.

리퀴드데스가 운영하는 SNS의 가장 큰 특징은 사용자가 직접 제작한 콘텐츠를 통한 바이럴 마케팅이다. 브랜드의 명확한 철학과 개성은 충성도 높은 팬을 만들었고, 그들이 SNS를 통해 표현한 팬심이 자연스럽게 브랜드의 인지도를 강화시킨 것이다.

이것의 대표적인 사례가 바로 '#플라스틱에게죽음을#DeathToPlastic'

캠페인이다. 이를 통해 리퀴드데스는 플라스틱으로 인한 환경 오염의 심각성을 강조하고, 플라스틱 대신 알루미늄 캔을 사용하는 이유를 소비자들에게 알릴 수 있었다.

캠페인의 포스터만 보더라도 기존의 환경 보호 캠페인과 다르다는 것을 단번에 알 수 있다. 이런 리퀴드데스만의 유머는 브랜드의 독특한 이미지와 결합해 소비자들에게 환경 보호에 대한 메세지를 효과적으로 전달했고, 그 결과 1만 7천 명이 넘는 사람들이 자발적으로 콘텐츠를 만들며 브랜드 인지도와 환경 메시지를 동시에 퍼뜨리는 결과를 만들어 냈다.

브랜드의 슬로건인 '#갈증을죽여라*#MurderYourThirst*' 역시 소비자들이 자발적으로 콘텐츠를 제작할 좋은 소재가 되었다. 일반적인 생수 브랜드들이 주로 사용하는 '갈증 해소'와 같은 평범한 문구가 아닌, '갈증을 죽인다'라는 도발적인 메세지는 소셜 미디어에서 화제를 모으며 입소문을 탔고, 2만 4천 명이 넘는 사람들이 공유한 성공적인 캠페인이 되었다.

이 브랜드의 소비자 참여 콘텐츠 중 '끝판왕'은 리퀴드데스 타투다. '#리퀴드데스타투*#LiquidDeathTattoo*'는 브랜드의 로고나 캐릭터를 몸에 새기고 해시태그와 함께 올리는 참여형 이벤트이다. 문신이라고 하는 특수성 때문에 참여자 수는 적지만, 리퀴드데스가 단순한 생수 브랜드가 아닌 하나의 문화로 자리매김하고 있다는 것을 상징적으로 보여준다. 라이더들이 자유와 반항의 상징으로 할리 데이비슨 로고를 문신하는 것처럼. (심지어 리퀴드데스의 창업자는 1년 동안 매일 자신의 브랜드 물을 마시는 모습을 틱톡에 올린 팬의 얼굴을 자신의 팔에 문신으로 새겼다!)

고객이 아닌 팬을 위한 상품

그렇다면, 소비자들은 왜 자발적으로 브랜드를 홍보하는 것일까? 바로 리퀴드데스가 상징적인 브랜드로 자리 잡았기 때문이다. 레드불이 익스트림 스포츠와 모험적인 라이프스타일을 대표하듯, 리퀴드데스는 메탈 음악과 서브 컬처를 대표한다. 사람들은 음료 그 자체보다 브랜드가 가진 상징적 가치를 소비한다. 그리고 그 가치를 통해 자신만의 개성과 라이프스타일을 표현한다. 즉, SNS를 통해 리퀴드데스의 소비자라는 것을 알리는 것만으로도 자신의 가치관과 정체성을 표현할 수 있는 것이다.

리퀴드데스는 의류와 악세서리도 판매하고 있고, 굿즈 판매가 전체 매출액의 10% 이상을 차지할 정도다. 이는 생수 브랜드로는 이례적으로 큰 비중이다. 삼다수에서 후드티를 판매한다면 선뜻 돈을 주고 구매할 사람은 그리 많지 않을 것이다. 고급 이미지를 가졌다는 에비앙이라도 마찬가지다. 그런데 리퀴드데스의 후드티는 생수가 판매되기 전부터 인기를 끌었다고 한다.

이는 브랜드의 정체성이 얼마나 명확한지 보여 주는 단적인 예시다. 즉, 리퀴드데스는 제품이 아닌, 브랜드의 아이덴티티를 기반으로 팬을 만들고, 그 팬심으로 성장한 브랜드라고 정리할 수 있다.

리퀴드데스의 성공 스토리 3줄 요약

1. 가짜 광고를 통해 '가상의 브랜드'를 알리고 투자자를 설득해 창업 자금을 투자 받을 수 있었다.

2. 반항적인 이미지와 환경 보호를 접목해 강력한 아이덴티티를 형성했고, 이를 통해 소비자들을 브랜드의 팬으로 만들었다.

3. 소비자들이 자발적으로 제작한 콘텐츠가 브랜드의 인지도를 강화했고, 단순한 생수 브랜드를 넘어 하나의 문화로 자리매김하게 되었다.

음지의 보드게임
: 카드 어게인스트 휴머니티 Cards Against Humanity

'5달러를 기부하면, 아무것도 주지 않는다. 그럼 5달러는 좋은 곳에 쓰이냐고? 아니, 판매자의 주머니로 들어간다.' 이는 이번 주인공 카드 어게인스트 휴머니티 Cards Against Humanity, 이하 CAH의 블랙프라이데이 마케팅 중 하나다. 이 마케팅은 실제로 11,248명으로부터 9천만 원 이상의 기부금을 모았다.

블랙프라이데이는 '할인'을 상징한다. 그런데 이 브랜드는 할인 대신 되려 가격을 올리거나, 아예 아무것도 안 주고 돈만 받는 방식으로 매년 조롱과 풍자를 담은 이벤트를 진행하고 있다. 브랜드 철학을 보여 주는 공격적인 전략이자, 웃기지만 날카롭게 브랜드의 철학을 응축한 상징적인 이벤트다.

전에는 '6달러로 아무 쓸모없는 소똥 사기 Buy some Bullshit for $6'라는 이벤트로 소똥이 담긴 상자 3만 개를 완판해 2억 원 이상의 매출을 올리기도 했다.

이 브랜드는 불편함, 정치, 자본주의에 대한 풍자를 주요 마케팅 소재로 사용하고 있다. 여기서 끝이 아니다. '카드 어게인스트 휴머니티*Cards Against Humanity*'라는 브랜드명은 전쟁 범죄 재판에서 쓰는 'Crimes Against Humanity(인도에 반한 범죄)'를 패러디한 것이다. 이는 불쾌하고 부도덕한 내용을 다루는 게임의 정체성을 브랜드명에 담아낸 블랙 유머이다.

그렇다면 CAH는 어떻게 불쾌할 수 있는 주제로 게임을 만들어 문화적 아이콘으로 자리매김할 수 있었을까?

색종이와 볼펜으로 만든 연 매출 500억

CAH는 코미디를 사랑하는 8명의 고등학교 동창들이 만든 브랜드다. 대학교 겨울방학, 고향에 모인 친구들은 따분함을 달래기 위해 즉흥적으로 카드 게임을 만들었다. 재료는 색종이와 펜뿐이었다. 그들은 카드에 생각나는 대로 황당하고 무례한 문장들을 적었다.

게임 방식은 간단했다. 한 사람이 질문 카드를 뽑고, 나머지 사람들이 자기가 가진 카드 중 가장 웃긴 답변을 내면 끝이다. 게임을 재미있게 즐긴 친구들은 이 카드들을 PDF로 만들어 주변에 공유하기 시작했고, 이 파일이 온라인에서 밈처럼 퍼지며 입소문을 탔다. 그 결과 자연스럽게 하나의 브랜드로 주목받게 되었다.

프로젝트가 점점 커졌지만, 그들은 '가능한 한 늦게까지 회사처럼 운영하지 않는 것'을 원칙으로 삼았다. 실제로 트레이드마크 등록, 법인 설립, 계좌 개설 같은 일들은 거의 마지막 순간까지 미뤘다. 이는 '회사가 잘될수록 재미와 유연성이 줄어든다'는 신념 때문이었다.

CAH는 결국 크라우드펀딩을 통해 정식 론칭됐다. 리워드는 단순했다. 25달러를 후원하면 게임을 제공하는 구조였다. 당시에는 '성인용 파티 게임'이라는 장르 자체가 생소했던 탓에 제조사들이 이를 거절할지도 모른다고 생각했기 때문에 직접 만들 수 있는 방법을 택한 것이다.

CAH는 실제로 인종, 성, 종교, 장애, 정치 등 다소 민감하거나 불쾌할 수 있는 주제를 다룬다. 이 게임을 하다 보면 '어떻게 이런 걸 게임으로 만들었지?' 싶을 정도로 민감한 문장이 나온다고 한다.

예를 들어, 질문 카드에 '나는 ＿＿을 잊기 위해 술을 마신다'라는 문장이 나오면, 플레이어들은 '무덤 도굴', '장기로 가득한 아이스박스' 같은 부적절한 답변 카드들 중에서 하나를 선택해야 한다. 그리고 가장 충격적이고 기발한 조합을 만든 사람이 점수를 얻는다.

이게 이 게임의 전부다. 제품 구성 역시 빈칸이 있는 문장이 적힌 검은 카드와, 짧은 구절이나 단어가 들어 있는 흰 카드가 전부다. 고작 이런 게임이 세트로 구매하려면 10만 원이 넘고, 매출은 500억에 육박한다.

출처: cardsagainsthumanity.com

　　재미있는 사실은 CAH는 여전히 무료로 다운받을 수 있는 PDF를 제공한다는 것이다. 무료 PDF는 단순한 호의가 아니다. 사용자로 하여금 직접 게임을 체험하게 하고, 자발적인 피드백을 이끌어 내 게임을 '더 웃기게' 만들어 가는 장치이다. 무료 PDF는 밈으로 소셜미디어에서 바이럴이 되고, 언론 보도로 이어지며 브랜드 인지도를 폭발적으로 끌어올리고 있다.

　　이는 사업 초기부터 이어져 온 전통이자, '진짜 웃긴 걸 만들면 사람들은 스스로 지갑을 연다'는 철학에 기반한 마케팅 전략이다. 마치 게임의 데모 버전을 플레이해 본 후 정식 게임을 구매하게 되는 것처럼, 무료 체험이 구매 결정에 큰 영향을 미치는 것이다. 2년간 150만 명 이상이 PDF를 다운로드했고, 50만 세트 이상이 판매되었다는 것을 보면, 이는 꽤 유의미한 전략이라는 것을 추측할 수 있다.

무례한 게임을 넘어 문화적 현상으로

앞서 이 브랜드가 단순히 자극적인 게임을 만드는 것을 넘어, 정치나 자본주의에 대한 풍자를 기저에 깔고 있다고 소개했다. 실제로 CAH는 사회적 메시지를 담은 캠페인을 꾸준히 전개해 오고 있다. 예를 들어, 특정 날에 판매된 전체 수익을 제조 공장에 기부해 중국 노동자들에게 1주일간의 유급 휴가를 제공하거나, 미국과 멕시코 국경 근처 땅을 구매해 캠페인 참가자들에게 소유권을 나눠 줌으로써, 정부가 장벽을 건설하려면 수천 명과 법적 분쟁을 벌여야 하는 상황을 만드는 것이다.

참고로 이 땅의 일부를 최근 일론 머스크의 스페이스X가 무단 사용하면서 CAH가 1,500만 달러 규모의 소송을 제기하는 일이 있었다. CAH는 이 소송에서 승리할 경우 15만 명의 초기 참가자들에게 보상금을 나눠 주겠다고 밝혔다. 그리고 일론 머스크를 고소하겠다는 게시물은 1만 2천 개 이상의 '좋아요'를 받으며 밈 소재로 전 세계에 퍼져 나가고 있다.

이 정도면 단순히 무례한 게임이 아닌, 일종의 문화적 현상이라고 해도 되지 않을까? 덕분에 CAH는 게임 브랜드를 넘어, 유머와 블랙코미디를 수단으로 사회에 날카로운 질문을 던지고, 때론 직접 개입하는 브랜드로 자리 잡았다. 출시된 지 14년이나 되었지만 아직도 이 게임을 플레이하는 영상들이 유튜브에 올라오고 있고, 조회 수도 수

백만 회를 기록할 정도로 화제성 역시 높다.

배타성이 만드는 극강의 공감

그렇다면 이 오랜 생명력은 어디서 나오는 걸까? CAH는 출시 이후 수많은 확장팩을 출시하며 팬들과 지속적인 접점을 유지해 오고 있다. 하지만 여기서 주목할 점은 단순한 콘텐츠 확장이 아닌, 시대에 맞춰 진화하는 방식이다.

CAH는 성소수자를 지지하는 '프라이드 팩*Pride Pack*'부터 기후 변화와 그린워싱을 풍자한 '기후 위기 팩*Climate Catastrophe Pack*'까지 사회적 논란의 중심에 있는 이슈들을 정면 돌파하는 콘텐츠를 통해 시대의 아픈 곳을 찌르는 게임으로 진화해 왔다.

여기까지 들어도 CAH의 성공이 잘 이해되지 않을 수 있다. 이는 CAH가 모두를 위한 게임이 아니기 때문이다. 사용 연령도 17세 이상으로, 보드게임치고는 높은 편이다. CAH는 타깃을 명확히 설정하고 행동하는 브랜드다. 모든 사람의 호감을 얻기보다는 자신들의 유머를 이해하는 핵심 팬층에게 극강의 공감을 이끌어 내는 데 집중한다.

이는 후킹을 위한 마케팅이라기보다는 브랜드의 정체성이자 일관성이다. CAH는 자신들만의 시니컬한 '톤'과 '세계관'을 이메일에서도 유지하고 있다. 단순한 제품 광고가 아니라, 마치 하나의 사건이나 소동처럼 구성된 이메일은 팬들의 흥미를 끌고, 기대감으로 이메일을 열게 만들고 있다. 그 결과 이메일 오픈율은 57.9%, 이메일 내 링크 클릭률은 20.3%로 업계 평균(15%/2.5%)을 훌쩍 뛰어넘는 성과를 만들어 낼 수 있었다.

기억에 남는 역설

CAH의 성공을 관통하는 핵심은 '기억에 남는 역설'이다. 마케팅을 하지 않는 듯하면서도 가장 강력한 마케팅을 하고, 자칫 불쾌할 수 있는 게임이 오히려 열광의 대상이 된다는 아이러니가 바로 CAH의 정체성이자 힘이다.

이러한 역설은 브랜드의 DNA이다. 일반적인 브랜드가 '좋아 보이려' 노력한다면, CAH는 의도적으로 '불편하고 도발적으로' 행동하며 차별화를 만들어 낸다. 전통적인 마케팅을 조롱하고 비트는 것 자체가 브랜딩의 일부이며, 동시에 마케팅이 되는 구조인 것이다.

소비자들은 '이번엔 또 무슨 짓을 했을까?'하는 기대감으로 브랜드의 소식을 기다리게 되었고, 전통적인 방식으로는 결코 만들어 낼 수 없는 능동적 관심과 자발적 팬덤을 구축하게 됐다.

안타깝지만 모든 브랜드가 CAH처럼 '예상을 뒤엎는 경험'을 제공할 수는 없다. 하지만 우리가 놓치지 말아야 할 것은 원칙이다.

첫 번째, 일관성. CAH는 14년 동안 한 번도 자신들의 톤을 바꾸지 않았다. 트렌드에 휩쓸리지 않고 자신만의 색깔을 끝까지 밀고 나간 결과, 독보적인 브랜드 가치를 만들 수 있었다.

두 번째, 타깃의 명확성. 모든 사람을 만족시키려 하지 않고, 자신들의 유머를 이해하는 핵심 고객층에게만 집중해 더 깊은 충성도와 팬덤을 구축했다.

세 번째, 진정성. 단순한 화제성이나 장난이 아닌, 브랜드가 믿고 있는 가치와 철학을 담았기에 사람들이 진심으로 공감하고 신뢰할 수 있는 브랜드가 되었다.

만약 CAH가 모든 사람이 즐길 수 있는 점잖은 게임을 만들었다면 지금처럼 오랜 기간 사랑받는 브랜드가 될 수 있었을까? CAH는 브랜드가 '모두에게 잘 보이려고 애쓸 필요는 없다'는 것을 보여 준다. 작더라도 확실한 팬층을 확보한다면 브랜드는 성공할 수 있다는 것을 증명한 대표적 사례. 이런 CAH의 사례는 '나는 누구에게 어떤 가치를 이야기하고 있나?'라는 질문을 떠올리게 만든다.

카드 어게인스트 휴머니티의 성공 스토리 3줄 요약

1. 코미디를 사랑하는 고등학교 동창들이 지루함을 달래기 위해 만든 카드 게임을 무료 PDF로 배포했다.

2. 자본주의와 사회 문제를 유쾌하게 풍자한 캠페인과 기부 프로젝트를 통해 게임을 넘어선 문화적 아이콘이 될 수 있었다.

3. 시대적 상황을 반영한 확장팩과 적극적인 유저 참여를 통해 지속 가능한 브랜드 생태계를 구축했다.

정치 성향을 노린 '애국보수 커피'
: 블랙 라이플 커피*Black Rifle Coffee*

우리나라에는 10만 개 이상의 카페가 있다. 놀랍게도 1년에 1만 개 이상의 카페가 새로 생기고 사라질 정도로 경쟁 또한 치열하다. 생존율을 보면 더 심각하다. 3년 이상 살아남는 카페는 단 50%에 불과하다. 미국의 상황 역시 크게 다르지 않다. 즉, 카페는 적당히 할 바에는 안 하는 게 나은 사업인 것이다.

그럼 공간 없이 커피만 파는 건 어떨까? 여기, '애국보수'라는 독특한 콘셉트로 온라인에서 커피를 팔아 1년에 5천 억 이상을 벌고 있는 브랜드가 있다. 바로 특수 부대 출신의 퇴역 군인이 설립한 브랜드, 블랙 라이플 커피*Black Rifle Coffee*. 블랙 라이플 커피의 사례를 통해 타깃에 따라 시장이 완전히 달라질 수 있다는 사실을 알아보자.

전장에서 시작된 커피 브랜드

블랙 라이플 커피는 그린베레 출신의 에반 헤이퍼*Evan Hafer*에 의해 시작된 브랜드다. 그는 군인들에게 지급되는 저품질 인스턴트 커피를 마시는 게 싫어 해외 파병지에도 직접 로스팅한 원두나 에스프레소 머신을 가지고 다닐 정도로 커피에 진심이었다. 그에게 질 좋은 커피를 마시는 것은 파병지에서 스트레스를 해소하는 방법 중 하나였고, 부대원들의 사기를 높이는 데 중요한 역할을 한다고 믿었다.

전역 후 직접 로스팅한 '프리덤 로스트*Freedom Roast*' 원두를 지인의 의류 사이트에서 소량 판매하며 수요를 확인한 그는 자체 브랜드와 웹사이트를 만들어 본격적으로 사업을 시작했다. 그리고 사격장과 전술 장비 매장 등에 유통하며 특수 부대 경험을 녹여낸 독특한 커피 브랜드로 성장시켜 나갔다. 특히 해외에 있는 특수 부대 팀원들에게 커피를 보내 주던 것이 자연스럽게 브랜드의 정체성이 되며 '군인에 의한, 군인을 위한' 커피로 자리 잡게 되었다.

초창기 블랙 라이플 커피의 타깃은 군인, 참전 용사, 총기 소유자들이었다. 대표 제품인 '저스트 블랙*Just Black*' 역시 군 복무 시절 커피에 크림이나 설탕을 넣지 않고 마시던 문화에서 유래한 제품이다. 즉, 블랙 라이플 커피는 단순한 커피가 아닌 군인 정신을 공유하는 브랜드인 셈이다.

군대 콘셉트의 카페는 누구나 조금만 고민한다면 기획할 수 있을 것이다. 하지만 '밀덕(밀리터리 덕후)'들이 어떤 커피를 선호하는지, 어떻게 커피를 소비하는지 등 그들이 가지고 있는 특징은 직접 경험하지 않으면 절대 알 수 없는 영역이다. 모든 사람들이 좋아하는 일로 사업을 해야 한다고는 생각하지 않지만, 이렇게 좋아하는 일이 업이 된다면 성공 확률이 높아지는 효과가 있다.

총기와 성조기, 그리고 커피

밀리터리 타임스*Military Times*의 설문조사에 따르면 미국의 군인들은 공화당(보수)을 지지하는 경향이 있고, 특히 참전 용사들은 더 강한 보수 성향을 보인다고 한다.

초창기 블랙 라이플 커피는 이러한 성향의 소비자들이 활발히 활동하는 페이스북 커뮤니티에 집중해 광고를 진행했다. '미국을 사랑하는 당신을 위한 커피'라는 메시지는 이들의 즉각적인 반응을 이끌어 냈고, 블랙 라이플 커피는 댓글로 적극 소통하며 소비자들과 빠르게 라포를 형성했다.

이 과정에서 브랜드의 타깃이 보수적인 애국주의 성향을 가진 사람들로 넓어졌다. 브랜드의 목표를 '미국을 사랑하는 사람들에게 서비스를 제공하는 것'이라고 공식 사이트에 명시할 정도이다.

브랜드의 정체성을 시각적으로 표현하기 위해서는 폰트, 제품명, 로고, 패키지 등 고민해야 할 요소가 많다. 그런데 타깃과 콘셉트가 명확하다면 선택은 쉬워진다.

블랙 라이플 커피는 군대 문화를 기반으로 강렬한 비주얼 아이덴티티를 구축했다. 군대 관련 문양, 군대 스타일의 폰트, 총기 문화를 반영한 제품명 등을 활용해 브랜드의 정체성을 효과적으로 전달하고 있다.

뿐만 아니라, '애국보수'라는 정체성과 밀리터리 문화를 중심으로 한 콘텐츠 마케팅을 통해 고객과의 공감대를 강화했다. 이를 통해 보수적인 애국주의자들을 자연스럽게 소비자로 만들었고, 단순한 커피 브랜드를 넘어서는 브랜드로 자리 잡게 되었다.

우리나라뿐만 아니라 미국에서도 기업가가 정치색을 밝히는 것은 브랜드에 리스크로 작용할 수 있다. 하지만 반대로 같은 가치관을 가진 소비자들과 강한 유대감을 형성함으로써 팬층을 더욱 확고히 하는 요소가 될 수도 있다. 즉, 대형 브랜드와 달리 스몰 브랜드에게는 정치색이 오히려 차별화 포인트가 되는 것이다.

스타벅스는 오랫동안 '다양성과 포용성' 등 진보적인 가치를 강조하는 정책을 유지해 왔다. 이러한 정책은 진보적인 소비자층에게 긍정적인 반응을 얻었지만, 보수층의 반발을 불러오기도 했다. 특히 트럼프 대통령의 반난민·반이민 행정 명령을 비판하며 '5년간 난민 1만 명을 고용하겠다'고 발표한 것이 논란이 되어 보수층에서는 스타벅스 불매 운동이 벌어졌을 정도였다.

블랙 라이플 커피는 이런 스타벅스의 정책을 정면으로 비판하며, '우리는 난민이 아닌, 참전용사 1만 명을 고용하겠다'고 선언했다. (실제 고용 규모에 비해 과장된 목표였다는 점에서 현실 가능성 부족과 홍보성 선언이라는 비판을 받기도 했다.) 이를 통해 블랙 라이플 커피는 스타벅스와의 차별점을 강조할 수 있었고, 보수적인 소비자들에게 자신들의 정치적·사회적 가치를 부각시켜 맛이나 가격이 아닌 가치관에 따라 커피를 소비할 이유를 제공했다.

브랜드가 소비자와 유대감을 형성하는 방법에는 여러 가지가 있다. 그러나 중요한 것은 방법이 아닌 일관성이다.

블랙 라이플 커피는 강하고 직설적인 브랜드다. 이러한 정체성을 모든 콘텐츠와 마케팅에 일관되게 반영하고 있다. 100만 명 이상의 구독자를 보유한 유튜브 채널에서도 커피를 홍보하기보다는 총기 관련 유머, 군 복무 경험담, 전쟁 영화에 대한 군인의 리액션 등 타깃층이 관심을 가질 만한 영상을 업로드하고 있다. 이를 통해 자신들의 정체성을 강화하는 동시에 소비자의 팬심을 더욱 강하게 만들었다. 그리고 유명 보수 인플루언서와 협업하며 보수적 가치를 공유하는 커뮤니티로 발전하게 되었다.

보수적인 소비자들은 자신의 정치적·사회적 신념과 일치하는 브랜드에 강한 로열티를 가지는 경향이 있다고 한다. 그들은 단순히 제품의 기능적 가치만을 구매하는 것이 아닌, 자신의 정체성과 가치관을 반영하는 브랜드에 기꺼이 프리미엄을 지불한다. 한번 신뢰를 구축하고 브랜드에 대한 충성도가 높아지면 가격 변동에도 상대적으로 덜 민감해 장기적인 구매로 이어지는 특징도 있다.

즉, 블랙 라이플 커피는 자신들의 제품에 소비자들이 특별한 의미를 부여할 수 있도록 만들어 꾸준히 사랑받는 브랜드가 될 수 있었던 것이다.

경쟁사가 카피할 수 없는 가치

대부분의 소비재는 기술과 설비를 가지고 있는 공장과의 계약을 통해 제작된다. 모두들 제품의 품질이나 성능의 차별성을 어필하지만, 사실 마음만 먹는다면 쉽게 카피가 가능하다. 그렇기 때문에 제품 자체가 브랜드의 유일한 경쟁력이 된다면 제품을 카피해 저렴하게 파는 대기업이나 현란한 마케팅을 하는 후발 주자에게 시장을 빼앗길 수밖에 없다. 따라서, 결국 오랫동안 사랑받는 브랜드를 만드는 것은 제품력이 아닌 브랜딩이다.

한동안 ROKA 티셔츠가 유행했던 적이 있다. 연예인이나 인플루언서들이 착용하면서 군문화를 경험하지 않은 청소년들 사이에서도 하나의 패션 아이템으로 소비됐었다. 하지만 대부분의 사람은 '군문화'가 아닌, 단순히 디자인이 마음에 들어 ROKA 티셔츠를 구매했다. 그 결과 다른 제품 구매로는 이어지지 않았고, 유행 역시 오래가지 못했다.

반면 블랙 라이플 커피의 소비자들은 제품이 아닌, 브랜드 자체를 좋아하기 때문에 제품을 소비한다. 따라서 의류나 액세서리, 심지어 총기 관련 장비까지 제품군을 확장하며 '애국보수'를 대표하는 브랜드가 될 수 있었다.

즉, 스몰 브랜드가 집중해야 하는 것은 모든 자원을 투자해 만든 최고의 제품이 아닌, 어떤 제품이 나와도 관심을 가지고 구매할 수 있도록 만드는 강력한 브랜딩인 것이다.

블랙 라이플 커피의 성공 스토리 3줄 요약

1. 커피에 깊이 빠져 있던 특수 부대 출신의 퇴역 군인이 군인과 참전 용사, 총기 소유자들을 타깃해 군인 정신을 공유하는 독특한 커피를 만들었다.

2. 보수적 애국주의 성향을 가진 사람들로 타깃을 확장하며 단순한 커피 브랜드를 넘어 '애국보수의 상징'으로 자리 잡았다.

3. 강력한 정체성과 밀리터리 문화를 반영한 콘텐츠 마케팅을 통해 브랜드의 팬덤을 형성하고, 의류와 액세서리 총기 관련 장비까지 브랜드를 확장했다.

Z세대의 개성 표현 수단이 된 여드름 패치
: 스타페이스*Starface*

누구나 외모에 대한 콤플렉스가 하나쯤은 있다. 외모에 대한 콤플렉스가 가장 심한 시기를 꼽자면 아마도 본격적으로 외모를 가꾸기 시작하는 청소년기일 것이다. 그리고 그들에게 가장 크고 흔한 스트레스 요인은 다름 아닌 '여드름'이다.

우리나라에는 여드름을 가려 주는 패치들이 많이 있다. 하지만 아무리 자연스럽게 가려도 어색한 느낌을 완전히 없앨 수는 없다. 그렇다면 굳이 가리려 애쓰지 말고, 나만의 개성으로 표현하면 어떨까?

여기, 화려한 여드름 패치를 팔아 1년에 600억 이상의 매출을 올리고 있는 브랜드가 있다. 바로, Z세대의 '셀카 필수템'이 된 '스타페이스*Starface*'다. 그렇다면 스타페이스는 어떻게 여드름 패치를 패션 아이템으로 바꿀 수 있었을까?

스타페이스는 뷰티 산업의 이중성에 불만을 느낀 뷰티 디렉터에

의해 시작된 브랜드다. 여성 패션 매거진에서 뷰티 디렉터로 일하던 줄리 샷*Julie Schott*은 십대 시절 여드름 때문에 자존감이 낮아지는 경험을 했다. 줄리는 뷰티 업계에서 일하면서, 여드름이 '감춰야 할 것'으로만 다뤄지는 현실에 의문을 품었고, 이는 뷰티 산업이 사람들의 '불안감'을 자극해 제품을 판매하고 있기 때문이라고 결론내렸다.

그래서 줄리는 여드름에 대한 부정적인 인식을 뒤집기로 마음먹었다. 기존의 '감추기' 중심이었던 여드름 관리를 '드러내기'로, 부끄러운 감정을 자기표현의 수단으로, 피부 트러블에 대한 인식을 성장 과정의 일부로 전환하고자 했다. 이를 실현하기 위해 사회적 기업가 브라이언 보르데이닉*Brian Bordainick*과 함께 스타페이스를 창업했다.

여드름의 원인과 발생 부위, 치료 방향과 대상의 특징이 모두 다름에도 불구하고 기존 여드름 패치가 집중한 것은 '얼마나 자연스럽게 여드름을 가리느냐'였다. 반면 줄리의 철학은 '뷰티 제품이란 숨기기보다 표현의 수단이 될 수 있어야 한다'는 것이었다. 이를 위해 스타페이스는 자신만의 개성을 드러내는 것을 두려워하지 않는 Z세대에게 집중했다.

브랜드의 철학을 만들고 타깃을 설정하는 건 그리 어려운 일이 아니다. 문제는 그 철학을 어떻게 보여 주고, 어떻게 타깃을 설득할 것인가에 있다. 스타페이스는 틱톡을 중심으로 한 콘텐츠 전략을 통해 Z세대를 공략했다.

Z세대는 디지털 네이티브로, 태어날 때부터 스마트폰과 유튜브 환경에서 자랐다. 이들은 SNS를 단순한 소통 수단이 아닌 자아의 일부로 여기며, 텍스트보다 영상에 익숙한 특징이 있다. 또, 앱과 플랫폼을 빠르게 옮겨 다니는 것에 거리낌이 없다. 스타페이스는 이들을 따라 인스타그램에서 틱톡으로 빠르게 넘어갔다.

이 책에서 다루는 모든 브랜드는 SNS를 브랜딩의 핵심으로 활용하고 있다. 하지만 대부분 틱톡은 인스타그램의 보조적인 수단일 뿐이거나 인스타그램에 올렸던 게시물을 반복해 올리는 용도로 사용된다. 그런데 스타페이스의 틱톡 팔로워는 300만 명으로, 65만 명인 인스타그램보다 4배 이상 많다.

그렇다면 어떻게 300만 명이 넘는 팔로워를 보유할 수 있었을까? 바로, '크리에이터 하우스' 전략 덕분이었다.

크리에이터 하우스란 여러 명의 인플루언서들이 한 공간에 모여 함께 생활하고, 콘텐츠를 찍고, 브랜드와 협업하는 구조를 뜻한다. 이를 통해 팬층을 공유하고, 콘텐츠의 시너지를 높이며, 브랜드 협업 기회를 극대화하고 있다.

스타페이스는 틱톡이 막 성장하던 초기에 인기 틱톡커들이 함께 사는 크리에이터 하우스에 브랜드 제품을 협찬하고 콘텐츠 제작을 유도했다. 별 모양 패치를 붙인 상태로 일상 콘텐츠나 챌린지 영상을 올리게 함으로써, 자연스럽게 Z세대에게 브랜드를 인식시킨 것이다.

특히 하이프 하우스Hype House 크리에이터들과의 협업은 수천만 뷰를 달성하며 팬들이 크리에이터를 따라 스타페이스를 사용하도록 유도하는 계기가 되었다. (참고로 하이프 하우스는 넷플릭스 시리즈로 제작될 만큼 영향력 있는 크리에이터 하우스 중 하나다.)

한 인터뷰에서 줄리는 "우리가 혁신적이었던 것이 아니라, 젊은이들이 있는 곳을 따라간 것뿐"이라며, 스타페이스가 다른 브랜드보다 틱톡을 더 빨리 시작한 이유에 대해 설명했다.

에어팟처럼 생긴 케이스의 정체

스타페이스는 Z세대의 움직임을 누구보다 민감하게 포착하고, 그들이 원하는 것을 정확히 내놓았다. Z세대의 또다른 특징은 가치 기반 소비를 한다는 것이다. 이들은 환경 파괴와 기후 변화의 결과를 직접 겪게 될 첫 세대로, 자연재해, 미세 먼지, 플라스틱 문제 등이 어릴 때부터 일상화돼 있었다. 그 결과 환경 문제를 '남 일'로 보지 않는 특징이 있다.

기존 여드름 패치는 밴드나 파스처럼 얇은 종이 상자에 포장돼 있었지만, 스타페이스는 에어팟과 비슷한 형태의 플라스틱 케이스에 담겨 있다. 이 케이스는 단순히 개성을 드러내는 수단을 넘어 재사용이

출처: starface.world

가능한 제품으로, 리필용 패치만 따로 구매하면 영구적으로 사용할 수 있는 구조이다. 일회용품 사용을 최소화한 패키징은 브랜드가 소비자 세대를 '배려'하고 '책임감'을 보여 주는 방식이다.

이 케이스의 이름은 빅 옐로우*Big Yellow*로, 브랜드의 마스코트 역할도 하고 있다. 보통의 뷰티 브랜드가 1년에 1,200억 이상을 벌면 다음에는 무엇을 할까? 유명한 모델을 기용해 브랜드의 인지도를 높이고 매출을 끌어올리지 않을까? 재미있게도 스타페이스는 이상적인 모델 이미지를 사용하고 있지 않다. '예쁘고 완벽한 사람'만 쓸 수 있는 브랜드처럼 보여 Z세대에게 거리감을 줄 수 있다고 생각하기 때문이다.

빅 옐로우는 사람 모델 없이도 브랜드의 이미지를 전달하는 역할을 한다. 빅 옐로우가 등장하는 짧은 애니메이션과 밈 형식의 콘텐츠를 통해 제품의 감성과 분위기 등을 감각적으로 전달하며 Z세대의 공감과 참여를 이끌어 낸 것이다.

줄리는 스타페이스가 세련되고 쿨한 사람들만을 위한 것이 아닌, 누구나 환영받는 포용적인 브랜드여야 한다고 말한다. 실제로 스타페이스의 웹사이트를 살펴보면 인종과 성별, 외모와 상관없이 누구나 제품을 사용하는 모습을 보여 주며, 모든 사람이 주인공이 될 수 있다는 메시지를 시각적으로 전달하고 있다.

출처: starface.world

뾰족하게 시작해 넓혀 가라

스타페이스는 여드름 패치라는 마이너한 시장을 타깃으로 시작했다. 덕분에 여드름 패치를 패션 아이템으로 재정의하고, Z세대의 자기표현 문화에 스며들어 새로운 시장을 개척할 수 있었다. 브랜드의 해자를 만들었다면, 이제는 크로스셀링을 통해 브랜드를 확장할 차례다.

스타페이스가 가장 먼저 시도한 것은 패치의 색상을 늘리는 것이었다. 그리고 여드름에 패치를 붙이는 것에 그치지 않고, 여드름 관리 전체 루틴으로 제품군을 확장했다. 이를 통해 고객이 스타페이스 제품군 내에서 여드름 문제를 해결할 수 있게 되었고, 패치만 사용하던 소비자들을 세안·보습까지 포함한 브랜드의 세계관 속으로 자연스럽게 유입시킬 수 있었다.

구글에 스타페이스를 검색하면 히어로 코스메틱스*Hero Cosmetics*라는 브랜드가 연관검색어로 등장한다. 히어로 코스메틱스는 스타페이스보다 2년 먼저 출시된 브랜드로, 미국 시장에 여드름 패치를 처음으로 대중적으로 알린 브랜드로 통한다.

맞다. 스타페이스는 후발 주자다. 하지만 '투명함'과 '빠른 효과'를 강조한 기능 중심의 히어로 코스메틱스와 달리, 스타페이스는 '여드름을 가리지 말고 즐기자'라는 기조하에 놀이·셀카 문화로 접근하며 확실한 차별화를 만들어 냈다. 이로써 정면 경쟁을 피하고, 오히려 새로운 시장을 만든 것이다.

스타페이스의 전략은 한 문장으로 요약된다. "우리가 혁신적이었던 것이 아니라, 젊은이들이 있는 곳을 따라간 것뿐이다." 고객에게 '나를 봐 달라'고 애쓰기보다, 고객이 있는 공간에 자연스럽게 스며들며 경쟁 자체를 무의미하게 만든 것이다.

스타페이스의 성공 스토리 3줄 요약

1. 여드름을 '가리는 것'에서 '즐기는 놀이'로 재정의하며, 개성을 표현하는 여드름 패치라는 새로운 시장을 열었다.

2. 틱톡 초창기, 크리에이터 하우스를 활용해 Z세대의 놀이 문화 속으로 파고들며 브랜드 존재감을 각인시켰다.

3. 여드름 관리 전체 루틴으로 제품군을 확장하며 클렌저 → 모이스처라이저 → 패치 → SNS 인증의 자연스러운 흐름을 완성했다.

'세상에서 가장 강한' 커피
: 데스 위시 커피 *Death Wish Coffee*

직장인이라면 아침식사는 걸러도 커피는 꼭 챙겨 마실 것이다. 모닝커피의 목적이 '카페인 수혈'이라면, 고카페인 커피를 섭취하면 더 효과적이지 않을까?

여기, 세상에서 가장 강한 커피를 팔아 1년에 200억 이상의 매출을 올리고 있는 브랜드가 있다. 바로, '죽음의 커피'라고도 불리는 '데스 위시 커피*Death Wish Coffee*'다.

카페인이 높아 봤자지, 죽음의 커피는 과한 거 아니냐고? 톨 사이즈 기준 데스 위시 커피의 카페인 함량은 728mg으로 스타벅스 아메리카노(150mg)의 5배에 달할 뿐만 아니라 FDA가 권장하는 카페인 일일 섭취량(400mg)의 1.5배를 초과하는 수준이다. 이 정도면 정말 '죽음의 커피'라는 별명이 터무니없는 과장만은 아니지 않을까?

사실 데스 위시 커피 이전에도 고카페인 커피 브랜드들은 존재했다. 그렇다면 후발 주자인 데스 위시 커피는 어떻게 고카페인 커피의 상징과도 같은 브랜드로 자리매김할 수 있었을까? 후발 주자가 레드 오션에서 살아남는 방법이 궁금하다면 데스 위시 커피를 특히 주목하길 바란다. 이번 사례를 통해 고객 중심 사고의 중요성을 느낄 수 있을 것이다.

시작부터 완벽할 필요는 없다

데스 위시 커피는 작은 카페에서 시작된 브랜드다. 뉴욕 정부에서 회계사로 일하던 마이크 브라운*Mike Brown*은 반복적이고 정적인 업무가 자신에게 맞지 않는다는 것을 깨달았다. 비즈니스에 관한 책들을 읽으며 사업 아이디어를 구상했지만, 결국은 명확한 사업 아이템이나 계획 없이 직장을 그만두게 되었다.

마이크가 카페를 시작한 이유는 '일단 무언가 시작해야 한다'는 생각에 창업이 쉬운 아이템을 선택한 것이었다. 사업에 대한 경험이 없었기 때문에 초기 리스크를 줄이고 운영 노하우를 전수받기 위해서 동네의 작은 카페를 인수했다. 당시 마이크가 알고 있는 카페 운영 노하우와 기술은 전 주인으로부터 30일간 인수인계를 받은 게 전부였다. 여기까지 들으면 망하는 카페의 전형적인 창업 스토리와 크게 다르지 않다.

미국의 개인 카페 폐업률은 약 50% 정도이다. 한 커피 비즈니스 컨설팅 기관의 발표에 따르면 많은 사람들이 비즈니스가 스스로 수익을 낼 때까지 버틸 수 있는 충분한 자금을 확보하지 못해 폐업을 택한다고 한다.

마이크의 상황 역시 크게 다르지 않았다. 그는 카페를 인수한지 몇 달도 되지 않아 비즈니스가 지속 불가능하다는 것을 깨달았다. 마이크가 한 인터뷰에 따르면, 사업 초기 매출은 늘고 있었지만 이익은 전혀 없었고, 재정적으로는 '거의 파산 상태'일 정도였다.

보통의 경우 마이크와 같은 상황에 놓였다면 빠르게 카페를 접고 회계사 일을 다시 시작했을 것이다. 약간의 돈과 시간을 잃었지만, 재미있는 경험을 했다고 스스로를 위로하며. 하지만 마이크는 뒤를 돌아보지 않는 사람이었다. 그는 일단 생존하기 위해 자신의 집을 팔고, 부모님 집 차고에서 생활하며 사업을 유지했다. 그리고 이렇게 바닥을 찍은 경험은 기존 운영 방식을 근본적으로 재검토하는 계기가 되어 주었다.

당시 마이크는 대부분의 카페와 마찬가지로 커피 판매 자체에 의존하며 사업을 운영하고 있었다. 하지만 이러한 방식만으로는 사업을 지속할 수 없다는 것을 깨닫고 고객들이 진정으로 원하는 것을 제공하기로 결심했다. 마이크는 특히 고객들이 강력한 커피를 원한다는 것과, 기존 커피로는 이러한 니즈를 충족시키지 못한다는 문제점에 주목했다. 그렇게 갖게 된 새로운 목표는 고객의 일상에 활력을 불어넣을 수 있도록 세상에서 가장 강한 커피를 만드는 것이었다.

커피의 강도를 높이기 위해 초창기에는 더 많은 양의 원두를 사용하거나 물의 양을 줄이는 방식을 사용했지만, 이는 수익성을 낮출 뿐만 아니라 커피의 풍미 역시 손상시킨다는 문제가 있었다. 그래서 마이크는 카페인 함량이 높은 커피 블렌드를 직접 개발하며 이 문제를 해결했다.

마이크는 커피에 대해 잘 모르던 거 아니었냐고? 맞다. 당시 마이크는 망해 가는 카페를 운영하는 초보 사장에 불과했다. 하지만 커피에 대한 무지가 오히려 기회로 작용했다. 커피 업계에 대한 고정관념이 없었기 때문에 독창적인 시도를 할 수 있었고, 고객 피드백에 의존해 제품을 개선할 수 있었던 것이다.

마이크는 새로운 블렌드를 개발할 때마다 고객들에게 직접 시음을 요청하며 피드백을 수집하고, 모두가 만족할 때까지 이 과정을 반복하며 블렌드를 개선했다. 그리고 전통적인 커피 브랜드와는 다른 대담한 이미지를 활용해 고객들에게 강렬한 경험을 제공했다.

콘셉트가 강할수록, 팬덤도 강해진다

'데스 위시*Death Wish*'는 영어에서 일상적으로 사용되는 관용구로, 자

신을 위험에 빠뜨리는 무모한 행동이나 선택을 의미한다. 즉, '데스 위시 커피*Death wish coffee*'는 "이렇게 강한 커피를 마시는 건 굉장히 위험한 행동이다"라는 도발적인 메시지를 소비자에게 전달하고 있는 것이다.

데스 위시 커피는 고정관념에서 벗어난 도발적인 접근을 통해 레드오션인 커피 시장에서 독자적인 위치를 확보할 수 있었다. 이런 극단적인 브랜드는 호불호가 갈릴 수밖에 없다. 앞서 분석했던 '리퀴드 데스'와도 느낌이 굉장히 비슷하다. 분야는 다르지만 비슷한 콘셉트로 성공한 이 두 브랜드를 통해, 콘셉트가 명확할수록 타깃이 명확해지고, 팬덤을 확보하는 게 쉬워진다는 것을 알 수 있다.

두 브랜드 모두 도발적인 브랜딩, 반항적인 메시지, 고정관념을 뒤집는 마케팅 전략을 통해 단순한 음료를 넘어 정체성을 드러낼 수 있는 라이프스타일 브랜드로 자리 잡았다. 특히 젊고 반항적인 정체성을 가진 소비자들에게 강한 지지를 얻고 있다. 리퀴드데스는 펑크와 메탈 음악을 좋아하는 Z세대에게, 데스 위시 커피는 밤샘 작업을 하는 크리에이터나 강한 각성 효과를 원하는 사람들에게 각자의 방식으로 통하고 있다.

소수의 취향에서 대중 브랜드로

문제는 이런 사람들이 소수라는 것이다. 창업 3년 차까지 데스 위시 커피는 아는 사람만 아는 소규모 브랜드에 불과했다. 데스 위시 커피가 전국적인 인지도를 갖게 된 브랜드로 성장하게 된 것은 한 콘테스트에서 우승을 하면서부터였다.

바로, 소기업의 성장을 지원하는 '스몰 비즈니스 빅 게임*Small Business Big Game*'이라는 콘테스트이다. 이 콘테스트의 우승 상품은 무려 슈퍼볼에 광고를 무료로 방영할 수 있는 기회였다. 이를 통해 데스 위시 커피는 70억의 마케팅 비용을 절감할 수 있었을 뿐만 아니라 1억 6,700만 명의 시청자에게 브랜드를 각인시킬 수 있었다. 그 결과 매출은 2배 이상 성장했고, 맥주, 보드카, 비누, 아이스크림 등 다양한 브랜드와의 협업을 통해 소비자 접점 역시 확장할 수 있었다.

실제로 슈퍼볼 광고 이후 데스 위시 커피의 로고, 패키지, 웹사이트 전체를 카피한 브랜드들이 등장했다고 한다. 하지만 이런 미투 브랜드들은 브랜드의 강력한 커뮤니티와 팬덤까지는 카피할 수 없었다. 영국의 고객 경험 관리 기업, '커스터머슈어*CustomerSure*'의 조사에 따르면 데스 위시 커피의 브랜드 추천 지수는 90점 이상으로, 애플보다 30% 이상 높다고 한다. 이는 거의 모든 고객이 데스 위시 커피를 매우 긍정적으로 평가한다는 것을 의미한다.

데스 위시 커피는 단순히 '콘셉트 빨'이 아닌, 고객이 진짜로 원하는 것을 제공했기 때문에 성공할 수 있었다. 야외 활동에 적합한 콜드 브루 커피, 독특하고 고급스러운 맛을 추구하는 사람을 위한 배럴 에이징 커피 등 소비자의 생활 방식과 취향을 관찰하고, 그들이 원하는 가치를 제공함으로써 소비자들의 일상에 깊숙이 스며든 브랜드가 된 것이다.

데스 위시 커피의 성공 스토리 3줄 요약

1. 강렬한 카페인 효과를 원한다는 고객들의 피드백을 바탕으로 세상에서 가장 강한 커피를 개발하게 되었다.

2. 도발적인 브랜딩과 반항적인 메시지, 고정관념을 깨는 마케팅 등을 통해 충성도 높은 팬층을 확보할 수 있었다.

3. 슈퍼볼 광고를 통해 브랜드를 대중에게 각인시켰고, 이를 바탕으로 다양한 브랜드와 협업하며 더 넓은 소비자층을 확보했다.

나만의 브랜드를 만들기 위한 워크시트 ③

브랜드의 핵심 가치와 포지션이 정해졌다면, 이제 그것을 누구에게 어떻게 보여 줄 것인지 고민할 차례다. 나만의 브랜드 전략을 구체화하고 실행 계획을 세워 보자.

What - 브랜드가 말하고자 하는 가치	Who - 가치를 받아들일 타깃
	그 메시지에 공감하고 반응할 가능성이 가장 높은 사람은 누구인가
내 브랜드는 어떤 철학, 메시지, 태도를 세상에 전하고 싶은가	How - 전달하는 방식과 채널
	그들에게 가장 효과적으로 전달할 수 있는 방법은 무엇인가

이 구조를 바탕으로 리퀴드데스를 다시 분석해 보자. 리퀴드데스는 생수를 알루미늄 캔에 담아 1년에 3억 캔 이상 판매하고 있다. 그들의 'What'은 단순히 깨끗한 물이 아닌, 반항적이고 쿨한 삶의 태도이다.

'Who'는 메탈 음악과 타투, 스케이트보드처럼 서브 컬처에 열광하는 사람들이며, 좀 더 뾰족하게 얘기하자면 공연이나 락 페스티벌을 즐기면서도 술이나 담배 같은 유흥을 거부하는 스트레이트 엣지*Straight Edge*들이다.

'How'는 '죽음의 물'이라는 도발적인 네이밍과 맥주처럼 보이는 강력한 패키지, 그리고 공연장과 페스티벌 같이 타깃 고객과의 접점에 제품을 배치하는 것이었다. 만약 리퀴드데스가 더 넓은 소비자층을 타깃하기 위해 기존의 생수들처럼 수원지를 강조하는 등의 방식을 택했다면, 그저 패키지가 특이한 생수로밖에 남지 못했을 것이다.

후깁스어크랩 역시 마찬가지다. 그들의 'What'은 소비로 세상을 바꾸는 경험이고, 'Who'는 일상의 선택으로 선한 영향력에 동참하고 싶은 사람들이다. 창업자 사이먼은 사업 초기에 비영리 바를 통해 사회적 임팩트를 만들어 내려 했지만, 물리적 공간에 의존하는 사업은 확장성이 낮다는 한계가 있었다.

한계를 극복하기 위해 선택한 방법은 'How'를 바꿔 온라인 유통 기반의 소비재로 눈을 돌리는 것이었다. 그렇게 후깁스어크랩은 단순한 친환경 휴지를 넘어 수익의 50%를 기부하며 160억 원의 누적 기부금을 만들어 낸 '철학이 있는 브랜드'로 자리매김했다.

나의 개인적인 사례를 들어 보겠다. 유튜브를 시작할 당시 나의 'What'은 사업 아이템을 찾는 탐색 과정이었다. 구독자는 많으면 좋지만, 없어도 괜찮다고 생각했다. 하지만 3개월만에 만 명이 넘는 구독자가 생기면서 자연스럽게 'Who'에 대한 고민을 하기 시작했다.

지금은 브랜딩에 관심이 있는 (예비)창업자라는 뚜렷한 타깃이 생겼고, 이에 따라 'What'도 함께 성장하는 과정으로 바뀌게 되었다. 'How' 또한 아이템 소개가 아닌 브랜딩에 초점을 맞춘 사례 분석 영상으로 더욱 뾰족해졌다. 이 과정에서 구독자 증가 속도는 예전보다 느려졌지만, 비즈니스 기회는 더 많이 생겨났다.

지금까지 'What – Who – How' 프레임워크를 사례와 함께 살펴봤다. 이제는 이 구조를 직접 적용해 볼 차례다.

가장 먼저 'What'이다. 내 브랜드가 진짜로 파는 것은 무엇인가? 제품이나 서비스 자체가 아니라 그것을 통해 고객이 경험하게 될 감정, 변화, 혹은 라이프스타일을 말한다. 예를 들어 리퀴드데스는 생수 브랜드이지만, 실제로는 반항적이고 쿨한 삶의 태도를 판다. 후킵스어크랩은 휴지 브랜드이지만, 실제로는 소비로 세상을 바꾸는 경험을 판다.

① What: 내 브랜드가 세상에 전하고 싶은 철학, 메시지, 혹은 라이프스타일은?

_____

_____

다음은 'Who'다. 내 브랜드가 판매하는 가치를 가장 크게 공감할 사람은 누구인가? 나이와 성별 같은 단순한 조건보다는 라이프스타일, 가치관, 행동 패턴 같은 정성적인 요소에 집중해 보자. 그냥 '20대 여성'이 아니라, '실용적인 것보다 감성이 담긴 것을 선택하고 작은 소비에도 자신의 취향을 담고 싶어 하는 사람'처럼 구체적으로 타깃을 그려 볼수록 전달하려는 메시지도 더 뾰족해질 것이다.

> ② Who: 내 브랜드의 메시지에 크게 공감하고 긍정적으로 반응할 가능성이 가장 높은 사람은?
>
> _____
>
> _____

마지막은 'How'다. 앞서 정리한 타깃에게 그 가치를 어떻게 전달할 수 있을까? 그들이 (온/오프라인을 막론하고) 가장 많은 시간을 보내는 곳은 어디인지, 어떤 콘텐츠 형식을 선호하는지, 어떤 언어와 톤에 반응하는지를 파악해 보자.

또, 타깃이 해당 공간에서 무엇을 하는지, 경쟁사는 그 공간을 어떻게 활용하고 있는지, 내 브랜드는 어떻게 해야 자연스럽게 그 공간에 침투해 거부감 없이 노출될 수 있을지 등을 고민해 보자.

후긴스어크랩의 창업자 사이먼이 비영리 바를 폐업한 이후에 휴지 브랜드를 창업했듯이, 전달 방식은 기존의 틀과 완전히 다른 방향으로 변화해야 할 수도 있다. 중요한 것은 내가 전하고자 하는 메시지가 타깃에게 가장 잘 닿을 수 있는 방법을 찾는 일이다.

> ③ How: 내 브랜드의 타깃에게 가장 효과적으로 메시지를 전달할 수 있는 방법은?
>
> _____
>
> _____

사실 이런 활동들이 매출과 직접 연결되지는 않을 수 있다. 오히려 당장은 수익으로 이어지지 않는 일에 시간과 에너지를 쓰는 작업에 더 가깝다. 그럼에도 브랜딩이 필요한 이유는, 우리의 목표가 단순히 '잘 파는 것'이 아니라 '계속해서 찾고 싶은 이유'를 만드는 데 있기 때문이다. 브랜드의 가치가 뚜렷해질수록 누구에게 이야기해야 할지가 선명해지고, 타깃이 분명해질수록 그들에게 닿을 수 있는 방식 또한 명확해진다.

결국 스몰 브랜드를 위한 브랜딩이란 브랜드가 가진 장점을 조합해 차별성을 만들고, 그것을 시장의 니즈에 맞춰 유연하게 조정해 가는 과정이다. 핵심은 완벽한 정답을 찾아 '짜잔'하고 보여 주는 것이 아니라, 고객과의 접점에서 반응을 확인하며 주파수를 맞춰 나가는 데 있다.

PART 4

시장에 새로운 선택지를 제시한 브랜드

공감은 어떻게 브랜드의 무기가 되는가 : 반자*Banza*

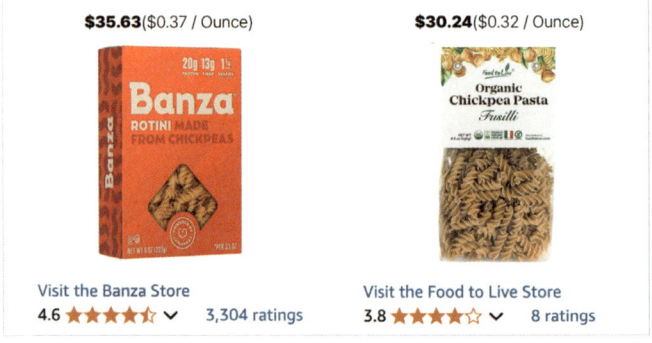

$35.63($0.37 / Ounce)   **$30.24**($0.32 / Ounce)

Visit the Banza Store   Visit the Food to Live Store
4.6 ★★★★⯪ ∨   3,304 ratings   3.8 ★★★★☆ ∨   8 ratings

출처: amazon.com

여기, 재료와 가격이 비슷한 두 종류의 파스타가 있다. 그런데 판매량에는 큰 차이가 있어 보인다. 이 차이는 제품 자체가 아니라, 소비자의 페인 포인트에 대한 공감에서 기인한다.

대부분의 파스타는 정제 밀가루로 만들어진다. 문제는 정제 밀가루가 당뇨와 비만의 주요 원인 중 하나로 꼽혀, 자주 먹기에 부담스러운 음식이라는 것이다. 만약 파스타를 정말 좋아하지만 건강에 안 좋을까 봐 주저하는 소비자라면, '이 파스타는 정말로 좋은 재료로 만들어졌습니다'라고 광고하는 브랜드와, '이제 매일 맛있는 파스타를 걱정 없이 먹을 수 있어요!'라고 광고하는 브랜드 중 어떤 것에 더 끌릴까? 똑같은 재료라도 단순히 건강을 강조한 브랜드보다, '파스타를 너무 좋아해서 더 자주 먹고 싶어 만들었다'는 브랜드가 훨씬 매력적으로 느껴질 것이다.

그렇다면 브랜드는 어떻게 소비자의 마음을 이해하고, 브랜드의 메시지에 공감하게 만들 수 있을까? 반자*Banza*의 사례를 통해 공감이 어떻게 브랜드의 무기가 되는지 알아보자.

파스타를 먹지 못하는 파스타 덕후

반자는 파스타 덕후에 의해 시작된 브랜드다. 창업자인 브라이언 루돌프*Brian Rudolph*는 어릴 때부터 파스타를 좋아했지만, 정제 탄수화물과 글루텐을 잘 소화하지 못해 파스타를 먹고 나면 늘 속이 좋지 않았다고 한다. 그는 자신과 같은 고통을 겪는 사람들을 위해, '세상의 모든 파스타를 병아리콩으로 만들겠다'는 목표를 품고 직접 파스타를 만들기 시작했다.

병아리콩은 글루텐이 없고 탄수화물이 적을 뿐만 아니라, 단백질과 식이섬유가 풍부해 '슈퍼푸드'라고 부르기에 손색이 없는 채소다. 그럼에도 불구하고 저평가받던 식재료라, '병아리콩' 하면 딱히 떠오르는 브랜드가 없는 일종의 화이트 스페이스였다.

공감은 경험에서 온다는 말이 있다. 밀가루 소화에 큰 문제가 없는 사람이 병아리콩 파스타를 만든다면, 단백질 함량이 높다는 점을 강조하며 운동하는 사람 등을 타깃으로 삼았을 것이다. 하지만 단백질 함량이 제품의 차별화 포인트가 되면, 단백질 시리얼과 단백질 빵 등 '대안'이 많아진다. 그리고 제품의 기능을 강조하는 순간 함량과 가격 경쟁을 피할 수 없게 된다.

하지만 파스타를 먹고 싶어도 먹지 못하는 사람들을 공감해 준다면 이야기가 달라진다. 이들에게 병아리콩 파스타는 밀가루 파스타의

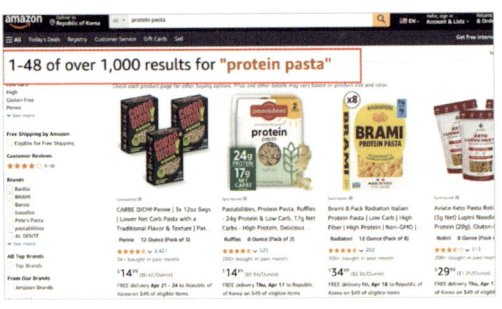

출처: amazon.com

'대안'이 아닌 파스타를 즐길 수 있는 '해결책'이기 때문이다. 즉, 같은 재료로 만든 같은 제품도, 누구에게 공감하느냐에 따라 가치가 달라지는 것이다.

브라이언의 비전은 '누구나 매일 먹을 수 있는 파스타'를 만드는 것이었다. 그는 '파스타를 더 자주 먹고 싶다'는 개인적 욕구를 사회적 해결 과제로 전환하고, 그 비전을 실현하기 위해 아파트 주방에서 믹서기로 시제품을 만들기 시작했다. 그렇게 만든 파스타를 포장도 없이 자신과 비슷한 고통을 겪고 있는 지인들에게 나누어 주고, 투자자와 바이어를 만나며 브랜드의 비전을 알렸다. 그리고 파머스 마켓이나 지역 이벤트 등에서 시식회를 열며 소비자 반응을 수집하고, 제품을 개선해 나갔다.

공감을 무기로 만드는 방법

비전으로 시작한 브랜드일수록 '공감'은 강력한 무기가 된다. 이는 마케팅 메시지, 콘텐츠의 톤앤매너, 제품 확장 방향에 일관된 기준이 되어 줄 뿐만 아니라, 소비자들의 충성도를 높이는 데도 효과적이다. 특히 창업자와 같은 어려움을 겪는 사람들은 제품이 조금 부족해도 가치와 의미를 함께 소비하기 때문에 사업 초기에 더욱 큰 힘이 된다.

개인적인 경험을 예로 들어 설명해 보겠다. 나는 3년 이상 건강 관련 업계에서 일하며, 액상차로 분류되는 '즙'에는 큰 효과를 기대하기 어렵다는 사실을 잘 알고 있었다. 그런데 가족 중에 아픈 사람이 생기자 효과를 보기 어렵다는 것을 알면서도 '안 먹는 것보다는 낫겠다'는 생각으로 40만 원이 넘는 즙 구매를 결심했다.

업계 경험을 바탕으로 여러 브랜드를 성분적으로 비교해 보았지만, 결국 선택한 제품은 가장 공감되는 이야기를 가진 브랜드였다. 약학서의 한 문장을 인용해 소구하는 브랜드보다, 어렸을 때 가족 중 아픈 사람이 있었고, 자신과 같은 고통을 겪는 사람들을 위해 제품을 만들었다는 이야기가 훨씬 더 신뢰가 갔던 것이다. 이 경험은 공감 가는 메시지의 힘이 얼마나 강력한지 느낄 수 있는 기회였다.

브라이언은 비전으로 동기부여가 될 수는 있지만 전략이 없으면 수익도 없다고 이야기한다. 단순히 '글루텐을 먹으면 속이 더부룩해 병아리콩을 사용했어요'를 넘어, 이 제품이 필요한 이유를 시장의 언어로 바꿀 수 있어야 비전이 비즈니스로 이어질 수 있다는 뜻이다.

반자의 슬로건은 사람들이 병아리콩을 더 많이 먹도록 영감을 주는 것이다. 이를 위해 반자는 글루텐 프리 식단을 찾는 사람들은 물론, 건강에 관심 있는 사람과 다이어트 식단을 추구하는 사람 모두에게 '더 나은 선택지'로 다가갔다. 즉, 반자는 병아리콩의 기능성을 단순히 '건강한 재료'가 아닌, 소비자의 문제에 공감하는 해결책으로 포지셔닝하여 소비자를 설득한 것이다.

파스타 브랜드에서 식품 브랜드로

반자는 '레스토랑 스타트업*Restaurant Startup** '이라는 TV 프로그램에 출연한 것을 기점으로 본격적으로 성장하기 시작했다. 재미있는 사실은 반자가 투자자들로부터 '제품의 완성도가 낮고, 브랜드명과 패키지 디자인도 부족하다'며 혹평을 받았다는 것이다. 그럼에도 불구하고 투자를 받을 수 있었던 이유는 '매력적인 비전' 덕분이었다.

이 TV 출연을 계기로 반자는 대형 마트 체인인 마이어*Meijer*에 입점하게 되었다. 마이어의 바이어는 한 인터뷰를 통해 당시 반자는 제품을 대량 생산해 본 적도, 유통 경험도 거의 없었지만 "이 브랜드가 커질 걸 직감했다"라고 이야기하기도 했다.

반자는 마이어에 입점하는 동시에 215개 매장에 진열되었다. 그리고 재고가 동나지 않을까 걱정할 정도로 출시와 동시에 큰 주목을 받았다. 병아리콩 파스타에 대한 시장 반응은 예상보다 훨씬 뜨거웠고, 소비자들은 "이런 음식이 더 많아졌으면 좋겠다"라는 피드백을 보내오기 시작했다. 덕분에 반자는 파스타를 넘어 맥앤치즈와 피자, 와플 등 다양한 제품군으로 확장할 수 있었다.

---

* 식품 브랜드 출시를 희망하는 예비 창업자가 투자자들에게 제품과 사업 계획을 발표하고, 시제품으로 팝업 매장을 운영한 뒤 투자 여부를 결정 받는 프로그램.

명분보다는 공감

반자의 브랜딩 전략이 가진 가장 큰 매력은 명분을 앞세우기보다 소비자의 마음을 먼저 이해하고 공감할 수 있는 메시지로 소구한 것이다.

많은 건강식이 성분과 칼로리, 함량 등을 나열하며 진지하게 브랜딩한다. 그리고 패키지부터 건강한 제품이라는 느낌이 강하게 드는 경우가 많다. 반자는 이러한 전형적인 접근에서 벗어나, 소비자가 '듣고 싶은 말'을 유쾌하게 전달한다.

'피자나 햄버거, 파스타를 생각하면 떠오르는 이미지'와 '비키니'를 연관 지어 생각하기는 쉽지 않을 것이다. 전자는 대표적인 '살찌는 음식'이고, 후자는 '다이어트'를 연상시키기 때문이다.

그런데 반자는 이 상반된 이미지를 활용해 부카키니 ^{Bucakini} 라는 이름의 비키니를 판매한 적이 있다. 이는 비키니와 발음이 유사한 부카티니 ^{bucatini} 라는 파스타면 출시를 알리는 마케팅 전략인 동시에 '파스타는 자주 먹기엔 살이 찔까 봐 걱정이 된다'는 소비자의 심리를 겨냥해 '비키니도 입을 수 있을 만큼 가벼운 식사'라는 메시지를 직관적으로 전달한 것이다.

이렇듯 반자는 소비자가 귀 기울일 만한 메시지만을 선택한다. 병

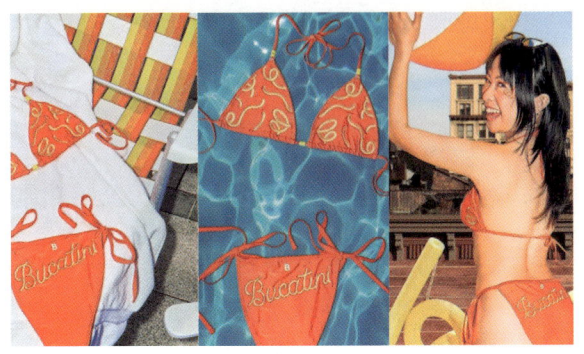

출처: eatbanza.com

아리콩은 재배 시 물 소비량이 적고, 토양을 개선하는 데도 효과적인 친환경 식물이다. 그런데 반자는 웹사이트나 광고에서 '환경에 좋은 제품'이라는 메시지를 거의 강조하고 있지 않다.

　사람은 본능적으로 자신에게 이득이 되는 정보에 먼저 반응한다고 한다. 대부분의 소비자는 '이걸 먹으면 자연에 어떻게 도움이 되는지'가 아니라 '나한테 뭐가 좋은데?'를 먼저 떠올린다.

　반자는 이러한 심리를 활용해 병아리콩이 '지속가능한 작물'이라는 이점을 내세우는 대신, 나에게 좋은 선택임을 강조했다. '매일 먹어도 괜찮다'라는 말은 건강에 부담이 덜 된다는 표면적인 뜻과 더불어 지구에게 좋다는 사실을 암시하는 표현이기도 한 것이다.

　반자라는 브랜드가 보여 주는 성공의 핵심은 '브랜드의 비전을 사람들이 공감할 수 있는 언어로 바꾼다'는 점이다. 그리고 이러한 작은 공감이 소비자의 마음을 사로잡은 것이다. 이 브랜드, 알면 알수록 호감이 간다.

반자의 성공 스토리 3줄 요약

1. 탄수화물을 잘 소화하지 못하는 파스타 덕후가 병아리콩을 사용해 자주 먹어도 부담 없는 파스타를 개발했다.

2. 병아리콩을 단순히 '건강한 재료'가 아닌, 소비자의 문제에 공감하는 해결책으로 포지셔닝하며 매력적인 선택지로 만들었다.

3. 제품의 장점을 나열하기보다, 브랜드의 가치를 소비자의 관점에서 풀어내 공감과 구매로 이어졌다.

케첩통에 담긴 올리브유가 '혁신'이라고?
: 그라자GRAZA

'질투는 우리의 내적 욕망을 비추는 거울과 같다'라는 이야기가 있다. 누군가에게 질투를 느낀다는 것은, 내가 그 대상이 될 수 있다고 느끼기 때문이라고 한다.

토스의 성공 사례를 볼 때 많은 사람들이 질투보다는 감탄을 한다. 핀테크는 복잡한 금융 규제와 기술적 난관, 막대한 자본이 필요한 분야이기 때문에 '나도 할 수 있었을 텐데'라는 생각보다는 '정말 대단하다'는 생각이 먼저 드는 것이다.

그런데 여기 '와, 왜 진작에 이런 생각을 못 했지?' 싶을 정도로 작은 변화를 통해 큰 성취를 이루어 낸 '질투 나는 브랜드'가 있다. 바로, 올리브유를 케첩통에 담아 1년에 700억 원을 벌고 있는 브랜드, 그라자GRAZA다.

그라자는 올리브유 용기를 케첩통으로 바꾸는 아주 작은 변화로 올리브유의 사용을 간편하게 만들었을 뿐만 아니라 낭비 역시 줄일 수 있게 했다. 무엇보다도 트렌디한 디자인이 가능해져 MZ세대의 감성을 공략할 수 있게 되었다.

그렇다면 그라자는 어떻게 모두가 당연시 여기던 사소한 불편을 혁신의 기회로 만들 수 있었을까? 혁신이 대기업만의 전유물이라고 생각한다면 이번 브랜드를 특히 주목해 보길 바란다. 고객이 원하는 혁신이 생각보다 가까이 있다는 사실을 알 수 있을 것이다.

설명보다 직관이 강하다

엑스트라 버진 올리브유와 버진 올리브유는 무엇이 다를까? 그 밖에도 퓨어 올리브유, 리파인 올리브유, 포마스 올리브유 등 시중에는 정말 다양한 종류의 올리브유가 판매되고 있다.

이는 일종의 '지식의 저주'이다. 지식의 저주란, 자신이 알고 있는 정보나 경험을 다른 사람도 당연히 알고 있을 거라 착각해 발생하는 인식적 편견을 뜻한다. 문제는 이런 편견이 다른 사람의 관점을 이해하지 못하게 만들어, 효과적인 의사소통이나 마케팅을 방해한다는 것이다.

예를 들어, '라이트 올리브유'는 칼로리가 낮다는 뜻처럼 보일 수 있지만, 사실은 맛과 향이 약한 올리브유를 뜻한다. 이러한 분류와 명칭에 익숙하지 않은 대부분의 소비자에게는 원하는 제품의 선택을 방해하는 장벽이 되는 셈이다.

한 조사에 따르면 미국 MZ세대의 70% 이상이 직접 요리를 하지만 시간을 절약하기 위해 빠르고 간단하게 조리할 수 있는 레시피를 선호하는 특징이 있다고 한다. 즉, 기존의 복잡한 올리브유 분류법은 MZ세대의 라이프스타일을 전혀 고려하지 않은, 공급자 중심의 제품이라고 할 수 있다,

그라자는 올리브유를 요리용인 '시즐Sizzle'과 마무리용인 '드리즐Drizzle'로 구분하여, 제품명만으로도 용도를 직관적으로 알 수 있게 함으로써 소비자의 선택을 용이하게 했다.

시즐은 '음식이 뜨거운 팬에서 익는 소리'를 뜻하는 의성어로, 볶음이나 튀김같이 불을 사용하는 요리에 적합한 올리브유다. 그리고 드리즐은 '가볍게 뿌린다'는 뜻으로, 빵이나 샐러드와 같이 완성된 요리

출처: graza.co

에 풍미를 더하는 마무리용 올리브유다.

씨즐과 드리즐은 '더 듀오*THE DUO*'라는 이름으로 37달러에 판매되고 있다. 이는 아마존에서 가장 잘 팔리는 올리브유와 비교했을 때 50% 이상 저렴한 가격이다.

그래도 음식인데 가격보다 원료의 품질이 중요한 거 아니냐고? 그라자가 사용하는 피쿠알*Picual* 품종은 스페인에서 가장 널리 재배되는 올리브로, 전 세계 올리브유 생산량의 약 25%를 차지한다고 한다. 아마존 1등 올리브유 브랜드가 사용하는 아르베키나*Arbequina* 품종과 비교해도 각각의 특징에 차이가 있을 뿐 어떤 품종이 더 좋다고 단정 지을 수 없다.

고객 친화적인데 가격도 저렴하고 품질도 좋다니, 소비자 입장에서 선택하지 않을 이유가 없다. 그 결과 그라자는 설립 첫해에 약 58억 원의 매출을 기록했고, 그다음 해에는 275억 원의 매출을 달성하며 빠르게 성장할 수 있었다.

혁신이란 무엇일까

많은 사람이 혁신을 어렵게 생각한다. 기존의 문제를 해결하고 고객에게 더 나은 경험을 제공하려면 새로운 기술이 반드시 필요하다고 생각하기 때문에 특별한 사람만이 할 수 있는 것이라고 여긴다.

하지만 그라자는 용어를 새로 정의하는 것만으로도 올리브유 시장을 혁신할 수 있었다. 기존의 공급자 중심 용어를 소비자 중심의 직관적인 용어로 바꿈으로써 소비자들이 경험하던 문제를 해결하고 시장에 새로운 접근 방식을 제시했다.

그런데 그라자의 혁신은 여기서 끝이 아니다. 시장에서 평가하는 가장 큰 차별성은 바로 병의 디자인에 있다. 기존 올리브유가 주로 유리병을 사용한 것과 달리 그라자는 케첩통처럼 생긴 스퀴즈 보틀을 사용하고 있다. 이게 왜 혁신이라고 평가될까?

유리병에 담긴 올리브유가 의도한 것보다 많이 쏟아져 당황한 경험이 다들 있을 것이다. 그리고 올리브유가 입구를 타고 내려와 병을 미끌미끌하고 끈적하게 만든 경험도. 그래서 그라자는 고급스러운 유리병 대신 실용적인 스퀴즈 보틀로 올리브유를 보다 쉽게 사용할 수 있도록 만든 것이다.

성공의 핵심은 소비자가 느꼈던 사소한 불편을 개선해, 올리브유를 누구나 쉽고 간단하게 사용할 수 있도록 만든 데 있다. 그것이 기존 올리브유 브랜드가 등한시한 니즈에 정확히 부합한 것이다.

그라자가 시장의 고정관념을 깬 방법

그렇다면 그라자는 어떻게 철저히 고객 중심적인 사고로 기존 메이저 플레이어들이 간과했던 사소한 문제점들을 혁신의 기회로 삼을 수 있었을까? 바로, 창업자 역시 올리브유에 문외한이었기 때문이다.

앤드류 베닌*Andrew Benin*은 경영학을 전공한 후 와비파커와 케스퍼 같은 굵직한 소매 스타트업에서 커리어를 쌓아 왔다. 그러다 스페인으로 떠난 여행에서 현지의 식문화와 올리브유의 다양한 활용 방식을 경험하며 가능성을 발견하게 되었다. 하지만 스페인과 달리, 미국에서는 올리브유가 주로 드레싱이나 일부 요리에만 사용되기 때문에 대중적 접근성이 떨어진다는 문제점을 깨닫게 되었다.

앤드류는 미국의 식문화를 고려해 올리브유를 '고급 요리 재료'가 아닌 누구나 매일 사용하는 친근한 주방 필수품으로 포지셔닝했다. 바로 이 '친근함'이 브랜드를 관통하는 핵심 키워드다.

신선함을 유지하기 위해 올리브를 수확 즉시 압착하고, 단일 품종만 사용해 일관된 맛과 향을 유지하는 등 그라자에게도 어려운 제품적 특징이 있다. 하지만 고객이 직관적으로 이해할 수 없는 이런 특징들은 전면에 강조하지 않는다.

모두 "남자한테 참 좋은데, 어떻게 설명할 방법이 없네"로 시작하는 산수유 광고를 한 번쯤 본적이 있을 것이다. 20년 가까운 시간이 흘렀지만 아직도 회자되고 있는 이 광고는, 산수유가 남자한테 어떻게 얼마나 좋은지 구체적으로 말하지 않는다. 하지만 이 광고는 산수유에 함유된 성분이 신장의 기능을 강화하고, 항산화 작용을 한다는 구체적인 설명보다 훨씬 더 강한 메시지를 전달한다. 그 덕분에 더 오랫동안 기억에 남게 되었다. 소비자는 설득당하길 원하지 않는다. 스스로 납득할 수 있을 만큼 직관적인 메시지에 반응할 뿐이다.

그라자의 성공은 혁신이 반드시 새로운 기술이나 막대한 자본에서 나오는 것이 아님을 보여 준다. 소비자의 사소한 불편함을 발견하고, 그것을 해결하는 작은 변화만으로도 충분히 시장을 혁신할 수 있다. 중요한 것은 공급자 중심의 관점에서 벗어나 철저히 고객의 입장에서 생각하는 것이다.

그라자의 성공 스토리 3줄 요약

1. 올리브유를 '고급 요리 재료'가 아닌 누구나 매일 사용하는 친근한 주방 필수품으로 포지셔닝하였다.

2. 제품의 용도를 직관적으로 표현해 소비자들이 쉽게 선택할 수 있도록 했다.

3. 고급스러운 유리병 대신 실용적인 스퀴즈 보틀을 사용함으로써 올리브유의 접근성을 높였다.

술이 아닌 분위기를 마시는 '어른의 음료'

: 기아*Ghia*

술자리는 피할 수 없지만, 술은 마시고 싶지 않을 때가 있다. 특히 직장인들에게는 일주일에 몇 번씩 술자리가 생기는 것이 일상이다. 술이 좋아서라기보다는 마땅한 대안이 없어서 술을 마시게 되는 일도 많다.

그런데 여기, 술처럼 마시지만 술이 아닌 무알코올 음료를 팔아 1년에 300억 원 이상의 매출을 올리고 있는 브랜드가 있다. 순간을 더 맑고, 더 온전히 느끼길 원하는 어른들을 위한 음료 브랜드, 기아*Ghia*. 기아는 어떻게 술 대신 마셔도 어색하지 않은, 어른의 음료가 될 수 있었을까?

기아의 시작은 불만족스러운 한 끼 식사였다. 창업자인 멜라니 마서린*Melanie Masarin*은 골드만 삭스와 아메리칸 이글 같은 대기업에서 커리어를 쌓던 직장인이었다. 어느 날 평소 즐겨 먹던 샐러드 프랜차이즈 디그 인*Dig Inn*에서 실망스러운 식사를 경험한 멜라니는, 단순한 불만이 아닌 '브랜드 팬의 애정 어린 제안'을 고객센터에 보냈다.

이 피드백이 CEO의 눈에 띄면서 입사로 이어졌고, 디그 인에서의 경험은 작은 조직의 자율성과 빠른 실행력의 매력을 직접 체감하는 계기가 되었다.

이후 그녀는 뷰티 브랜드 글로시에서 브랜드 경험 총괄을 맡으며 '브랜드는 단순한 제품 그 이상'이라는 인사이트를 얻었고, 이 경험이 기아 브랜드 철학의 출발점이 되었다.

분위기를 위한 어른의 음료

멜라니가 술을 대체할 음료에 주목한 이유는, 술을 끊고 난 후 사교모임에서 소외되는 경험을 했기 때문이다. 술은 마시고 싶지 않지만 사람들과 교류하고 싶다는 고민을 나누자, 주변에서는 '그게 바로 비즈니스 아이템 아니야?'라고 반응했다. 멜라니는 그에 힘입어 본격적인 시장조사를 시작했고, 영국같이 음주 문화가 강한 나라에서조차 무알코올 브랜드들이 자리를 잡고 있다는 걸 알게 된 후 '이러한 트렌드가 곧 미국에서도 열릴 것'이라는 확신을 갖게 되었다.

기아는 술을 마시지 않아도, 어른스럽고 감각적인 분위기를 즐길 수 있게 해 주는 '무알코올 아페리티프 브랜드'다. 참고로 아페리티프는 식전에 입맛을 돋우기 위해 마시는 음료를 의미한다. 주로 화이트

와인이나 드라이 샴페인처럼 가볍고 은은한 술이 사용되며, 취하기보다는 사람들과 이야기를 나누는 '분위기용 음료'로 여겨진다. 기아는 바로 이 문화에서 착안해, '술 없이도 분위기를 만들고 싶은 사람들'을 위한 쌉싸름하고 드라이한 어른의 음료를 개발했다.

원래 레스토랑을 중심으로 출시할 예정이었으나, 팬데믹으로 인해 계획을 수정해야 했다. 그렇게 시작한 온라인 판매가 기아의 터닝 포인트가 되었다. 인스타그램에 올린 출시 공지 이미지가 폭발적인 반응을 얻으며 입소문을 탔고, 자연스럽게 디지털 네이티브 브랜드로 자리 잡게 된 것이다.

대체재가 아닌 멋진 선택지

맥주를 즐겨 마시는 사람 중에는 무알코올 맥주는 입에도 대지 않는 사람들이 의외로 많다. 술을 안 마시면 안 마셨지, 굳이 알코올도 없는 맥주를 마실 필요가 없다고 생각하기 때문이다. 특히 맥주 본연의 맛을 살리지 못했을 거라는 편견이 강하다. 무알코올 음료는 대체재이고, 맛 역시 어중간할 것이라는 선입견이 있는 것이다. 하지만 기아는 '맛있는 무알코올 음료'가 아닌, 기존 틀에서 벗어난 '멋진 선택지'로 자신의 제품을 포지셔닝했다.

기아의 슬로건은 '술 없이, 분위기는 그대로*All of the spirit none of the booze*'이다. 이는 '술의 긍정적 효과(기분 전환)는 유지하되 부정적 요소

(알코올)는 제거한 음료'라는 제품의 가치를 재치있게 표현한 것이다.

또한, 기아는 레트로한 톤앤매너와 고급 레스토랑에도 어울리는 비주얼, 셀럽이 들고 찍을 법한 병 디자인을 통해 '술을 대체할 수 있는 멋진 선택지'라는 인식을 구축했다. 그 덕분에 무알코올 음료는 건강이나 종교상의 이유로 마시는 대체재라는 편견을 깨고 술자리에서 당당히 선택할 수 있는 새로운 카테고리를 만들어 낼 수 있었다.

기아의 제품은 크게 원액인 오리지널*Original*과 탄산수가 섞인 스프리츠*Spritz*로 나뉜다. 오리지널은 투명한 유리병에, 스프리츠는 캔에 담겨 있다. 유리병은 할머니 집 찬장에서 본 오래된 술병에서 영감을 받아 제작된 것으로 레트로한 디자인과 술자리에 올려놓았을 때도 이질감 없는 고급스러움이 특징이다. 그리고 캔은 간편하게 즐길 수 있는 무알코올 칵테일 형태로, 피크닉이나 파티 같은 캐주얼한 자리에서도 세련된 분위기를 연출할 수 있다.

기아는 출시 첫해 약 33억 원($2.5M)의 매출을 기록했고, 약 85억 원($6.5M)의 투자 유치에도 성공했다. 그리고 이 과정에서 약 460억 원($35M)의 기업 가치를 인정받았다. 이후 멜라니는 브랜드 확장과 전략적 파트너십을 위해 샤크탱크에 출연해 5%의 지분을 대가로 3억 5천만 원(25만 달러)의 투자를 제안했다.

흥미로운 점은 멜라니의 아이템 소개를 들은 투자자들이 음료업을 가장 어려운 사업 분야 중 하나로 꼽았다는 것이다. 제품이 무겁고 부피가 크기 때문에 운송비가 높고, 보관도 까다로울 뿐만 아니라 브랜드로 각인되기 위해서는 매출 이상의 마케팅비 투자가 필요하기 때문이다.

그럼에도 불구하고 인스타그램 포스팅만으로 사업 첫해에 250만 달러 매출을 달성한 것, 750여 개 유통처 입점에 성공한 것, 멜라니의 미래 비전, 그리고 "창업자의 개인 지분을 주겠다"라는 진정성은 2명의 투자자가 투자 의향을 밝히도록 만들었다.

끝내 투자로 이어지지는 않았지만, 이 사례는 포지셔닝의 중요성을 다시금 일깨워 준다. 만약 기아가 '단순한 대체재'로 제품을 포지셔닝했다면, 맥주보다 비싼 가격을 받긴 어려웠을 것이다. 그리고 '하이네켄 0.0'이나 '버드 제로' 같은 무알코올 맥주들과 경쟁해야 했을 테고, 매출 이상의 마케팅 비용을 투자해야만 했을 것이다.

5달러짜리 기아 한 캔의 원가는 0.7달러에 불과하고, 38달러짜리 오리지널의 원가율도 17% 정도라고 한다. 버드와이저 한 캔이 1.29달러라는 것을 감안하면, 기아의 가격은 용량 대비 5배 이상 비싼 셈이다. 하지만 독특한 포지션 덕분에 소비자들은 기꺼이 프리미엄을 지불하고 있고, 출시 4년 만에 3배 가까운 성장을 기록할 수 있었다.

기아의 독특한 포지션은 유사한 포지션을 가진 다른 브랜드와의 협업으로도 이어지게 되었다.

앞서 올리브유를 케첩통에 담아 연 매출 700만 달러 이상을 달성한 브랜드, 그라자*Graza*에 대해 이야기했다. 기아와 그라자는 전혀 다른 제품을 판매하지만, 두 브랜드 모두 '일상을 더 세련되게 바꾸는 제품'이라는 공통된 정체성을 지니고 있다. 덕분에 두 브랜드는 협업을 통해 서로의 고객층을 공유하고, 단독으로는 만들기 어려운 독특한 경험을 제공하며 브랜드의 가치를 높일 수 있었다.

'그냥 잘 만든 음료'

기아의 독특한 포지셔닝은 다른 무알코올 음료들과 차별화되는 접근 방식에서 비롯된다. 기아는 단순한 술의 대체재가 아닌, 새로운 선택지를 제공하는 브랜드다. 실제로 기아의 소비자 중 85%가 술도 마시는 사람들이라고 한다. 이는 기아가 금주를 위한 보조적 제품이 아니라 '절제와 균형'을 위한 선택지라는 것을 보여 준다.

많은 무알코올 음료들이 아답토젠*adaptogens*이나 CBD 같은 성분을 내세워 기분을 들뜨게 만들어 준다고 이야기한다. 하지만 기아는 기능적 효과보다는 맛과 경험, 그리고 감각적 포지셔닝에 집중하고 있다. 멜라니는 기아가 '에너지 드링크도, 수면 보조제도 아닌, 그냥 잘 만든 음료'라고 말한다.

이러한 브랜드의 철학은 마케팅 전략에도 녹아 들어 있다. 대부분의 브랜드가 론칭 초기에 SNS 광고에 큰 비용을 쓰는 것과 달리 기아는 '브랜드의 철학을 이해하고 진짜로 공감한 사람들'을 중심으로 입소문을 유도했다. 기아를 좋아한다는 말을 돈 주고 부탁한 적이 없다는 사실을 창업자가 자랑스러워할 정도다. 단지 제품을 보내고 체험하게 한 후 자발적으로 공유하도록 할 뿐이다.

멜라니는 진짜 팬이 자발적으로 올린 콘텐츠는 브랜드 신뢰도를 높이고, 광고보다 훨씬 강한 효과를 준다고 믿는다. 그래서 오프라인 이벤트 역시 유명인이나 VIP 중심이 아니라, 실제 브랜드를 좋아하는 고객이라면 누구나 참여할 수 있도록 설계하고 있다.

이처럼 기아는 단순히 제품을 파는 것을 넘어, 취향과 분위기를 제안하는 방식으로 브랜드를 키워 왔다. 덕분에 '알코올 vs. 무알코올'이라는 이분법적 선택지에서 벗어나, 제3의 시장을 창조할 수 있었다. 그리고 고객에게 새로운 선택지를 제안함으로써 더욱 뾰족한 브랜드로 자리 잡게 되었다. 그 결과 '음료가 브랜드로 기억되려면 수십억 원의 마케팅 비용이 필요하다'는 데이먼드의 우려와 달리, 기아는 큰 광고비 없이도 강력한 브랜드 인지도를 만들어 냈다. 이처럼 기아는 새로운 맥락을 만드는 것만으로도 혁신이 될 수 있다는 것을 보여 준다.

기아의 성공 스토리 3줄 요약

1. '건강이나 종교적 이유'로 찾는 무알코올 음료가 아닌, 어른스러운 분위기를 위한 '제3의 선택지'로 포지셔닝하며 독자적인 시장을 창조했다.

2. 기능성보다 '맛과 경험'에 집중하고, 레트로 감성의 톤앤매너와 고급스러운 비주얼을 통해 '멋진 음료'로 자리 잡았다

3. 유료 광고 대신 브랜드 철학에 공감하는 팬들의 자발적 홍보를 유도하며, 커뮤니티 기반 바이럴에 성공했다.

바쁜 일상 속 마시는 한 끼 식사 : 휴엘*Huel*

성인 3명 중 1명이 아침을 거르고 있고, 아침을 먹는 사람들도 간편식에 대한 의존도가 높아지고 있다고 한다. '완벽한 아침식사'로 포지셔닝되었던 시리얼이 실은 당 과다 섭취를 유발한다는 것은 이제 많은 사람이 잘 알고 있을 것이다.

시리얼은 주로 정제 탄수화물로 구성되어 혈당을 빠르게 올렸다가 금세 떨어뜨려 포만감이 오래 지속되지 않는다. 게다가 칼로리는 높지만 영양 균형은 맞지 않는다는 문제도 있다.

이런 현대인의 고충을 정확히 파고든 브랜드가 있다. 바로, 2015년 영국에서 시작돼 10년 만에 전 세계 100여 개국으로 수출되고 있는 브랜드 휴엘*Huel*. 휴엘은 어떻게 아침 간편식 시장을 뒤흔들며 '완전 식사*Complete Meal*'라는 새로운 카테고리를 만들어 낼 수 있었을까? 그리고 어떻게 전 세계 사람들이 이 '가루 음식'에 열광하게 만들었을까?

출처: huel.com

휴엘의 창업자 줄리안 헌*Julian Hearn*은 이미 성공을 경험한 연쇄 창업가였다. 그는 이커머스 시장 초창기에 할인 쿠폰 코드를 모아 제공하는 사이트를 사이드 프로젝트로 시작했고, 3개월 만에 월급 이상의 수입을 만들어 냈다. 그리고 4년 만에 연 매출 20억 원 이상을 달성한 후 회사를 매각했다. (이 회사는 현재 영국 최대 할인 코드 사이트 중 하나로 자리 잡았다.)

재미있는 사실은 할인 코드 사이트라는 아이템이 당시에도 이미 메이저 플레이어들이 자리 잡고 있던 레드오션이었다는 것이다. 여기에서 줄리안이 집중한 것은 '틈새 키워드'였다. 모두가 경쟁하는 '바우처 코드*voucher codes*'라는 키워드 대신, 의미는 같지만 경쟁자가 적은 '프로모션 코드*promotion codes*'라는 키워드를 공략한 것이다. 덕분에 광고비를 줄이면서도 상위 노출과 수익성을 모두 잡으며 경쟁 우위를 확보할 수 있었다.

줄리안은 이 회사를 매각한 다음 해에 새로운 사이드 프로젝트를 시작했다. 체지방 10%대 진입, 근육량 증가 등 구체적인 목표를 설정하면 개인별 식단과 운동 루틴을 제공하고 진행 상황을 수치로 기록하고 관리해 변화를 증명해 주는 바디 핵*Body Hack*이라는 서비스였다.

줄리안이 직접 실험 대상으로 나서 3개월 만에 체지방 10%를 감량하며 고객들의 관심을 끌었다. 하지만 매 끼니마다 칼로리와 영양 성분을 측정하고, 운동 루틴을 지키며, 기록해야 하는 복잡한 과정 때문에 대중적 성공은 하지 못했다. 이 경험을 통해 줄리안은 성과만이 아닌, 지속가능성과 편리함이 있어야 시장성이 생긴다는 것을 깨달았다. 그 결과 탄생한 것이 휴엘이다.

돈이 아닌 사명

휴엘은 1분 만에 마실 수 있는 간편한 '완전 식사'를 표방한다. 단백질 파우더와 비슷해 보일 수 있으나, 근육 증가나 운동 후 회복을 목적으로 섭취하는 단백질 파우더와 달리 휴엘은 단백질, 복합 탄수화물, 건강한 지방, 26가지 비타민과 미네랄, 식이섬유, 오메가3 등을 모두 포함해 포만감이 오래 유지되어 식사를 대체할 수 있다는 특징이 있다. 즉, 영양 균형과 칼로리 관리를 한 번에 해결함으로써 '건강한 삶을 위한 노력'을 간편하게 만들어 준 것이다.

휴엘 역시 시작은 사이드 프로젝트였다. 이번에도 팀 없이 차고에서 포장과 배송 등 초기 주문을 직접 처리하는 식으로 사업을 운영했다. 이미 첫 사업 엑시트로 경제적 자유를 이룬 줄리안이 다시 고생을 자처하는 이유가 궁금해질 것이다. 그의 목표는 돈이 아니었다. 줄리안은 한 인터뷰를 통해 할인 코드 사이트는 수익성은 좋았지만, 세상에 의미 있는 가치를 주는 비즈니스는 아니었다고 말했다. 그리고 '죽기 전에 자신이 자랑스럽게 말할 수 있는 무언가를 만들고 싶다'라는 이야기를 덧붙였다. 그런 의미에서 휴엘은 '건강'이라는 큰 문제를 해결하기 위한 도전 과제였고 줄리안에게는 자신의 에너지를 집중할 수 있는 사명 그 자체였다.

줄리안은 창업 초기에는 '작은 시장'에 집중해 빠르게 시작하고, 고객 피드백을 반영해 지속적으로 개선하는 것이 중요하다고 강조한다. '큰 시장'에는 이미 강력한 경쟁자가 자리 잡고 있어, 자본과 네트워크, 브랜드 파워가 부족한 초기 창업자는 실패 확률이 높기 때문이다. 또한 완벽한 제품과 마케팅 전략을 만들고 시작하는 것보다, 빠르게 시장에 내놓고 고객 피드백을 받아 개선해 다시 출시하는 속도가 중요하다. 이것이 휴엘 창업 초기, 차고에서 직접 포장과 배송을 하며 빠르게 제품을 내놓은 이유이다.

바쁜 현대인을 위한 연료

휴엘*Huel*이라는 브랜드명은 '사람'과 '연료'를 결합한 합성어(Human

+ Fuel)로, '인간을 위한 연료'를 의미한다. 이름에서 알 수 있듯 휴엘의 핵심 가치는 완전한 영양이다.

줄리안은 완벽한 레시피 개발을 위해 보디빌더 출신 영양사 제임스 콜리어*James Collier*와 협업했다. 두 사람은 영양 설계 단계부터 함께 작업하며 수차례 시행착오를 겪었고, 그 과정에서 자연스럽게 신뢰와 파트너십을 쌓아 갔다.

덕분에 휴엘은 차별화된 레시피를 개발할 수 있었고, 정식 론칭 직전 제임스가 공동 창업자로 합류하며 '완전 식사' 브랜드라는 인식을 강화할 수 있었다. 참고로 이때 개발된 첫 번째 레시피는 지금까지도 유지되고 있을 만큼 완성도가 높다고 한다.

휴엘은 정식 출시 6개월 만에 13억, 1년 후 87억, 2년 후 245억 원 이상의 매출을 달성했다. 이후 누적 1억 끼 이상(2022년 기준)을 판매하며 '완전 식사' 카테고리에서 세계에서 가장 많이 팔린 브랜드로 자리 잡았다. 이는 '편리함과 영양 균형'을 한 번에 해결해 주는 간편 식사의 부재라는 기존 시장의 결핍을 명확히 파악한 결과다.

기존 간편식 시장은 고당분, 영양 불균형, 포만감 부족이라는 단점이 있었다. 줄리안은 바디 핵의 실패 경험을 통해 사람들이 건강해지고 싶어도 지속이 어렵다면 금세 포기한다는 사실을 깨달았다. 덕분에 '완전 식사'를 1분 만에 마실 수 있다는 간결한 가치를 제안할 수 있었다. 그리고 자신이 직접 휴엘을 먹으며 건강한 체지방 관리를 실험하고 이를 마케팅에 활용하며 얼리어답터들에게 신뢰도 높은 브랜드 이미지를 구축할 수 있었다.

단백질 파우더가 아닌 완전한 식사

가루를 타서 마시는 형태 때문에 휴엘을 단백질 보충제나 다이어트 식품과 혼동하기 쉽다. 하지만 휴엘은 식사 그 자체다. 휴엘에게는 이를 명확히 구분시킬 수 있는 브랜딩 전략이 필요했다.

휴엘 브랜딩 전략의 핵심은 '단정과 깔끔*Plain & Clean*'이다. 기존의 보충제나 다이어트 식품 시장은 근육질 모델, 공감하기 힘든 전후 비교 사진, '지방 불태우기', '10일 안에 10kg 감량하기'와 같은 과장된 문구로 가득했다. 여기에 과한 폰트와 복잡한 디자인까지 더해져 고객에게 거부감을 주는 경우가 많았다.

그러나 휴엘은 기존의 관습을 철저히 거부했다. 고객의 건강과 식사를 다루는 브랜드라면 과장이 아닌 신뢰를 줘야 한다고 판단했기 때문이다. 휴엘의 패키지에는 단색 배경에 로고만 큼지막하게 새겨져 있다. 그리고 제품 설명과 성분표에도 단순한 폰트로 간결한 정보를 제공하며 불필요한 시각적 요소를 제거했다. 덕분에 기존 보충제나 다이어트 식품의 알록달록한 패키지와 확실히 구분될 수 있었고 전문적인 이미지를 연출할 수 있었다.

완전한 식사를 전 세계로 퍼트린 비법

휴엘은 유료 광고를 적극 활용해 '완전 식사'라는 생소한 개념을 빠르게 인지시켰다. '완전 식사'라는 개념 자체가 생소했기 때문에 보충제나 다이어트 식품과 무엇이 다른지 알려야 했고, 동시에 '진짜 효과가 있을까?'라는 고객의 의심을 해소해 신뢰를 쌓아야 했기 때문이다.

초기에는 페이스북, 인스타그램 광고로 시작해서 점차 유튜브, 구글로 광고 플랫폼을 확장하며 건강과 다이어트에 관심이 있는 사람들부터 비건과 바쁜 직장인들까지 타깃을 넓혀 나갔다. 광고는 심플하다. "1분 만에 완전 식사", "편리함과 영양 균형을 한 번에"라는 카피와 함께 휴엘의 디자인을 활용해 강한 인상을 남기는 형태다.

유료 광고는 빠르게 관심을 모을 수 있지만, 신뢰 구축에는 한계가 있다. 이를 보완하기 위해 휴엘은 두 창업자가 직접 등장해 광고 콘텐츠를 제작했다. 예를 들어 줄리안이 휴엘만 먹고 체지방과 건강을 관리하는 실험을 하거나 제임스가 영양학을 기반으로 설명 콘텐츠를 제작하는 식이다. 그리고 레딧, 인스타그램, 유튜브 등에 올라온 실제 고객들의 사용 후기를 공유, 리그램함으로써 '실제로 사람들이 매일 먹는 제품'이라는 신뢰를 구축했다.

즉, 유료 광고에 흥미를 느낀 고객이 구글과 유튜브에 휴엘을 검색하면 줄리안의 식단 실험 영상과 제임스의 영양 설명 영상, 실제 사용자 리뷰 영상 등이 노출되며 '신뢰 → 구매 → SNS에 사용 후기 공유 → 다른 고객 유입 → 유료 광고 효율 상승'이라는 선순환 구조를 만들어 낸 것이다.

이 과정에서 비건, 건강 관리 시장이 활성화되어 있는 유럽 내 다른 국가들에까지 제품이 알려지게 되었다. 휴엘은 온라인이 메인 유통처였기 때문에 별도 법인 설립 전에도 국경 제약 없이 직배송으로 해외 수요에 대응할 수 있었다. 그리고 미국 소비자들이 비싼 배송비를 지불하면서까지 제품을 구매하는 것을 파악한 후 미국까지 진출하며 글로벌 브랜드가 될 수 있었다.

휴엘의 성공 비결은 시장의 결핍을 짚어 내 간편한 해결책을 제시함으로써 새로운 카테고리를 창출한 데에 있다. 결국 중요한 것은 '문제의 본질'을 놓치지 않으면서도 이를 고객의 일상 속에서 지속가능하게 만드는 방식으로 풀어내는 것이다.

휴엘의 성공 스토리 3줄 요약

1. 기존 아침 간편식의 한계를 극복하는 '완전 식사'라는 새로운 카테고리를 창출했다.

2. 과장된 문구와 복잡한 디자인 등 기존 보충제 시장의 관습을 거부하는 브랜딩 전략을 통해 심플하고 명확한 메시지를 전달했다.

3. 유료 광고로 빠르게 인지도를 확산시키고, 창업자 직접 참여한 콘텐츠와 고객 후기 공유로 신뢰를 구축했다.

자본금 없이 사업을 시작하는 가장 이상적인 방법
: 이미*immi*

라면은 언제 먹어도 잔소리를 듣는, 몸에 안 좋은 음식의 대명사와도 같다. 그런데 여기 인스턴트 라면을 건강하게 재해석해 출시 1년 만에 180억 원을 투자받은 사람들이 있다. 바로, 미국 MZ세대 사이에서 빠르게 인기를 얻고 있는 저탄수화물 라면 브랜드, 이미*immi*.

이미는 어떻게 소수의 글로벌 대기업이 지배하고 있던 라면 시장을 개척할 수 있었을까? 아이디어는 있지만 자본이 부족해 시작을 망설이고 있다면 이미의 성공 사례가 도움이 될 수 있을 것이다.

가짜 광고 실험

이미는 가짜 광고 덕분에 시작되었다. 창업자인 케빈 리*Kevin Lee*와 케빈 찬타시리판*Kevin Chanthasiriphan*은 어릴 적부터 라면을 즐겨 먹었지만, 가족력으로 인해 성인이 된 후에는 라면을 멀리할 수밖에 없었다.

하지만 쉽게 라면을 끊을 수 없었던 그들은 '건강한 라면'이라는 아이디어를 떠올렸고, 수요를 확인하기 위해 렌더링 이미지로 웹사이트를 만들고 페이스북 광고를 게재했다. (참고로 이런 패키지 렌더링 이미지는 외주 플랫폼에서 20달러 안팎으로 제작이 가능하고, 랜딩 페이지는 코딩 없이 드래그 앤 드롭 방식으로 손쉽게 만들 수 있다.)

그리고 이미는 여기서 한 발짝 더 나아가, 프리오더 기능을 추가해 잠재 소비자가 실제로 구매까지 할 수 있도록 설계했다. 하지만 실제로 구매를 한 고객들에게는 '제품이 아직 준비되지 않았다'라고 고지하며 환불 처리해 주었고, 추가로 이메일을 보내 제품의 어떤 포인트가 특히 매력적이었는지 피드백을 받았다.

그들은 이 과정을 통해 '저탄수', '고단백', '식물성'이라는 키워드에 사람들이 반응한다는 사실을 파악했다. 그리고 패키지와 웹사이트, 마케팅 메시지 등에 이 키워드를 적극 반영하며 브랜드의 정체성을

출처: immieats.com

만들어 나갔다.

앞서 소개한 리퀴드데스 역시 가짜 광고를 통해 아이디어와 콘셉트를 시각적으로 보여 주고, 시장의 반응을 확인하고, 투자 유치에 성공한 사례다. 물론 '밈코인 같다', '사기다' 같은 비판도 있었지만, 이는 초기 스타트업에서 자주 활용하는 전략 중 하나다.

예를 들어 토스는 '간편한 송금 앱'에 대한 수요를 검증하기 위해 실제 서비스 없이 단순한 웹페이지를 만들어 사람들의 긍정적인 반응을 확인한 후 개발에 착수했다. 이 같은 페이크 도어 테스트*Fake Door Test*는 본격적으로 돈과 시간을 투입하기 전에 시장의 수요를 확인할 수 있어 실패하더라도 손해가 적고, 빠르게 피보팅이 가능하다는 장점이 있다.

이미는 시장의 수요를 확인한 후에도 제품 출시까지 2년이나 더 투자했을 정도로 '맛'과 '건강'을 모두 잡기 위해 노력했다. 하지만 식품에 대한 전문 지식이 없어 유튜브와 논문, 구글 등을 활용해 독학을 해야 했고, 100번이 넘는 반죽 테스트와 200번이 넘는 레시피 실험 과정을 거쳐야만 했다.

제품 개발 기간에만 2년을 쓰다니, 실제로 사업을 하고 있던 게 맞는지 의문이 들 수 있다. 사실 이 기간은 제품을 개발하는 시간이자, 제품을 홍보하는 시간이었다. 이 역시 실패의 리스크를 줄이는 방법으로 '빌딩 인 퍼블릭*Building in public*'이라고도 불린다. 핵심은 '성공'이 아닌, '진정성 있는 시도' 그 자체를 공유하는 것이다.

두 창업자는 반죽하는 모습, 실패한 레시피, 맛없는 결과물까지 모두 기록하고 페이스북에 공유하며 제품 출시 전부터 3만 5천 명의 웨이팅 리스트를 확보할 수 있었다. 그리고 이들 중 3,700명을 페이스북 비공개 그룹에 초대해 브랜드 구축의 일원으로 만들며 소속감을 제공했다. 덕분에 제품의 완성도를 높일 수 있었을 뿐만 아니라 정식 론칭 후 팔로워들이 자발적으로 제품을 홍보해 주며 빠르게 입소문을 타게 되었다.

인스턴트 라면 시장은 유니레버와 네슬레 같은 글로벌 식품 대기업들이 메이저 플레이어로 자리 잡고 있어 신규 브랜드가 진입하기 어렵다는 특징이 있다.

그런데 대기업들은 왜 건강한 라면 시장에는 진출하지 않았을까? 건강한 라면은 일반적인 라면보다 원가가 높아 수익성이 낮고, 기존 제조 인프라를 사용할 수 없다는 등의 이유 때문이었다.

즉, 대기업이 수익성과 기존 인프라를 고려하며 새로운 시장 진입을 주저하는 사이, 이미는 빠른 의사결정과 과감한 실행력을 무기로 다양한 니즈를 충족시키며 틈새시장을 개척할 수 있었던 것이다. 그리고 대기업과는 완전히 다른 고객과 니즈를 타깃해 새로운 기회를 만들어 냈다.

이미의 타깃은 라면을 좋아하지만 건강 때문에 라면을 끊을 수밖에 없던 사람들이다. 그들을 위해 탄수화물을 85% 줄이고, 단백질과 식이섬유를 5배 이상 높인 식물성 라면을 개발했다. 하지만 초기 제품은 건강한 성분으로 잠간 주목을 받았을 뿐, '국물은 밍밍하고 면은 분필 같은 느낌'이라는 혹평을 들으며 금세 외면받고 말았다. 창업자 역시 초기 제품을 "우리가 원하는 수준의 맛은 아니었다"라고 인정했을 정도였다.

서사의 힘

재미있는 사실은 이 과정에서 50억이 넘는 시드머니를 투자받았다는 것이다. 이는 제품 자체가 아닌, 2년간 쌓은 브랜드의 서사와 차별화된 포지션 덕분이었다. 이미의 첫 제품은 완성도 면에서 아쉬움이 있었지만 '건강한 라면'이라는 화이트 스페이스를 선점했고, 맛만 개선된다면 이 시장을 차지할 수 있다는 확신이 투자자들의 베팅을 이끌어 냈다.

이미는 투자를 받은 이후 단 몇 개월 만에 맛과 식감, 패키징까지 모든 요소를 향상한 새로운 제품을 출시했다. 그 결과, '건강하면서도 맛을 포기하지 않은 유일한 라면'이라는 평가와 함께 매출은 6배 이상 증가했고, 7번 이상 품절되는 등 인기 역시 꾸준히 상승했다. 그리고 개선된 맛과 식감에 대한 긍정적인 반응은 투자자의 이목을 집중시키며, 130억 원 이상의 시리즈 A 투자도 유치할 수 있었다.

케빈 리는 한 인터뷰를 통해 "투자금을 더 많은 사람들에게 더 나은 라면을 먹는 경험을 제공하기 위해 쓸 것"이라고 이야기했다. 이는 단순한 매출 증대가 아닌, 브랜드가 세상에 하고 싶은 이야기를 더 다양한 방식으로 전달하는 데 힘쓰겠다는 의미이다. 이를 위해 브랜드 계정 외에 별도의 틱톡 계정을 만들어 '길 위의 라면*Ramen on the Street*' 이라는 인터뷰 시리즈를 통해 '라면을 드세요. 기분이 좋아집니다*Eat Ramen. Feel Good.*'라는 브랜드 철학을 전달하며 호감을 쌓고 있다.

이 인터뷰 시리즈는 라면 패키지 복장을 한 진행자가 뉴욕 길거리에서 행인들에게 '인생에서 가장 힘들었던 순간'이나 '행복했던 순간'

등 삶에 대한 진지한 질문을 던지는 형식으로 구성되어 있다. 유쾌한 의상과 진지한 대화가 대비를 이루며 시청자에게 웃음과 감동을 전했고, 덕분에 많은 이들이 '라면 광고인 줄 모르고 봤다'고 말할 정도로 브랜드를 자연스럽게 노출시킬 수 있었다. (현재는 월 100만 회 이상의 조회수를 꾸준히 올릴 만큼 성공한 시리즈가 되었다.)

즉, 다른 브랜드들이 요리하는 모습이나 레시피 콘텐츠를 통해 제품을 강조할 때, 이미는 '사람과 감정'을 강조함으로써 브랜드 정체성을 구축하며 차별화를 이룰 수 있었다.

하지만 아무리 그래도 라면이 하나에 6달러나 한다면, 소비자 입장에서는 비싸게 느껴질 수 있다. 미국 아마존에서 판매 중인 대부분의 라면이 1달러 정도라는 것을 고려하면 말도 안 되게 비싼 가격이 맞다. 미국에서 인스턴트 라면은 초저가 식품으로 인식되기 때문에 초반에는 거부감이 더욱 강했다고 한다.

이미는 기존 라면들과 경쟁하기 위해 가격을 낮추는 것이 아닌, 비교 대상을 바꾸는 전략을 택했다. '식당의 20달러짜리 라면 한 그릇 대신, 집에서 6달러로 건강한 라면을 즐긴다'는 새로운 기준을 제시한 것이다.

이런 가격 대비 가치 프레임으로 인해 소비자들은 단순히 가격만 비교하는 것을 넘어 건강과 편의성이라는 측면에서 제품을 평가하게 되었다. 덕분에 라면을 자주 먹는 사람이나 라면을 집에서 즐기고 싶은 고객에게 합리적인 대안으로 인식될 수 있었고, 단순히 '건강한 라면' 이상의 프리미엄 라면 브랜드로 자리 잡는 결정적 요인이 되었다.

놀라운 점은 이 브랜드의 출발점이 가짜 광고였다는 것이다. 이미가 건강한 라면이라는 화이트 스페이스를 선점하고 피드백을 바탕으로 제품을 개선하며 프리미엄 브랜드가 되기까지는 3년밖에 걸리지 않았다. 결국 중요한 것은 완벽한 준비가 아닌, 가볍게 시도하고 개선해 나가는 실행력 아닐까?

이미의 성공 스토리 3줄 요약

1. 가족력에 대한 걱정으로 라면을 먹지 못하던 창업자들이 '건강한 라면'이라는 아이디어를 떠올렸고, 가짜 광고와 랜딩 페이지를 통해 수요를 입증했다.

2. 제품 개발 과정을 SNS를 통해 공유하며 3만 5천 명 이상의 웨이팅 리스트와 3,700명의 커뮤니티 멤버를 확보했고, 이들이 브랜드의 일원이 되어 제품 개발과 홍보에 참여하며 신뢰를 얻을 수 있었다.

3. 대기업이 진입하기 어려운 '건강한 라면'이라는 화이트 스페이스를 선점한 후 라면 전문점에 버금가는 제품으로 포지셔닝함으로써 프리미엄 브랜드로 자리 잡았다.

물티슈 하나도 '남자답게' 쓰는 방법
: 듀드 와입스*DUDE Wipes*

대부분의 경우 물티슈를 구매할 때 특별히 브랜드를 따지는 사람은 많지 않을 것이다. 피부가 민감하거나 위생관념이 특별히 철저한 게 아니라면 양이 많고 저렴한 물티슈를 선택해 쉽게 쓰고 쉽게 버리는 것이 물티슈의 일반적인 소비 패턴이다. 따라서 가격과 용량이 비슷한 경우 패키지 디자인을 보고 제품을 선택하는 경우도 많다. 물티슈는 구매 결정 과정에서 많은 시간과 노력을 들이지 않는 대표적인 저관여 상품이다.

그런데 여기 일반적인 물티슈보다 2배 이상 비싼 물티슈를 팔아 1년에 2천억 원 이상을 벌고 있는 브랜드가 있다. 바로 남성용 물티슈라는 틈새시장을 개척한 브랜드, 듀드 와입스*DUDE Wipes*.

왜 물티슈는 순하고 부드러워야만 할까?

'뭐야 물티슈에 남성용, 여성용이 어디 있어?'

무언가를 닦아 낸다는 기능만 본다면, 물티슈는 성별을 분리할 필요가 없는 제품이다. 하지만 사이즈, 디자인, 마케팅 등 디테일한 부분을 고려하면 물티슈는 왜 그동안 하나같이 부드러움만을 강조했을까라는 반문이 들게 된다.

기존 물티슈 브랜드는 아기나 여성을 주요 타깃으로 삼았다. 그렇기 때문에 대부분의 경우 패키지는 흰색이나 파스텔톤과 같이 밝은 색상을 사용했고, 귀여운 동물이나 아기 얼굴 등을 넣어 깨끗하고 순한 느낌을 강조했다.

창업자인 숀 라일리*Sean Riley*는 성인이 돼서도 아기용 물티슈를 사용하는 것에 대해 어색함을 느꼈다. 그리고 성인 남성용 물티슈가 없다는 사실을 깨닫고 직접 만들기로 마음먹었다.

재미있는 사실은, 주로 가족을 위해 물티슈를 사용하는 여성과 달리 남성들은 개인적인 목적으로 물티슈를 사용한다는 것이다. 즉, 동일한 제품이지만 사용 목적이 완전히 다르다.

아무나 만들 수는 있지만, 모두가 잘 팔 수는 없다

물티슈 브랜드를 만드는 것은 생각보다 쉬운 일이다. '물티슈 OEM'이라고 검색해 보면, 아주 짧은 시간 안에도 20곳이 넘는 제조업체를 찾을 수 있다. 이 중 한 군데에 전화를 걸어 견적을 알아보았다. 최소 제작 수량은 5만 개, 제작 비용은 개당 1,200원, 제작 기간은 한 달 반이라고 한다.

명확한 유통처만 있다면 지금부터 두 달 내에 물티슈 브랜드를 만들어 판매를 시작할 수 있다. 유행이 빠르거나 새로운 기능이 지속적으로 개발되는 제품이 아니기 때문에 브랜드 운영도 어렵지 않고, 시장도 성장하고 있어 향을 추가하거나 사이즈를 변경해 제품군 확장까지 어렵지 않게 할 수 있을 것 같다. 문제는 이 시나리오의 전제가 '명확한 유통처의 여부'라는 것이다.

앞서 말했듯, 물티슈는 대표적인 저관여 상품이다. 저관여 상품은 구매 빈도는 높지만 필요할 때 바로바로 사서 쓰기 때문에 브랜드에 대한 충성도가 낮다는 문제가 있다. 즉, 물티슈라는 제품을 만들고 브랜드를 관리하는 것은 쉽지만 지속적으로 구매하게 만드는 것은 어렵다는 뜻이다.

듀드 와입스는 단순히 타깃과 패키지만 바꿔 성공한 브랜드처럼 보일 수 있지만, '남성용 물티슈'라는 콘셉트를 정하고 본격적으로 제품을 판매하는 데까지 3년이나 걸렸을 정도로 탄탄하게 기획된 브랜드이다.

듀드 와입스는 '재미'를 핵심 가치로 삼고, 남성들이 물티슈를 사용하는 새로운 방식을 제안함으로써 브랜드를 차별화했다. 그리고 '남자답게 닦는 방법_Dude way to wipe_'을 유머러스하게 전달하며 소비자들의 관심을 끌었다.

듀드 와입스의 목표는 남성들이 화장실에서 물티슈를 사용하도록 만드는 것이다. 문제는 소비 습관을 바꾸는 것은 단순히 제품을 판매하는 것보다 훨씬 더 어려운 일이라는 것이다. 하지만 새로 형성된 습관은 로크인_Lock-in_ 효과를 발휘해 저관여 제품인 물티슈가 가지고 있는 태생적인 문제를 해결할 수 있다는 이점이 있다.

새로운 습관 형성을 위한 5단계 전략

듀드 와입스는 다섯 가지 단계를 통해 기존의 습관을 부정하고, 소비자들이 화장실에서 물티슈를 쓰도록 만들었다.

1. 기존 습관의 문제점 강조하기
2. 새로운 행동을 쉽게 따라 할 수 있도록 만들기
3. 반복적인 노출을 통해 브랜드의 메시지 강화하기
4. 사회적 증거 활용하기
5. 새로운 습관을 보상 시스템과 연결하기

낯설게 들릴 수 있지만, 이는 우버와 에어비앤비, 카카오톡처럼 우리의 생활 습관을 바꾼 스타트업이 주로 활용한 전략이다.

이 중에서도 특히 첫 번째 단계인 기존 습관의 문제점 강조하기는 누구나 할 수 있지만, 대부분의 경우 공허한 외침으로 끝나고 만다.

듀드 와입스는 화장지 사용 후에도 남아 있는 불쾌감을 직설적이면서도 유쾌하게 표현해 남성 소비자들의 공감을 불러 일으켰다. 그리고 UFC나 NASCAR 같이 남성 소비층이 많은 스포츠와 관련된 장소에서 샘플링을 진행하며 직접 제품을 경험할 기회를 제공하고, 유명 운동선수와의 파트너십을 통해 남성 소비자들에게 물티슈 사용에 대한 인식을 확산시켜 제품 사용을 자연스럽게 유도하는 데 성공했다. 여기서 포인트는 브랜드를 무작정 많이 노출시킨 것이 아닌 적재적소에 효율적으로 노출시켰다는 것이다.

듀드 와입스의 주된 용도는 화장실에서 엉덩이를 닦는 것이다. 아이세이아 크로웰*Isaiah Crowell*은 엉덩이를 공으로 닦는 터치다운 세리머니로 큰 화제를 모은 선수이다. 그리고 UFC의 경기복은 엉덩이 부분에 가장 큰 로고가 들어간다. 이러한 연결 고리를 통해 듀드 와입스는 '남자답게 닦을 수 있는 제품*Dude way to wipe*'이라는 명확한 정체성을 만들었다.

부족한 자원은 창의성으로 극복한다

'돈이 어디서 나서 이런 마케팅을 할 수 있지?'

듀드 와이프스는 개인 대출을 받아 시작한 브랜드이다. 심지어 창업 초기에는 제품을 배송할 때 사용하는 박스 비용조차 부담스러워 버려진 박스를 재활용하기도 했다고 한다.

숀은 자원이 부족한 초기 사업자일수록 창의적인 방식으로 문제를 해결해야 한다고 강조한다. 그리고 "마케팅은 무조건 돈을 많이 쓰는 것이 아닌, 적절한 기회를 잡는 것"이라고 이야기한다.

듀드 와이프스가 전국적인 인지도를 얻게 된 것은 월드 시리즈에서 진행한 '무료 광고' 덕분이었다. 미국에서 월드 시리즈는 슈퍼볼만큼 영향력이 큰 이벤트이다. 월드 시리즈의 광고판은 수천만 명에게 브랜드를 노출시키는 효과가 있지만 수억 원의 비용이 들기 때문에 스몰 브랜드가 광고를 올리기는 어렵다. 광고비를 지출할 여력이 없던 듀드 와이프스가 주목한 것은 바로 중계진의 뒷자리였다.

듀드 와이프스 팀원들은 브랜드의 로고가 적힌 대형 배너를 들고 중계진 뒤에 서 있으며 경기 내내 수백만 명의 시청자들이 자연스럽게 브랜드를 인식할 수 있도록 만들었다. 그리고 이런 창의적인 마케팅 방법이 트위터나 레딧, 스포츠 뉴스 등에서 화제가 되며 검색량과 매출이 급증했을 뿐만 아니라 브랜드 인지도 또한 크게 향상되었다.

맥락 없는 확장은 독이 된다

듀드 와입스는 '남성용 브랜드'라는 아이덴티티를 기반으로 데오드란트와 바디워시를 출시한 적이 있다. 하지만 기대만큼 성공하지는 못했다. 손은 한 인터뷰를 통해 제품 확장이 가장 큰 실수였다고 회고했다. 이 경험을 바탕으로 손은 '1등이 될 수 없는 시장에서는 경쟁을 할 필요가 없다'라는 철학을 가지게 되었고, 남성용 물티슈에 더욱 집중하게 되었다.

한번 1등 브랜드로 인식되면, 후발 주자가 진입해도 시장을 쉽게 뺏기지 않는다는 장점이 있다. 남성용 물티슈라는 작은 시장에서 1등을 하면 뭐 하나?'라는 생각이 든다고? 작지만 명확한 틈새시장을 개척해 의미 있는 성과를 만들어 낸 브랜드들은 생각보다 많다.

리퀴드데스는 플라스틱 생수가 아닌 '캔에 담긴 생수'라는 새로운 시장을 개척해 연 매출 3,500억 원 브랜드가 되었고, 닥터 스쾃치는 '남성용 천연 비누'라는 새로운 시장을 만들어 연 매출 2,500억 원을 달성했다.

듀드 와입스가 데오드란트와 바디워시로 제품군을 확장한 것은 타깃이 남성이라는 점에서 적절해 보일 수 있다. 하지만 브랜드를 대표하는 제품이 남성용 물티슈라는 것을 고려한다면 데오드란트와 바디워시는 다소 뜬금없어 보인다. 그렇다면 듀드 와입스가 브랜드의 아이덴티티를 활용해 확장할 수 있는 제품군은 무엇일까?

맞다. 바로, 신체의 다른 부위를 닦는 물티슈이다. 듀드 와입스는 현재 다양한 향기의 엉덩이용 물티슈뿐만 아니라 몸과 얼굴용 물티슈도 함께 판매하고 있다. 덕분에 남성용 물티슈라는 아이덴티티를 더욱 강화할 수 있었고 시장 또한 키울 수 있었다.

구매 동선에 브랜드를 심다

듀드 와입스의 웹사이트에는 한 가지 독특한 점이 있다. 바로, 자사몰이 아닌 월마트나 아마존 같은 대형 쇼핑몰에서 구매하도록 유도한다는 것이다. 기껏 자사몰로 유입시킨 고객을 수수료가 높은 플랫폼에서 구매하도록 만드는 것이 이상해 보일 수 있으나, 이는 소비자

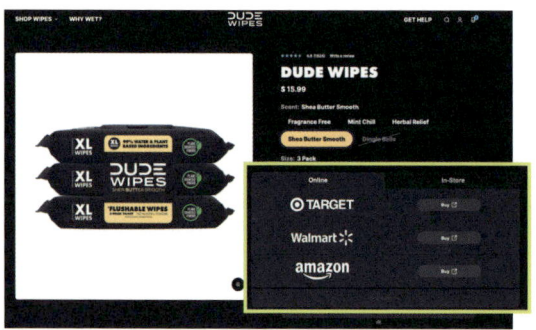

출처: dudewipes.com

의 구매 패턴을 활용한 전략적 선택이다.

물티슈와 같은 생필품은 소비자들이 주로 대형 쇼핑몰에서 다른 물건들과 함께 구매하는 경향이 있다고 한다. 또한, 아마존의 '정기 배송'과 월마트의 오프라인 유통망을 활용해 재구매율과 접근성을 높일 수도 있다. 즉, 듀드 와입스는 플랫폼에게 수수료를 지불하고 고객의 쇼핑 경로에 침투해 구매 장벽을 낮춘 것이다.

듀드 와입스가 주는 인사이트는 꽤 명확하다. 새로운 시장을 선점해 1등 브랜드가 될 것, 그리고 그 과정에서 부족한 자원이 문제가 된다면 기존 시스템을 창의적으로 활용해 시장을 확대할 것.

듀드 와입스의 성공 스토리 3줄 요약

1. 남성 전용 물티슈라는 틈새시장을 개척하고, 남성들이 화장실에서 물티슈를 사용하는 새로운 습관을 만들도록 유도했다.

2. 남성 소비층이 밀집된 장소와 그들이 반응하는 요소들을 정확히 타기팅해 적은 비용으로 강력한 브랜드 인지도를 구축했다.

3. 물티슈가 다른 생필품과 함께 구매되는 특성을 고려해, 자사몰 대신 대형 쇼핑몰에서 구매하도록 유도하며 구매 장벽을 낮췄다.

큐레이션으로 시작한 프리미엄 브랜드 : 트러프*Truff*

자, 지금부터 함께 상상해 보자. 여러분은 사람들이 독특하고 고급스러운 음식에 열광한다는 사실을 발견했다. 특히, '음식'과 '프리미엄'이라는 키워드가 결합된 제품이 큰 관심을 받는다는 것을 알게 되었다. 한 가지 문제가 있다면, 여러분에게는 요리 경력이 없다는 것이다. 이러한 상황이라면 어떻게 사업을 시작할 수 있을까?

만약 나라면 조리사 자격증 학원에 등록해 이론을 익히는 동시에 식당에서 일을 하며 실무를 경험할 것이다. 그리고 어느 정도 실력이 생기면, 음식과 관련된 SNS 계정을 키우며 트래픽을 모을 것이다.

그런데 이번 브랜드의 창업자들은 요리에 대한 지식도 없이 일단 SNS 계정부터 만들었다. 그리고 유명 셰프나 다른 음식 관련 계정의 콘텐츠를 큐레이션해 팔로워를 확보한 후 본격적으로 사업을 시작해 연 매출 350억 원 브랜드를 만들어 냈다. 바로, 핫소스계의 에르메스라고 불리는 브랜드, 트러프*Truff*의 이야기다.

남의 콘텐츠로 내 브랜드를 만든다고?

좋게 말하면 큐레이션이지만, 나쁘게 말하면 남의 콘텐츠를 이용해 내 브랜드 계정을 키운 것이다. 그런데 이는 어쩔 수 없는 선택에 가까웠다. 콘텐츠를 지속해서 만드는 것은 생각보다 시간과 비용이 많이 드는 일이다. 실제로 브랜드 계정을 키우기 위한 콘텐츠 제작 과정에서 지쳐 사업을 포기하는 경우도 적지 않다.

그렇기 때문에 트러프가 큐레이션을 통해 잠재 고객을 확보한 것은 자원이 부족한 스타트업이 창의적이고 효율적인 방식으로 브랜드를 성장시킨 사례로 평가받고 있다.

여기서 포인트는 트러프가 음식과 관련된 콘텐츠를 무작정 공유한 것이 아닌, '고급스러운 음식'이라는 콘셉트에 맞는 콘텐츠를 선택적으로 공유함으로써 브랜드가 추구하는 이미지(프리미엄, 트렌디함)를 명확히 전달했다는 것이다. 덕분에 비슷한 관심사를 가진 사람들을 모을 수 있었고, 자연스럽게 브랜드가 나아갈 방향을 설정할 수 있게 되었다.

그들이 특히 주목한 것은 사람들이 특이한 맛 조합에 큰 관심을 가지고 있다는 점이었다. 그리고 대중적인 핫소스와 고급 재료인 트러플을 결합한다면 새로운 시장을 개척할 수 있을 것이라고 판단했다.

요리의 '요' 자도 모르는 사람들이 만든 소스

트러프의 목표는 '익숙하면서도 새로운 맛'을 구현하는 것이다. 문제는 창업자인 닉 길렌*Nick Guillen*과 닉 아즐루니*Nick Ajluni*가 트러프를 창업하기 전 각각 마케팅 업계와 패션 업계에서 종사하던 직장인으로, 요리에 대한 경험이 전무하다는 것이었다.

역설적으로 들릴 수 있지만, 해당 분야에 전문성 없이 창업을 하는 것에는 다양한 장점이 있다. 바로, 고정관념이 없어 외부 도움에 대해 개방적이라는 것과, 완벽을 추구하지 않기 때문에 빠르게 시작하고 개선할 수 있다는 것이다.

두 창업자는 요리 전문가들과 협업해 핫소스를 개발했다. 그리고 제품 개발 초기 단계에서부터 소비자들의 피드백을 적극적으로 반영해 매운맛의 강도, 트러플 향의 세기 등 세부적인 요소를 조정하며 제품을 완성했다. 즉, 두 창업자는 요리에 대한 지식이 없었기 때문에 오히려 소비자들의 취향에 맞는 제품을 개발할 수 있었다.

약은 약사에게, 피드백은 고객에게

창업자들 중에는 새로운 것을 만들어 내는 일은 잘하지만, 규모를 키우고 시스템화하는 데는 어려움을 겪는 사람이 많다. 이런 문제의 근본 원인은 대부분 '위임을 하지 못하는 것'에 있다. 하나부터 열까지 모든 것을 직접 하려다 보니 확장을 하지 못하는 것이다.

트러프는 위임의 중요성을 단적으로 보여 준다. 트러프의 경영 철학은 '필요한 경우 적합한 조언과 도움을 받아 더 나은 결정을 내리는 것'이다. 두 창업자는 '모든 것을 직접 할 수 없다'는 점을 인정하며, 자신들이 모르는 영역에 대해 조언을 구하는 것을 두려워하지 않는다.

그리고 제품 개발은 물론 신제품 기획도 고객에게 '위임'했다. 고급 요리 콘텐츠를 큐레이션하며 확보한 브랜드의 팬들을 통해 잠재 고객이 어떤 종류의 소스에 관심이 있는지, 또 어떤 맛과 향을 선호하는지에 대한 정보를 얻고, 그들이 원하는 제품을 개발한 것이다. 이를 바탕으로 트러플 소금과 트러플 마요네즈 등으로 제품군을 확장하며 기존 고객의 충성도를 유지하는 동시에 새로운 시장으로 성공적으로 진출할 수 있었다.

그냥 소스가 아니라 '취향'입니다

트러프 성공의 핵심은 자신들이 잘 하는 것과 고객들이 원하는 것을 명확히 인지한 데 있다. 트러프는 SNS를 잘 활용하는 브랜드다. 그리고 이들의 타깃은 트렌디하고 고급스러운 음식에 관심이 많은 사람들이다.

트러프는 고급 향수병을 연상시키는 독특한 디자인으로 소비자들에게 강렬한 첫인상을 남겼다. 그리고 단순한 핫소스가 아닌 특별한 경험을 제공하는 럭셔리 식품으로 포지셔닝함으로써 '특별한 날 주는 선물'이나 '나를 위한 작은 사치'라는 콘셉트로 소비 심리를 자극했다.

만약 트러프가 대중을 타깃으로 제품을 판매했다면 타바스코의 그림자에 가려져 지금처럼 성공하지 못했을 것이다. 그리고 단순히 독특한 핫소스 콘셉트를 강조했다면 스리라차 소스와의 경쟁에서 밀렸을 것이다.

일반적인 소스보다 2배 이상 비싼 트러플 핫소스를 팔기 위해서는 그만한 설득 과정이 필요하다. 특히 요리를 즐겨 하지 않는 사람들에게는 '이 소스를 어떻게 사용하지?'라는 의문까지 해결해 줘야 한다.

트러프는 웹사이트와 유튜브를 통해 자신들의 소스를 활용한 다양한 레시피를 제공하며 낯선 소스에 대한 심리적 진입장벽을 낮췄다. 특히 핫소스는 주로 간식에 사용된다는 고정관념을 깨고 레시피의 카테고리를 아침, 점심, 저녁, 간식으로 세분화해 활용 방법을 제안한 점이 눈에 띈다.

출처: truff.com

이를 통해 트러프는 소비자들이 핫소스를 보조적인 양념이 아닌, 다양한 요리에서 활용 가능한 필수 아이템으로 인식하도록 유도했다. 덕분에 고객들은 기존에 생각하지 못했던 핫소스의 새로운 사용법을 발견할 수 있었고, 소비 빈도 증가와 고객 충성도 향상으로 이어질 수 있었다. 그리고 이는 트러프가 프리미엄 핫소스 시장에서 확고한 입지를 다질 수 있는 기반이 되어 주었다.

왜 트러프는 한국에서 살아남지 못했을까?

재미있는 사실은 트러프가 국내에 정식 수입된 적이 있다는 것이다. 처음 들어본다고? 그럴 수 있다. 현재는 판매를 하고 있지 않다.

브랜드의 성공을 위해 아이템만큼이나 중요한 것은 방법이다. 단순히 해외에서 성공한 아이템만 들여오는 것이 아니라 해외에서 성공한 방법도 함께 들여와야 하는 것이다.

트러프의 성공 요인은 SNS를 활용해 제품 출시 전부터 잠재 고객과 라포를 형성하고, 그들이 원하는 제품을 개발한 것이다. 그리고 다양한 콘텐츠를 통해 낯선 소스에 대한 심리적 진입장벽을 낮춘 것도 큰 역할을 했다.

아쉽지만 트러프 코리아는 미국에서 성공한 제품을 가져왔을 뿐, 성공 방법을 가져오지는 않은 것처럼 보인다. 트러프와 트러프코리아의 인스타그램 계정을 비교해 보면 얼핏 비슷해 보일 수 있다. 하지만 톤앤매너가 비슷할 뿐, 콘텐츠의 핵심에는 큰 차이가 있다.

미국 트러프는 소비자들이 자주 먹는 요리에 트러프 소스를 활용할 수 있도록 콘텐츠를 제작하고 홍보했다. 하지만 한국 트러프가 타코, 라멘, 부리또 등에 핫소스를 뿌려 먹는 모습을 보여 준 것은 한국의 식문화와 다소 동떨어져 있어, 실질적인 소스 활용 아이디어를 제시했다고 보기 어렵다.

셀럽보다 맥락

우리에게 핫소스는 상당히 익숙한 제품이지만, 막상 피자를 먹을 때 외에는 어떻게 활용할 수 있을지 다소 생소한 느낌을 준다. 평소에 소스를 많이 먹는 사람들도 핫소스를 병째로 구매해 본 적은 그리 많지 않을 것이다. 이런 환경 속에서 정착에 실패한 트러프와 달리, 같은 핫소스인 스리라차 소스는 어떻게 성공적으로 자리 잡았을까?

스리라차 소스를 생각하면 다이어트 요리나 스리라차 닭가슴살처럼 명확히 떠오르는 활용법들이 있다. 하지만 트러프는 국내에서 명확한 이미지를 구축하지 못했다. 전소미, 한혜연, 구준엽 등 셀럽들과 콜라보를 진행하고 '냉장고를 부탁해'와 '냉터뷰' 같은 프로그램에도 제품을 노출시키며 공격적으로 마케팅했지만, 핫소스를 병째로 구매해 본 적 없는 소비자 입장에서는 콘텐츠를 보는 내내 '비싼 소스'를 사야 하는 이유를 찾지 못했다. 단순히 "맛있다", "매콤하다"라는 멘트로는 낯선 소스를 어떻게 사용할 수 있을지 명확한 가이드를 제공하지 못한 것이다.

단순히 셀럽이 아닌, 김풍이나 '야매 요리 유튜버'처럼 독특한 요리로 유명한 사람들과 협업해 트러프를 활용한 개성 있는 레시피를 개발하고 명확한 이미지를 구축했다면 결과는 다르지 않았을까?

트러프의 성공 스토리 3줄 요약

1. 유명 셰프나 다른 음식 관련 계정의 콘텐츠를 큐레이션해 잠재 고객을 확보하고, 브랜드가 나아갈 방향을 설정했다.

2. 잠재고객을 통해 선호하는 맛과 향에 대한 정보를 얻고, 그들이 원하는 제품을 개발함으로써 프리미엄 핫소스 시장을 개척할 수 있었다.

3. 활용도를 극대화할 수 있는 콘텐츠와 고정관념을 깨는 활용법 제안을 통해 핫소스를 보조적인 양념이 아닌, 다양한 요리에서 활용 가능한 필수 아이템으로 만들었다.

그냥 '택갈이'가 아닙니다 : 피쉬와이프 *Fishwife*

다음 중 '통조림 식품'하면 떠오르는 이미지는?

1. 간편하고 저렴한 음식

2. 신선하지 않은 음식

3. 영양가 없는 음식

무엇이 되었든, 부정적인 인식이 대부분일 것이다.

그런데 여기, 통조림 식품을 고급화해 1년에 80억 이상의 매출을 올리고 있는 브랜드가 있다. 세련된 디자인과 스토리텔링으로 통조림 음식을 트렌디한 미식의 일부로 만든 브랜드, 피쉬와이프*Fishwife*다.

혹시, '그래 봤자 통조림이지 고급화는 무슨'이라는 생각이 든다면, 이번 사례를 통해 디자인과 스토리텔링의 중요성을 살펴보자.

팬데믹 덕분에 탄생한 브랜드

팬데믹 기간 동안 미국에서는 통조림 식품의 소비가 크게 증가했다. 창업자인 베카 밀스틴*Becca Millstein*은 이 시기에 통조림 생선을 소비하며 한 가지 문제점을 발견하게 되었다. 바로, 대부분의 통조림 생선이 맛이나 품질이 떨어진다는 것. 그리고 젊은 세대를 위한 브랜드가 부재한다는 것이었다. '통조림 생선에 뭘 기대하냐, 통조림 식품은 원래 그런거야'라고 생각할 수도 있지만, 베카는 이를 개선하기로 마음먹었다. 스페인에서 유학을 한 경험 덕분이었다.

스페인에서 통조림은 해산물을 보존하는 전통적인 방법으로, 미식으로 인식된다. 이들은 통조림을 단순한 보존이 아닌 '숙성과 농축'의 과정으로 바라보며, 시간이 만들어 내는 깊은 맛을 가치 있게 여긴다. 5세대에 걸쳐 내려온 전통적인 방법으로 최고 품질의 해산물 통조림을 생산하는 브랜드가 있을 정도이다. 즉, 피쉬와이프는 스페인의 프리미엄 해산물 통조림 문화를 미국에서 대중화한 브랜드다.

비싼데 오히려 더 잘 팔리는 이유

많은 간편식들이 코로나 특수로 반짝 떴다가 사라져 버렸다. 그런데 재미있게도 피쉬와이프의 매출은 코로나 이후에 오히려 두 배 이상 성장했다. 쉬와이프는 어떻게 시장을 역행할 수 있었을까?

바로, 기존의 '보존 식품'이 아닌, 소비자들의 라이프스타일과 가치관을 반영한 브랜드로 자리 잡았기 때문이다. 피쉬와이프의 주요 고객층은 트렌디한 식품에 개방적인 MZ세대다. 이들은 가격보다 가치를 우선시한다는 특징이 있다.

피쉬와이프는 제품의 상세페이지에서 생선이 어획된 지역과 어획 방법, 사용된 어종과 같은 세부 정보를 명확하게 공개하고 있다. 이는 제품 품질을 보증하고 신뢰를 강화하는 중요한 전략이다. '남태평양 청정해역에서 직접 잡아 올린 싱싱한 참치' 같은 흔한 표현보다, '참치 어획 시즌에 비스케이만에서 후크 앤 라인 방식으로 잡았다'는 구체적인 정보가 훨씬 더 신뢰를 주는 것이다.

초여름에 번식하는 참치의 특성상, 6~8월은 개체 수도 많고 건강한 상태의 참치를 잡기에 적합한 시기다. 그리고 후크 앤 라인 방식은 특정 크기나 종류의 참치만을 선택적으로 잡을 수 있어 불필요한 어획을 줄이고, 참치가 손상되는 일도 적어 품질 유지에 더욱 유리하다.

즉, 피쉬와이프는 지속가능한 어획 방식으로 환경 친화적인 가치를 지켰을 뿐만 아니라 품질까지 높여 브랜드에 프리미엄 이미지를 부여한 것이다.

그래 봤자 생선 통조림인데 괜히 비싸기만 할 것 같다고 생각했다면, 일정 부분 사실이다. 실제로 피쉬와이프는 일반 통조림보다 두 배나 비싸다. 하지만 모든 이들이 합리적인 소비만을 하는 것은 아니다.

이는 일종의 '스몰 럭셔리'라고 할 수 있다. 스몰 럭셔리란 상대적으로 저렴한 가격으로 구매할 수 있으면서도, 소비자에게 고급스러움과 만족감을 주는 제품이나 경험을 뜻한다. 이 제품은 '나는 통조림도 아무거나 먹지 않는 세련된 사람이야'라는 느낌을 주어 주방에 두는 것만으로도 기분을 좋아지게 만든다.

식품 및 음료 시장 조사 기관인 '패키지드 팩트*Packaged Facts*'의 보고서에 따르면, 미국의 식품 선물 시장은 꾸준하게 성장하고 있다고 한다. 특히 고급 식품은 주는 이와 받는 이 모두에게 특별한 만족감을 주는 특징이 있다. 즉, 피쉬와이프는 스페인의 고급 통조림 문화를 미국의 식품 선물 문화와 결합시켜 새로운 문화를 만들어 낸 것이다.

적은 자본으로 브랜드를 만드는 방법

'프리미엄 해산물 통조림 시장을 개척했다'라고 하면 직접 어획한 참치를 대형 설비를 이용해 독자적인 기술로 만들었다는 느낌이 강하다. 하지만 피쉬와이프는 브랜딩과 패키징, 그리고 마케팅을 통해 독창적이고 고급스러운 경험을 제공하는 디자인 중심 브랜드다.

피쉬와이프는 알래스카, 태평양 북서부, 지중해 연안의 소규모 어부들로부터 해산물을 공급받는다. 그리고 전통적인 방식으로 통조림을 생산하는 파트너와 협력해 완제품을 납품받는다. 이렇게 생산된 통조림이 품질 검사를 거쳐 피쉬와이프의 브랜드로 판매되는 것이다.

자칫 '택갈이'처럼 보일 수 있지만 단순히 기성 제품에 라벨만 교체해 판매하는 택갈이와 달리 제품 기획과 브랜딩을 통해 새로운 가치를 창출한다는 측면에서 큰 차이가 있다. 이는 초기 자본이 제한적이거나 특정 분야의 전문성이 부족한 소규모 브랜드가 시장을 개척할 수 있는 가장 효율적인 전략이기도 하다.

피쉬와이프는 이러한 생산 방식을 통해 전통적인 제조 방식을 유지하면서도 현대적인 감각으로 고급 해산물 통조림을 소비자에게 제공할 수 있었다.

물론, 독자적인 유통망과 기술로 개발된 제품이 아닌 만큼 누구나 유사한 제품을 쉽게 따라 만들 수 있다는 문제점이 존재한다. 그렇기 때문에 브랜딩이 중요한 것이다.

피쉬와이프는 프리미엄 미식 문화, 지속가능성, 세련된 패키지 디자인을 통해 브랜드의 명확한 아이덴티티를 구축했다. 그리고 이러한 차별화 포인트들이 다른 통조림 브랜드들과 대조를 이루며 SNS에서 화제가 되었다.

특히 피쉬와이프의 제품을 활용해 간단하지만 멋진 음식을 만드는 영상들이 인기를 끌고, 실제 구매로까지 이어지고 있다. 피쉬와이프는 이러한 영상을 공식 계정에 공유함으로써 충성도 높은 소비자와의 유대감을 강화하고 있다. 그리고 자주 콘텐츠를 포스팅하거나 피드백을 남기는 소비자를 브랜드 앰배서더로 선정해 자연스럽고 진정성 있게 제품을 홍보하고 있다. 그 결과 피쉬와이프는 미국 통조림 시장의 40% 이상을 차지하고 있는 스타키스트보다 5배 이상 많은 팔로워를 보유한 핫한 브랜드가 되었다.

명확한 아이덴티티와 철학만 있다면 특별한 기술이나 큰 비용 없이도 멋진 브랜드를 만들 수 있다는 것이 피쉬와이프가 보여 준 가장 큰 교훈이다. 이 정도면 정말 맨땅에서 시작해 브랜딩과 스토리텔링만으로 브랜드를 성공시켰다고 이야기할 수 있지 않을까?

피쉬와이프의 성공 스토리 3줄 요약

1. 미국 통조림 생선의 낮은 품질과 부족한 맛을 개선하기 위해 스페인의 고급 통조림 문화를 접목했다.

2. 어획과 제조를 전문 파트너에게 위탁함으로써 초기 자본을 절감하고 제품의 품질을 높였다.

3. 간편하면서도 고급스러운 미식 경험 제공이라는 가치가 MZ세대의 니즈를 충족시키며 빠르게 성장할 수 있었다.

고작 시장 가방을 직구까지 한다고? : 바쿠*Baggu*

출처: baggu.com

이 가방의 판매가는 18,000원이다. 그런데 이 브랜드의 연 매출은 500억 원이나 된다.

재활용 가방을 판다면 어떻게 팔아야 할까? 프라이탁이 프리미엄 업사이클링 시장을 선점한 상황에서, 특별한 차별점이 없다면 후발 주자는 아류로 느껴질 수밖에 없다. 프리미엄 시장에서 경쟁할 수 없다면, 저가로 승부하는 건 어떨까?

여기 프라이탁과의 경쟁을 피해 성장한 브랜드가 있다. 바로 재활용 가방을 힙한 컬렉션으로 승화시킨 브랜드, 바쿠*Baggu*. 소방호스, 현수막, 산업용 패브릭 등 이색적인 소재로도 넘지 못한 프라이탁의 벽을, 어떻게 평범한 나일론 가방이 넘을 수 있었을까?

다회용 가방은 왜 다 투박하기만 할까?

바쿠는 환경 보호와 지속가능성을 중시하는 부모님 밑에서 자란 패션 디자이너, 에밀리 스기하라*Emily Sugihara*에 의해 시작된 브랜드다. 그녀는 어릴 적부터 버릴 것을 줄이고, 물건을 고쳐 오래 쓰는 삶의 중요성을 자연스럽게 체득했다.

에밀리는 어느 날 장을 보면서 한 가지 문제를 발견했다. 다회용 가방들이 크고 무겁거나, 디자인이 예쁘지 않아서 결국 일회용 가방을 쓰게 된다는 것이었다. 그렇게 '재사용 가능한 예쁜 가방'이라는 아이디어가 탄생하게 됐고, 패턴사로 일하던 어머니의 도움으로 빠르게 첫 샘플을 완성할 수 있었다.

바쿠는 100% 나일론 소재로 만들어 가볍고, 접어서 작은 파우치에 넣어 휴대 가능하다는 특징이 있다. 바쿠의 초기 모델은 일본에서 흔히 사용되는 위가 열린 주머니 형태에서 영감을 받았다. 그리고 브랜

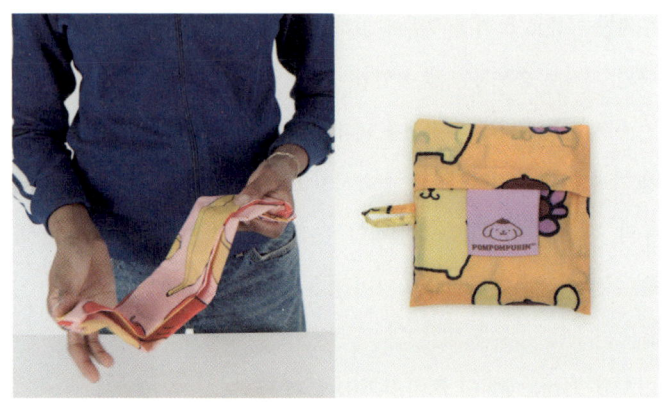

드명인 '바쿠*baggu*' 역시 가방을 뜻하는 '백*bag*'의 일본식 발음을 차용한 것이다.

플라스틱 병이 의식 있고 힙한 컬렉션으로

나일론 가방이 어떻게 친환경 제품이 될 수 있냐고? 바쿠에 사용되는 나일론 원단은 버려지는 플라스틱 병이나 어망 등에서 추출한 재활용 나일론이다. 이를 통해 새로운 플라스틱 생산을 줄이고, 폐플라스틱 처리 과정에서 발생하는 탄소 배출 역시 감축하고 있다. 실제로 하나의 바쿠 가방이 1회용 비닐봉투 300~700개 이상을 대체한다는 데이터가 있기도 하다.

바쿠는 단순한 환경 캠페인이 아닌, '예쁘고 즐겁게 사용할 수 있는 친환경 라이프스타일 제품'으로 포지셔닝하고 있다. 그리고 다양한 디자인과 컬래버 전략을 통해 장바구니를 넘어 하나의 브랜드로 성장했다.

바쿠는 프라이탁의 한계는 보완하고, 본질적인 매력은 유지한 브랜드다. 많은 사람들이 프라이탁 가방을 처음 접했을 때 다소 혼란스러운 인상을 받곤 한다. 제품마다 패턴과 색 조합이 모두 달라 100% 원하는 디자인을 고르기가 쉽지 않고, 가격에 비해 내구성이 아쉽다는 소비자 후기도 적지 않다. 실제로 제품을 처음 본 사람들은 '중고'라고 오해하는 경우도 있을 정도다.

그럼에도 불구하고 프라이탁은 강한 매력을 지니고 있다. 일반적인 명품 브랜드의 가방이 로고와 가격으로 시선을 끌어당긴다면, 프라이탁은 '왜 이 브랜드를 선택했을까?'라는 궁금증을 자아낸다. 불편함을 감수하면서까지 이 가방을 선택한 데에는, 어떤 철학이나 가치관이 담겨 있을 것만 같은 인상을 주는 것이다.

바쿠에게도 기존의 에코백이나 장바구니가 주지 못하는 느낌이 있다. 특히 포멀한 복장에 비비드한 바쿠를 들고 있는 모습은 '의식 있는 멋쟁이'라는 느낌마저 준다. '자연친화적인데 디자인도 독특하고, 가격도 저렴한데 의식 있는 느낌을 준다?' 가벼운 마음으로 한 번쯤 구매해 보기에 부담 없지 않을까? 게다가 프라이탁의 가방과 달리 바쿠의

나일론 소재는 가볍고 튼튼하면서도, 세탁기로 세탁할 수 있어 관리가 편리하기까지 하다.

이런 장점들 덕분에 지속가능성을 중시하는 셀럽들이 바쿠를 활발히 사용하게 되었고, 저렴하지만 싸구려가 아니라는 인식이 생기게 되었다.

오히려 과잉 소비를 유도한다고?

바쿠의 핵심 타깃은 대학생과 10대 소녀다. 사업 초창기에는 그들이 즐겨 보는 패션 잡지에 등장해 관심을 끌었고, 지금은 바쿠를 모으고 스타일링하며 SNS에 공유하는 팬덤의 자발적인 영상으로 인기를 이어 가고 있다. 브랜드의 팬들 사이에는 '가방이 가방을 부른다'는 농담이 있을 정도다.

이렇게 컬렉션을 모으는 재미는 소비자들의 반복 구매로 이어졌지만, 이 과정에서 '지속가능성을 표방하는 브랜드가 과잉 소비를 유도한다'는 비판도 함께 따라오고 있다. 실제로 스탠다드 바쿠 모델은 컬러와 패턴의 종류만 40가지가 넘는다.

이에 대한 공식적인 반박이나 성명을 발표하지 않은 것은 아쉽지만 바쿠는 거창한 메시지 대신 쓰레기를 최소화하고 오래 사용할 수 있는 가방을 만드는 데 집중하고 있다.

매년 디자인을 조금씩 바꿔서 고객들이 새로운 제품을 구매하도록 유도하는 브랜드들이 있다. 특히 명품 브랜드들이 이 전략을 주로 사용한다. 하지만 바쿠는 2007년에 제품을 출시한 이후 디자인을 거의 바꾸지 않았다. 크기, 기능, 형태 역시 동일하다. 나는 이것이 바쿠가 말하는 '지속가능성'이라고 생각한다.

그렇다면 바쿠는 어떻게 오랫동안 같은 디자인으로 소비자들의 지속적인 관심을 끌 수 있었을까? 그 답은 바쿠만의 독특한 브랜드 커뮤니케이션 방식에 있다.

바쿠의 SNS를 살펴보면 한 가지 재미있는 점을 발견할 수 있다. 바로, 사람보다 제품 자체가 강조된다는 것이다. 일반적인 패션 브랜드는 모델 착용샷을 활용해 소비자가 '나도 저렇게 되고 싶다'고 상상하게 만들어 구매 욕구를 자극한다. 하지만 바쿠는 벽에 걸린 모습, 바닥에 놓인 모습, 누군가 들고 있지만 얼굴은 보이지 않는 모습 등 가방이 주인공이 되는 사진을 주로 활용한다. 이를 통해 소비자가 '나도 일상에서 다양하게 쓸 수 있겠다'는 느낌을 받도록 만들었다.

이는 '일상 속 자연스러운 친환경 라이프스타일'이라는 브랜드 정체성과 '우리는 일상에서 쓰이는 단순하고 유쾌한 물건을 만듭니다*We make simple, playful things for everyday living*'라는 브랜드 철학을 보여 준다.

인스타그램에 첫 게시물을 올린 13년 전에도, 그리고 가장 최근 게시물에도, 바쿠는 여전히 고급스럽거나 과장된 사진 대신 일상적이고 유쾌한 톤을 유지하며 브랜드의 일관성을 지켜 왔다. 이런 꾸준한 브랜드 아이덴티티 유지가 소비자들에게 신뢰감을 주고, 바쿠를 단순히 유행 브랜드가 아닌 라이프스타일의 일부로 인식하게 만들었다.

실제로 바쿠의 인스타그램 팔로워는 51만 명으로, 프라이탁보다 2배 이상 많다. 이 수치는 브랜드의 팬덤과 온라인 경쟁력에서 바쿠가 얼마나 강력한지 보여 주는 지표이기도 하다.

7만 원 vs 30만 원

장바구니에서 시작한 바쿠는 백팩과 메신저백 등 여러 종류의 가방뿐 아니라, 노트북 케이스와 에어팟 케이스, 도시락통 등 '휴대'라는 카테고리 내에서 제품군을 확장하며 소비자의 일상에 더욱 깊숙히 스며들었다.

현재 가장 인기가 있는 디자인은 적당히 캐주얼하면서도, 일상생활의 필수품을 담을 수 있는 숄더백이다. 이 가방의 가격은 52달러(약 7만 원)이다. 그런데 가격에 비해 꽤 세련돼 보인다. 브랜드에서 제공하는 실사용 이미지들을 보면, 다양한 스타일에 매칭도 쉽고 과하지 않은 편안한 느낌이다.

그리고 작은 가방에 핸드폰, 물병, 네 개의 파우치, 과일까지 들어가는 것을 영상을 통해 보여 주며 실용성 역시 좋다는 것을 강조한다. 그런데 사실 이 영상은 프라이탁의 제품 소개 영상과 굉장히 비슷하다. 한 가지 차이점이 있다면, 비슷한 사이즈의 프라이탁 가방은 30만 원이 넘는다는 것이다.

제품과 브랜드가 주는 느낌은 다를 수 있으나, 소재적인 측면에서

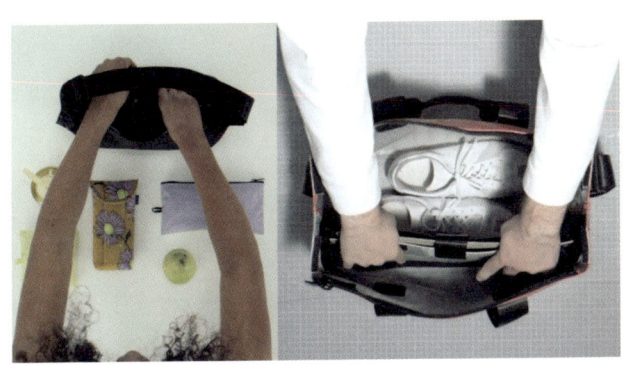

출처: baggu.com(좌) / freitag.ch(우)

는 금방 해지는 프라이탁보다 바쿠가 오히려 더 매력적이다. 이것이 바쿠가 일상 속에서 가치 있게 사용할 수 있는 아이템으로 사랑받는 이유다. 지속가능성과 저렴한 가격, 세련된 디자인, 충분한 수납, 그리고 손쉬운 관리까지 모두 갖추어 '일상 속에서 편하게 사용하지만 가치 있는 소비'를 원하는 사람들에게 사랑받는 것이다.

직구에서 정식 수입으로

바쿠는 몇 년 전까지만 해도 '직구하는 시장 가방'으로 통했다. 그런데 지금은 공식 수입이 되고 있다. 카페24의 리포트에 따르면 온라인 쇼핑몰 구매자 리뷰 작성률은 평균 5% 내외이고, 리뷰 작성률을 높이기 위한 인센티브 지급 시 10%까지도 증가한다고 한다. 정확한 판매 수량은 알 수 없지만, 리뷰 작성률을 기준으로 보수적으로 추산해도 단일 제품이 약 두 달간 1천 개 이상 판매됐다고 추정할 수 있다.

만약 바쿠가 다른 후발 주자들처럼 독특한 소재로 차별성을 만들려 했다면 프라이탁의 아류로밖에 느껴지지 않았을 것이다. 하지만 바쿠는 '프리미엄 업사이클링' 대신 '일상 속 가치 소비'에 집중하며, 합리적인 가격과 실용성으로 전 세계 12개국에서 꾸준히 사랑받고 있다. 결국 중요한 것은 거창한 명분이나 말뿐인 가치가 아닌, 고객의 실제 니즈에 집중하는 것이라는 생각이 드는 부분이다.

바쿠의 성공 스토리 3줄 요약

1. 프라이탁이 선점한 프리미엄 업사이클링 시장과 정면 승부하지 않고, '예쁘고 편한 친환경 라이프스타일'이라는 새로운 카테고리를 창출했다.

2. 형태와 기능은 유지하되, 다양한 컬러와 패턴, 컬래버 디자인으로 고객에게 '컬렉션을 모으는 재미'를 느끼도록 유도했다.

3. 고급스럽거나 과장된 사진 대신 '일상 속 기본템'이라는 이미지를 각인시키며 단순한 유행을 넘어 라이프스타일 브랜드가 될 수 있었다.

나만의 브랜드를 만들기 위한 워크시트 ④

　지금까지 우리는 총 35개의 스몰 브랜드를 살펴보았다. 다양한 해외 사례를 통해 내 브랜드에 적용 가능한 인사이트와 아이디어를 얻었으리라 믿는다.

　이제 작은 실천을 통해 아이디어를 검증해 보자. 비교하고, 분석하고, 선택하는 단계에서 고민이 길어질수록 에너지를 소모해 시작조차 하지 못하게 되는 경우가 많다. 가장 좋은 해결 방법은 지금 당장 가능한 것부터 작게 테스트해 보는 것이다.

　시간과 자본, 인력 등 현실적인 제약이 실행을 어렵게 만든다면, 이 때 도움이 될 수 있는 것이 바로 페이크 도어 테스트*Fake Door Test*다. 1분 짜리 유튜브 영상으로 자신의 아이디어와 콘셉트를 보여 준 리퀴드데스, 렌더링 이미지로 웹사이트를 만들고 페이스북에 광고를 게재해 수요를 확인한 이미의 시작점 역시 페이크 도어 테스트였다.

　이는 우리나라에서도 흔하게 사용되는 방법이다. 대표적인 사례로 토스가 있다. 토스는 '간편 송금 서비스'라는 아이디어를 검증하기 위해 앱 개발 대신 랜딩페이지를 먼저 만들었다. 서비스 소개 문구, 30초짜 리 콘셉트 영상, 그리고 휴대폰 번호를 받는 입력 폼만으로 구성된 간단한 페이지였다.

토스가 아이디어를 테스트하기 위해 투자한 비용은 얼마였을까? SNS 광고비 단돈 1만 원이 전부였다. 그러나 이를 통해 6천 명의 잠재고객에게 도달할 수 있었고, 그중 24명(클릭률 0.4%)이 서비스에 관심을 보였다. 일반적인 배너 광고의 평균 수치(0.2~0.3%)보다 50% 이상 높은 수치였다. 두 번째 테스트에서는 랜딩페이지를 본 사람들 중 약 1천 명이 이메일 주소를 남겼고, 이를 확인한 토스는 본격적인 개발을 시작했다.

지금 우리가 할 수 있는 가장 좋은 아이디어 검증 방법은 기획을 구체화하는 것이 아니라 작은 실행을 반복하는 것이다. 만약 물성이 중요한 사업을 하고 있다면 MVP*Minimum Viable Product*를 만들어 보는 것도 좋은 방법이다. MVP는 완성된 제품이 아니라, 가장 핵심적인 기능만 갖춘 최소 단위의 시제품을 의미한다. 실제 사용자 반응을 빠르게 확인하고 개선 방향을 잡을 수 있는 실험형 제품이다. 페이크 도어 테스트가 수요를 검증하는 단계라면, MVP는 실제 사용 경험을 검증하는 단계다.

이해를 돕기 위해 내 이야기를 잠깐 할까 한다. 나는 현재까지 다양한 형태의 오프라인 모임을 운영해 오고 있다. 시작은 일종의 MVP로서 파티룸을 대관해 독서모임을 시작했다. 독서모임은 이미 여러 번 참여해 본 경험이 있어 진행의 어려움이 적었고, 참여자에게도 모임 참석을 설득하기가 용이했으며, 대관은 공간을 직접 마련하는 것보다 빠르고 쉬운 선택지였다. 그리고 그렇게 모임의 지속가능성을 테스트하는 과정을 거친 뒤에는 참여자들의 니즈에 맞춰 브랜딩 스터디를 진행했다. 지금은 모임 개수와 횟수도 늘어나 별도의 공간을 구해 모임을 고도화하고 있다. 당장 접근 가능한 최소한의 리소스로 핵심 가치를 전달한 MVP 사례이다.

이 단계에서는 완벽하게 만들고 싶은 욕구를 조금 내려놓기를 바란다. 중요한 것은 작은 실험을 반복하며 제품과 시장의 핏을 맞춰 가는 것이다. 반응이 없으면 어쩌나 고민할 필요가 없다. 이 과정의 목적은 '빠른 검증'이기 때문이다. 큰 돈을 들여 만들었을 때 반응이 없는 것보다 최소한의 시간과 에너지로 실패 경험을 쌓은 것이니 되려 축하할 일이다. 지금은 유명한 기업들도 알고 보면 창업자가 몇 번의 실패 끝에 만들어 낸 경우가 많다. 우리가 지금 하는 일은 실패할 확률이 더 높다는 것을 기억한다면, 아이디어를 가볍게 시험해 보고 실행에 옮기는 일이 훨씬 더 수월해질 것이다.

1. 실행 가능성 체크

☐ 짧은 기간에 테스트가 가능한가?

☐ 적은 비용으로 실행이 가능한가?

☐ 혼자서도 시작이 가능한가?

☐ 결과를 숫자로 측정이 가능한가?

→ 2개 이상 체크했다면 시작해 보자!

2. 테스트 방법 선택

☐ 페이크 도어 테스트 (수요 검증)

예: SNS 콘텐츠 + 광고

필요: 콘셉트 설명, 렌더링 이미지, 광고비

☐ MVP 제작 (사용 경험 검증)

예: 최소 기능 프로토타입

필요: 핵심 기능 구현, 소량 생산

☐ 프리 오더(Pre-order) 테스트 (구매 의사 검증)

예: 사전 판매 페이지

필요: 상세 설명, 결제 시스템

□ 오프라인 테스트 (피드백 검증)

예: 소규모 모임, 샘플링

필요: 시제품, 장소, 피드백 양식

3. 성패 기준 설정(실행 전)

예)

- 클릭률 1% 이상이면 다음 단계 진행

- 30명 이상 참여 신청 시 제품 제작

- 1주일 내 피드백이 없으면 피벗 고려

이 정도면 다음 단계로 갈 수 있다:

_____

_____

_____

_____

이 정도면 피벗이 필요하다:

_____

_____

_____

_____

4. 다음 액션

① 주요 피드백을 요약해 보라.

_____

_____

② 개선 포인트를 정리해 보라.

_____

_____

③ 위 내용에 따라 다음 액션을 결정하라.

☐ 본격 실행

☐ 수정 후 재테스트

☐ 아이디어 변경(피벗)

☐ 중단

에필로그

브랜드를 만들고 싶은가? 그렇다면 '브랜드를 만드는 것'이란 무엇이라고 생각하는가?

'AI'라는 단어를 보고 대중들은 '인공지능'을, 디자이너는 '일러스트레이터 프로그램'을, 축산업 관계자는 '조류독감'을 떠올린다. 이와 마찬가지로 '브랜드'와 '브랜딩' 역시 주어진 환경과 상황에 따라 다른 의미를 갖는다.

이 책을 집필하며, 브랜드와 브랜딩에 관해 세 가지 인사이트를 얻게 되었다.

첫 번째, 메시지를 응축하라.

두 번째, 뾰족하게 시작해 넓혀 가라.

세 번째, 기록하고 쌓아 가라.

메시지를 응축하라

나는 '브랜드'와 '브랜딩'이라는 어젠다를 바탕으로 다양한 사람을 만나고 있다. 그중에는 이미 수백억 대의 매출을 내고 있는 브랜드의 대표도 있고, 직장을 다니며 자신의 브랜드를 준비 중인 사람들도 있다. 각자의 백그라운드와 진행 상황은 다르지만, 공통점은 '브랜드를 만들고 싶은 명확한 이유'가 있다는 것이었다.

이 책을 끝까지 볼 정도의 열정이라면 당연한 소리라고 느낄 수도 있다. 하지만 명확한 이유 없이 '지금 당장 돈이 될지, 또는 미래에 시장성이 있을지'를 기준으로 아이템을 선정하게 되는 경우는 생각보다 많다.

사실 직관적으로 비교해 본다면, 내가 만들고 싶은 제품을 찾는 것보다 시장에서 팔릴 만한 제품을 찾는 것이 더 쉬운 선택일 수 있다. 실제로 브랜드를 만드는 것보다 지금 당장 물건을 떼다 파는 게 훨씬 간편하다.

솔직히 말하자면, 브랜딩은 돈을 쓰는 행위라고 생각한 적도 있었다. 사실 큰 틀에서 이 생각은 아직도 변하지 않았다. 나는 여전히 브랜딩이 매출과 직결된다고 생각하지 않는다. 하지만 사업의 지속가능성을 높여 준다고 믿는다.

기업 단위의 브랜딩을 하는 지인들은 내가 하는 일들에 대해서 잘 이해하지 못한다. 하지만 나는 오히려 그들에게 묻는다. 월급 받으며 일하는 방식 그대로 네 돈을 써 가며 할 수 있겠냐고.

브랜딩에는 정답이 없다. 주어진 상황에서 최선의 선택을 하는 것이 필요할 뿐. 대신 그 선택은 명확해야 한다.

모두가 나이키 같은 브랜드를 만들고 싶어 한다. 그런데, 나이키 역시 시작은 유통업체였다. '블루 리본 스포츠'라는 이름으로 오니츠카타이거의 운동화를 미국에 유통하던 중 라이선스 문제가 생겨 탄생한 브랜드가 바로 나이키다.

지금의 나이키는 '나이키'라는 브랜드명 하나로 모든 것이 설명된다. 하지만 론칭 당시 나이키는 아디다스와 푸마의 후발 주자로, 인지도가 없는 신생 브랜드에 불과했다.

나이키가 브랜드로 인지될 수 있었던 비결은 러닝화 덕분이었다. 나이키의 러닝화는 가볍고 저렴하고, 쿠션감과 접지력이 특출나다는 특징이 있다. 하지만 대중이 가장 뚜렷하게 기억하는 것은 단 하나, '와플솔 디자인'이다.

이 디자인을 기억하는 사람은 많아도, 이 신발의 가격이나 무게를 기억하는 사람은 그리 많지 않을 것이다. 만약 나이키가 모든 장점을 기억하게 만들려고 했다면, 아무것도 기억에 남기지 못했을 것이다.

출처: nike.com

나이키 역시 한 가지 강력한 이미지로 응축했기 때문에 기억에 남는 브랜드가 될 수 있었다.

어쩌면 뻔한 소리라고 생각할 수 있다. 하지만 여러 브랜드의 대표들을 만나며 느낀 점은, 브랜드에 대한 애정으로 인해 너무 많은 특장점을 나열해 결국 아무것도 기억에 남기지 못한다는 것이다.

한 연구에 따르면, 소비자들은 새로운 브랜드를 시도하기보다는 기존에 익숙한 브랜드를 반복 구매하는 경향이 높다고 한다. 이는 소비자들이 이미 검증된 브랜드를 더 안전하고 신뢰할 수 있는 선택으로 여기기 때문이다. 이러한 소비 패턴은 신규 브랜드가 시장에 진입하고 소비자의 신뢰를 얻기 어려운 현실을 보여 준다.

평소에 신규 브랜드를 얼마나 구매하는지 각자의 경험을 한번 돌이켜 보자. 신규 브랜드 구매는 '인지 → 관심 → 탐색 → 호감 → 구매 → 경험 → 재구매'의 단계로 진행된다. 일단 가장 먼저 인지가 이루어져야 브랜드에 대한 호감도 생기고 구매까지 이어질 수 있다.

브랜드를 인지시키는 방법에는 블로그, 인스타그램, 전단지, 버스 광고 등 여러 가지가 있지만, 중요한 것은 방법 그 자체가 아닌 '응축된 메시지'다. 앞서 말했듯, 많은 브랜드가 장점을 나열식으로 전달하려 한다. 문제는 우리가 하루에 4천 개 이상의 광고에 노출된다는 것이다. 그리고 대부분의 경우 브랜드와 광고 메시지를 무시한다.

아무리 장점이 많은 브랜드라고 할지라도 다 기억하기도 어려운 장점을 줄줄이 늘어놓기만 한다면 소비자는 우리 브랜드를 무엇으로 인지할 수 있을까? 소비자 입장에서 생각해 보면 내 브랜드를 어떻게 보여 줄 것인지가 조금 더 명확해질 것이다.

뾰족하게 시작하라

나는 명품 브랜드의 스토리를 분석하는 유튜브 채널을 운영한 적이 있다. 하지만 영상 4개를 올릴 동안 2명의 구독자 밖에 모으지 못했다. (그마저도 그중 한 명은 친구였다.) 그런데 현재 운영하고 있는 그로스 존 채널은 영상 4개만에 구독자 1,100명을 모았다. 영상을 만들기 위해 들인 시간과 에너지, 그리고 나의 능력에는 차이가 없다. 다른 것은 포지셔닝뿐이다. 조금 과장해서 말하자면, 나는 내 채널이 아니면 볼 수 없는 영상을 만들며 나와 같은 관심사가 있는 트래픽을 독점할 수 있었다.

작은 시장을 타깃하라는 영상에 '작은 시장을 타깃한다면 돈은 어떻게 버냐'는 댓글이 달린 적이 있다. 100% 맞는 말이다. 끝까지 작은 시장에 집착한다면 큰돈을 벌기는 어려울 것이다. 스몰 브랜드에게 작은 시장은 일종의 마중물과 같다. 더 큰 성과를 위해 비효율적이어도 일단 갈아 넣는 것이다. 타깃 시장은 성과가 나온 후 확장해도 늦지 않다.

나는 유튜브를 시작한 지 3개월 만에 1만 명의 구독자를 모았다. 하지만 그 후 6개월간 구독자는 8천 명 밖에 늘지 않았다. 작은 시장을 타깃한 만큼 빠르게 성장할 수 있었지만, 시장이 작아 금방 성장의 정체를 직면하게 된 것이다.

나는 지금이 내가 타깃 시장을 넓힐 타이밍이라고 생각한다. 그리고 그 과정은 처음 채널을 시작했을 때보다 훨씬 수월할 것이다. 나에게는 전에 없던 레퍼런스와 트래픽이라는 무기가 생겼기 때문이다.

사실 구독자 1.8만 명이라고 하면 별것 아닌 것처럼 보일 수 있다. 그런데 이 작은 성과가 원하는 것을 얻는 도구가 되어 주고 있다. 유튜브를 시작한 지 1년도 안 돼 책을 쓰고, 커뮤니티를 운영하고, 대형 채널과 컬래버 영상을 제작했다. 그리고 이 모든 것은 작은 시장에서 빠르게 성과를 만들어 냈기 때문에 가능한 일이었다.

기록하고 쌓아 가라

사실 SNS의 중요성을 강조하는 것은 이제 너무 진부하다. 이 책을 여기까지 읽었다면, 내가 분석한 스몰 브랜드들로부터 배울 점이 있다고 생각하는 사람일 것이다.

책을 통해 소개한 브랜드들은 아이템이나 소구 방식, 차별화 포인트 등이 아주 다양하다. 하지만 단 하나의 공통점이 있다면 바로, '브랜드의 서사가 기록되어 있다'는 것이다. 아무리 매출이 높고 디자인적으로 멋진 브랜드라도, 서사가 기록되어 있지 않으면 분석이 불가능하다. 마음먹고 분석하려 해도 알 수 없는데, 소비자는 어떻게 브랜드에 대해 알 수 있을까?

브랜드 계정이라고 하면 힘이 들어가는 경향이 있는 것 같다. 멋진 모습만 보여 줘야 할 것 같은 느낌마저 든다. 하지만 모두가 멋진 모습만 보여 줄 필요는 없다. 아니, 모두가 멋진 브랜드가 되려고 하면 더 많은 자원을 가진 브랜드와의 경쟁에서 이길 수 없다.

작은 브랜드가 집중해야 할 것은 '진정성'이다. 브랜드가 가진 진정성에 따라 신뢰 가는 브랜드, 응원하고 싶은 브랜드 등 단순히 멋진 브랜드 이상의 가치를 만들어 낼 수 있을 것이다.

브랜드가 가지고 있는 여러 가지 가치 중에서 소비자를 움직이게 만드는 핵심 가치를 발견하는 가장 좋은 방법은 소비자에게 직접 검증받는 것이다.

드러내지 않으면 소비자는 알지 못한다. 그렇기 때문에 기록은 곧 기회가 된다. 많은 사람이 봐 주기를 바라기보다는 일단 작은 기록부터 시작하라. 기록을 통해 소비자와 접점을 늘리다 보면 소비자가 원하는 내 브랜드의 가치는 무엇인지 더 명확히 알 수 있을 것이다. 그리고 이렇게 쌓은 기록 자체가 브랜드의 자산이 되어 다른 브랜드와 차별화되는 요소가 될 것이다.

스몰 브랜드를 위한 브랜딩이란, 완벽한 계획을 세우고 시작하는 것이 아니다. 작은 것부터 시작해 점진적으로 확장해 나가는 과정 그 자체다.

메시지를 응축하고, 뾰족하게 시작해 넓혀 가며, 그 과정을 기록하고 쌓다 보면, 자연스럽게 나만의 서사가 만들어질 것이다. 그리고 그 서사가 결국 브랜드의 자산이 될 것이다.

작은 브랜드는 이렇게 팝니다

좋아하는 것을 비즈니스로 바꾸는 브랜딩 전략

초판 발행   2026년 2월 10일

1판 2쇄   2026년 3월 30일

펴낸곳   유엑스리뷰

발행인   현호영

지은이   채주석

편 집   황현아

디자인   강지연, 김덕오

주 소   서울특별시 마포구 월드컵북로58길 10, 더팬빌딩 9층

팩 스   070.8224.4322

ISBN   979-11-94793-43-4 (02320)

좋은 아이디어와 제안이 있으시면 출판을 통해 가치를 나누시길 바랍니다.
uxreviewkorea@gmail.com